俄罗斯哲学研究丛书

主编◎张百春 陈树林

绝 望 与 抗 争

——舍斯托夫悲剧哲学研究

Разочарование и борьба
—Исследование о трагической Философии Шестова

甘远璠◎著

黑龙江大学出版社
HEILONGJIANG UNIVERSITY PRESS

图书在版编目（CIP）数据

绝望与抗争：舍斯托夫悲剧哲学研究／甘远璠著
. -- 哈尔滨：黑龙江大学出版社，2012.10（2021.8重印）
（俄罗斯哲学研究丛书／张百春，陈树林主编）
ISBN 978 - 7 - 81129 - 549 - 8

Ⅰ．①绝… Ⅱ．①甘… Ⅲ．①舍斯托夫 - 哲学思想 -
研究 Ⅳ．①B512.59

中国版本图书馆 CIP 数据核字（2012）第 231164 号

绝望与抗争——舍斯托夫悲剧哲学研究
JUEWANG YU KANGZHENG——SHESITUOFU BEIJU ZHEXUE YANJIU

甘远璠　著

责任编辑	安宏涛　　林召霞	
出版发行	黑龙江大学出版社	
地　　址	哈尔滨市南岗区学府三道街36号	
印　　刷	三河市春园印刷有限公司	
开　　本	680毫米×980毫米　1/16	
印　　张	17	
字　　数	220千	
版　　次	2012年10月第1版	
印　　次	2022年1月第2次印刷	
书　　号	ISBN 978 - 7 - 81129 - 549 - 8	
定　　价	48.00元	

本书如有印装错误请与本社联系更换。

俄罗斯哲学研究丛书
总　序

　　在世界哲学史上,俄国哲学不具有古希腊哲学和近现代西方哲学那样的经典地位,也不具有中国哲学和印度哲学那样的独特风格。但是,俄国哲学作为俄罗斯精神文化的集中体现,具有其浓厚的民族特色,而且在19世纪以后取得了丰硕成果,对世界现代哲学思想产生了深远影响。如果不是按照西方模式的纯粹哲学标准来取舍,而是按照广义的哲学观点来看待俄国哲学,我们就会发现,俄国哲学有其自己的思想传统和独特的表达方式,俄国哲学史中也蕴藏着丰富的思想资源和启发意义。

　　俄国哲学在不同时期出现了不同的思想流派。早在公元10世纪古罗斯接受东正教以后,某些俄罗斯主教、大公对基督教思想的解释中,就包含着俄罗斯历史哲学的开端。都主教伊拉里昂的《论律法与恩典》(11世纪)虽然从形式上看是写《圣经·旧约》(律法)和《圣经·新约》(恩典)之关系的,但作者没有局限于传统的教会学说和教义,而是从基督教历史哲学的观点论述了世界历史的进程和倾向。在12世纪基辅大公莫诺马赫的晚年著作《训言》中,则可以看到古代俄罗斯社会道德观念的转变:从野蛮的强权统治到接受基督教道德标

1

准、旧约和新约诫命。

15—16世纪俄罗斯东正教内部的约瑟夫派和禁欲派的斗争在俄罗斯精神生活中占有重要地位。按照尼尔·索尔斯基的学说，苦修的意义不是恪守外部行为诫令，不是在生理上同肉体作斗争。苦修是内心的修行，是精神向内集中，把守心灵不受外来的或从人的不良本性中产生的杂念和欲望的侵扰。这一学说中包含着心灵哲学、心理分析学思想。

18世纪彼得大帝改革时期，俄国改变了从前以东正教会为主导的宗教文化占统治地位的状况，加强了与西欧文化的交流，上层社会更多地了解和接受了西方当时的世俗文化，特别是法国启蒙主义思想。这一时期的俄国哲学也不仅限于基督教－东正教世界观，而且还出现了对世界、自然和历史的唯物主义认识，出现了知识分子对个人自由和社会平等的理想追求。

到了19世纪，随着俄国的对外战争和国内政治斗争的发展，俄国思想界更加复杂和多元化，各种思潮进行着激烈交锋，终于引发了西方主义与斯拉夫主义两大思想派别的持久争论。恰达耶夫的《哲学书简》成为这场争论的导火索。恰达耶夫对俄罗斯历史和精神文化的严厉批评，必然招致持对立观点者的反驳，后者强调俄罗斯宗教－历史和民族－文化的独特性，主张俄罗斯走不同于西方的发展道路。这种观点在19世纪三四十年代形成了俄罗斯社会思想的重要派别——斯拉夫主义。斯拉夫主义既是一种社会政治哲学，也是一种历史观和文化学说。斯拉夫主义与西方主义的分歧可以分为两个层面。首先是两种社会政治观点的分歧。前者主张俄罗斯未来的社会发展是应当以本民族传统宗教和道德为基础，走自己的独特道路；后者认为西方精神文化更具有先进性，西方历史和文化的发展代表着人类文化的先进成果，因此俄罗斯民族的未来发展必然要走西方民族所走过的道

2

路。其次,在社会政治观点分歧的背后,斯拉夫主义与西方主义之间还存在着历史－文化观的分歧。西方主义者坚持理性主义的历史观和文化观,认为文化和历史是人类的自觉创造,是以社会精英为代表的人类理性自我设计、创造和实行的过程。这接近于黑格尔在法哲学和社会哲学中所主张的观点。斯拉夫主义则坚持有机论的世界观和文化观,认为真正的文化是民族精神生活的有机整体,它是在民众中自发地成长起来的,具有其自身的价值和意义。这方面思想后来也发展成为俄罗斯民粹主义。

19世纪中后期到20世纪初是俄国社会政治、文学、艺术、哲学等领域各思想流派斗争激烈的时期。斯拉夫派与西方派的论战进一步加剧,一方面出现了具有激进民族主义情绪的新斯拉夫派(斯特拉霍夫),拒绝一切外来文化;另一方面也有哲学家从基督教普遍主义观点对这一思潮进行批判(索洛维约夫)。一方面有无神论的个人主义,强调个性的价值与尊严,反抗来自各个方面的对个性自由的压抑;另一方面也有宗教哲学,证明宇宙存在的万物统一,在信仰中寻求生命的价值与意义。一方面有主张个人内在修养和人格完善的道德哲学,另一方面也有坚持在社会物质生产基础上实现理想社会目标的马克思主义哲学。

俄罗斯思想固有村社传统的集体主义和道德主义精神,同时也具有为个人的完整生命和个性自由进行辩护的鲜明特点。这里所说的"个人主义"不是非道德的、个人至上的、反社会的利己主义,而是在现代思想和社会生活中,当个性受到来自各方面侵犯和压迫的时候,思想家力图反抗这些侵犯和压迫,维护个人自由。不同的哲学家具有不同的反抗路向。别林斯基维护个人自由,反抗理性的普遍性;赫尔岑维护个人自由,反抗抽象的自然和社会秩序;巴枯宁维护个人自由,反抗虚幻的上帝信仰和国家强制;皮萨列夫维护个人自由,反抗唯心主

3

义的天真梦想。

津科夫斯基在《俄国哲学史》中认为，俄国哲学与宗教世界观的联系不仅是俄国哲学之特点的主要根源，而且是俄国哲学思想探索的动因。俄国哲学家力图以东正教价值为基础来解决西方世俗思想所难以解决的问题。这里的"宗教哲学"一词不是指以宗教为对象的哲学思考，而是从宗教世界观原则出发对人与世界进行哲学认识和解释，这与西方近代理性主义哲学的思想原则大不相同。如果说西方哲学家习惯于在知识和文化反映中思考问题，那么，俄国哲学家则常常直接"站在存在的奥秘前面"，这使得"俄罗斯思想更鲜活，更率真"（别尔嘉耶夫语）。当然，俄国宗教哲学家不是教会神学家，他们没有局限于宗教内部，不是依据基督教－东正教的教义信条和教会传统来思考，而是从自己的宗教体验和信仰出发，利用基督教的思想资源，来建立关于世界与人生的形而上学和认识论。因此，俄国宗教哲学也具有一般哲学意义和现代思想价值。

马克思主义哲学思想在俄国的传播和发展是与马克思主义的社会政治思想和俄国社会革命运动联系在一起的。普列汉诺夫、列宁、波格丹诺夫和布哈林都是社会活动家和革命者。他们在积极传播和维护马克思主义，反对民粹主义、合法马克思主义、经济主义、孟什维克主义等思潮的过程中，也对马克思主义的一般唯物论、辩证法、认识论和历史唯物主义进行了系统化和进一步发展。

19世纪下半叶的俄国知识分子最关心的问题是推翻专制制度和建立人民政权的政治问题，以及各种经济问题和社会问题。到19世纪末20世纪初，大多数俄国知识分子发生了思想目光和价值重心的转变：从外部转向内部，从表面转向深处。于是，在宗教和哲学领域出现了"新宗教意识"和"宗教哲学复兴"。

"新宗教意识"是20世纪初在俄国自由知识分子中产生的宗教哲

4

学思潮,以罗扎诺夫、梅列日科夫斯基、别尔嘉耶夫、吉皮乌斯等人为代表。这一思潮具有两个特点:第一,它不是宗教内部的神学思潮,而是关于人性与文化的新思想探索。"新宗教意识"思想家具有深切的人文关怀和社会关怀,他们力图克服和超越在个性自由、生活社会、道德文化等方面的传统价值观念,寻求确立新观念,实现新理想。为此,他们与无神论、旧唯物主义、实证主义、虚无主义、传统理性主义作斗争,赞同和运用基督教的基本观念和价值。第二,由于传统基督教某些观念也不能满足新理想的需要,因此"新宗教意识"思想家力图对基督教加以更新和改造,力图建立新的宗教,在"新基督教"基础上建立"新文化"和"新社会性"。这些思想家不仅继承了俄罗斯宗教思想传统,而且借鉴了现代西方哲学家叔本华、尼采、克尔凯郭尔等人的思想。

俄国哲学往往因对人的问题、宗教问题、道德问题、历史问题的特别关注,而与西方经典哲学论题有一定差异。但在 20 世纪的俄国哲学中有这样一个"纯粹哲学"流派,它所研究解决的问题正是传统的哲学认识论问题——这就是俄国直觉主义,即以对认识对象的直觉为基础的认识论学说,主要代表人物是洛斯基和弗兰克。

存在哲学是 20 世纪上半叶西方哲学的主流之一。但与此同时,在俄罗斯宗教哲学中也有哲学家阐述了存在哲学思想,而且具有不同于西方哲学家的思想特点。西方存在哲学与西方古典哲学的区别在于,古典哲学只看到了世界的合理性和存在的意义,现代存在哲学家看到了世界与人生的非理性、荒诞和无意义。但他们断言这种荒诞和无意义就是客观真理,无可置疑,不可动摇,人被抛入其中便孤苦无望了。而俄国哲学家则在存在与完满存在或绝对存在的关系中考察存在,他们也深刻地揭露世界的荒诞与虚无,人的奴役与悲剧,但并不把这作为客观的终极实在,而是诉诸生命与存在的终极本原——最高创造者,不是传统意义上的上帝,而是现代性语境中的人的精神深处的上帝,力图通过这样的创造与斗争来超越荒诞与悲剧,走向生命的完满。

20世纪头20年,与东正教"耶稣祈祷"的灵修实践有关,在俄罗斯东正教神学内部产生了关于"赞名论"的争论,即在呼唤耶稣基督之名的时候,这个名称仅仅意味着一个人为的名词,还是意味着神的真正临在。这一争论后来引起了宗教哲学家的关注,于是争论扩展到哲学领域,成为对名称和语言本身的哲学研究。弗洛连斯基认为,在语言与现实之间存在着的不是主观的联系,而是本质的联系。事物的名称不是被主体偶然给定的,在名称中表现了事物的本质。唯名论观点认为,事物的名称只不过是人想出来的,名称里不体现事物的本质属性。与此不同,在弗洛连斯基看来,名称和词语是存在的能量的承载者。它们不是别的,正是向人显现的存在本身,是存在的象征。词语是人的能量,既是个人的,也是人类的,是通过个人而展开的人类的能量。词语作为认识活动,把思维能力带到了主观性的范围之外,与世界相连接,这已在我们自己心理状态的彼岸了。布尔加科夫认为他的《名称哲学》是自己最有哲学性的书,其核心问题是探讨词语-名称的产生及其与它的载体之间的关系问题。与弗洛连斯基一样,布尔加科夫也属于语言的实在论者。他强调语言的本体论本质,语言与存在结构的共生,语言也具有宇宙性、身体性、索非亚性。词语不仅属于它在其中发生的意识,而且属于存在,在存在中人是世界舞台,微观宇宙,因为世界在人身上并且通过人来说话。

十月革命以后的前苏联哲学以马克思主义哲学为主导,这是我国思想界曾经相当熟悉的。这种哲学研究和教学模式曾深刻地影响了我国哲学界。当时中苏两国的相似国情使得中国的俄国哲学研究长期以来一直集中于马克思主义哲学领域。然而20世纪90年代以来,俄罗斯哲学状况发生了重大转变,各种哲学思潮、流派纷纷涌现,特别是原来被排斥的唯心主义哲学、宗教哲学等得到更为充分的展现。我国的俄国哲学研究也随这种变化而转变。除了一部分人继续关注前苏联哲学之外,更多的人开始关注 19 世纪末到 20 世纪初的俄国宗教哲学以及后苏联时期俄国哲学研究。

目前我国学界专门从事俄国哲学研究的学者圈子很小,但是,这支队伍一直没有间断对俄国哲学的经典研究和跟踪研究。由老一辈学者于 1985 年开创的每两年举行一次的"全国俄罗斯哲学研讨会"传统一直保持至今。2009 年 7 月,"第 12 届全国俄罗斯哲学研讨会"在黑龙江大学成功举办,有多位俄罗斯著名哲学家出席会议。

我国的俄国哲学研究近年来出现了一个很好的趋势,这就是专业研究者与国内相关的学术研究机构和学术平台开展了广泛交流与合作,促进了俄罗斯文学、历史学、文化学、政治学、社会学等领域研究的开展和深化,使得国内的俄罗斯哲学研究呈现出跨学科交叉研究的局面。

多年来,在俄国哲学的专业研究者和非专业研究者的共同努力下,我国的俄国哲学研究已从对一些经典哲学著作的翻译,到对一些哲学问题的研究,并积累了一些学术成果。而且这种研究在不断深入,可以说,目前已从文献的翻译介绍上升到了对重要哲学家思想的专门研究阶段。我们在黑龙江大学出版社的大力支持下推出的第一批《俄罗斯哲学研究丛书》,就是这种专门研究的成果。我们希望有更多的专题研究成果不断问世。

编者
2010 年 7 月

序

列夫·舍斯托夫(列夫·伊萨科维奇·施瓦茨曼,1866—1938年)是 19 世纪后期逐步兴起的俄国宗教哲学中具有明显存在主义倾向的哲学家。他在探讨人性真谛,追求人生自由的历程中,比其他俄国宗教哲学家似乎走得更远一些,他的"悲剧哲学"体系,虽然对人和人类命运的思考还不够系统,然而,却构成了当代宗教存在主义哲学的基础。

由此,舍斯托夫终生鼓吹"悲剧哲学",在探讨人生本真,指导人性追求的哲学框架里,独具特色。在辉煌的俄国宗教哲学于十月革命后,因为政治原因而销声匿迹七十年之后,甘远璠以舍斯托夫的"悲剧哲学"作为研究课题,并将其系统地梳理成一部专著,确实顺应了俄国宗教哲学研究的需要,也为我国哲学界更好地了解舍斯托夫的宗教存在主义哲学提供了很好的参考。

我们说,这部专著是系统的,因为,甘远璠对舍斯托夫的"悲剧哲学"从"头"讲到了"脚":他最先探求了悲剧哲学的渊源,接着揭示了"悲剧哲学"的基点和领域,之后又突出论述了"悲剧哲学"的主题,最后指出了"悲剧哲学"的走向。甘远璠对舍斯托夫的结论性评价是:"舍斯托夫的思想最独特,他因对理性自明的强烈批判,对个体存在悲剧的旷野呼告而赢得了声誉,并被推崇为悲剧哲学家。"

今天,我们专门研究舍斯托夫的"悲剧哲学",不仅是研究俄国宗教哲学的需要,更重要的是舍斯托夫的"悲剧哲学"是追踪人间悲剧根源的理论大成,同时指出了摆脱人间悲剧的路径。人最终只有摆脱悲剧,才能真正获得完全的自由!

舍斯托夫的悲剧哲学是以人们生活中的痛苦、不幸、无望的经受等人间悲剧为哲学创作的源泉。由此,他推崇莎士比亚的作品。在舍斯托夫看来,莎翁对人们生活中悲剧的第一颂扬,正是他创作的主题,莎士比亚悲剧的主人翁即使在自己的矛盾中,随着时间的推移纷纷倒下,但在某种意义上他们永远活着并发挥着自己的作用。这是因为,他们勇敢地批判了道德"永恒"的原则。舍斯托夫认为,成为道德原则的那些思想观念一开始就成了操纵人们主观性的条文,而后便征服了人类,要他们作出最新、最大的牺牲,这样,"以独一无二的生命和命运出生的人便深深陷入了万能的权势之下"①,由此,舍斯托夫竭力反对权势以及法律、道德的原则。舍斯托夫断定,人应当遵循的不是公认的道义,而是他自己。

舍斯托夫力求恢复人性,使人们从极端的痛苦悲剧中解脱出来,把那些受凌辱的人从充满谎言的生活中拯救出来。于是,舍斯托夫从尼采走向了《圣经》,开始了对《新约》的研究。他认为,《圣经》的启示传递了上帝的非理性和神秘,这正好可以帮助人从必然世界和理性道德权力制约下得救,从而使人们在追求自由的使命中获得信念。舍斯托夫认为,信念就是相信在世界上没有任何不可能的东西。可以看到,一切都在超越,根本没有什么全新的,因此,也不需要循规蹈矩,要不断地抛弃任何形式的"开始"和"终结"。舍斯托夫认为,活着的人们只能走上这一道路:人要活在信念中,最终要远离那些重复的"规

---

① Г. Г. Кириленко, Е. В. Шевцо: «Краткий философский словарь» Стр. 439 , Изд. КСМО , г. Москва , 2003г.

矩",为自己而活着。

舍斯托夫对人间悲剧的同情,对造成悲剧根源的挖掘,以及对摆脱悲剧的路径的选择,在今天仍有其现实意义。在弘扬人性,倡导自由的无数理论诉求中,舍斯托夫可谓自成一家。

要读懂舍斯托夫,就先读读甘远潘的这本书,此不失为一种捷径。

李尚德
2012 年 8 月于中山大学康乐园

目录
Contents

引言:心路历程 ……………………………………………… 1

第一章　悲剧哲学的渊源:直面悲剧 ……………………… 13

　第一节　西方传统思想的资源 ……………………………… 13

　第二节　俄罗斯传统文化的背景 …………………………… 28

第二章　悲剧哲学的基点:以头撞墙 ……………………… 54

　第一节　悲剧哲学的概说 …………………………………… 54

　第二节　对理性必然性的批判 ……………………………… 61

　第三节　对传统道德的批判 ………………………………… 71

　第四节　对哲学体系的批判 ………………………………… 81

　第五节　对科学理性的批判 ………………………………… 92

第三章　悲剧哲学的领域:心灵体验 ……………………… 101

　第一节　信念的蜕化 ……………………………………… 101

　第二节　悲剧领域的重要范畴 ……………………………… 128

第四章　悲剧哲学的主题:深渊与主 ……………………… 142

　第一节　哲学:反思与斗争 ………………………………… 142

　第二节　生死:肉体与精神 ………………………………… 154

　第三节　知识:拯救与堕落 ………………………………… 164

　第四节　自由:服从与超越 ………………………………… 174

　第五节　真理:强迫与受造 ………………………………… 184

第五章　悲剧哲学的走向：圣经哲学 ················· 191

　第一节　圣经哲学 ···························· 191

　第二节　上帝 ······························ 197

　第三节　信仰 ······························ 212

结语：旷野呼告 ·························· 233

参考文献 ······························ 245

后　记 ································· 255

引言:心路历程

俄罗斯著名作家安德烈耶夫在其小说《红笑》中这样描写战争带来的苦楚:"每天的报纸几乎都在快一点钟的时候封版,全人类都在颤抖。这种同时遭受到感觉、思想、痛苦和恐惧的情况,使我失去了支柱,所以,我——成了浪涛中的一块小木片,旋风中的一粒沙子。我无奈地离开日常生活,而且每天早晨都会有一个可怕的时刻降临,此时我好像悬在半空中,下面是黑乎乎的疯狂的深渊。"①面对这种存在的痛苦深渊,安德烈耶夫不禁感叹:我们"能到哪儿去呢?"是应该掉到深渊,还是仰望天际那缥缈的红笑? 这正是俄罗斯知识分子无法忍受的俄罗斯现实。在焦灼不安中,俄罗斯知识分子苦苦追寻着"俄罗斯的命运"、追问着人生的真谛。拉吉舍夫、普希金、霍米亚科夫、陀思妥耶夫斯基、托尔斯泰、赫尔岑、索洛维约夫、别尔嘉耶夫、舍斯托夫、弗兰克等,一代又一代的俄罗斯知识分子在前赴后继。然而,俄罗斯知识分子总是摆脱不了悲剧的命运,他们被判坐牢、流放、服苦役,甚至被处死,"他们是生活于未来,有时则生活于过去"②,但对现实,他们总是痛苦和迷茫,他们总是在"以头撞墙"。其中,舍斯托夫无疑是"以头撞墙"的杰出代表,他的哲学思想无论在俄国还是在西方,都独树一帜。

---

① 安德烈耶夫:《安德烈耶夫中短篇小说集》,靳戈译,译林出版社 2000 年版,第 81 页。

② 别尔嘉耶夫:《俄罗斯思想》,雷永生、邱守娟译,三联书店 1995 年版,第 25 页。

一、舍斯托夫的生平著述

列夫·舍斯托夫,原名列夫·伊萨科维奇·施瓦茨曼,1866 年出生于基辅一个富有的犹太商人家庭。舍斯托夫的父亲对犹太古典文献有一定的研究,并有丰富的犹太文藏书。当时,许多著名的文学家、艺术家经常在舍斯托夫父亲的家里秘密聚会。在家人的强烈要求下,舍斯托夫也去犹太教堂并接受犹太文教育,但他似乎对这些不感兴趣,并很快就忘得一干二净。舍斯托夫早年就读于基辅第三中学,后到莫斯科上学。1884 年,舍斯托夫中学毕业后进入莫斯科大学数理系,后转入法律系。但是,由于与著名学监布雷兹哥洛夫发生冲突,舍斯托夫离开莫斯科大学转入基辅大学法律系。在大学期间,舍斯托夫十分关心俄国的工人阶级运动,他撰写了题为《论工人阶级在俄国的地位》的学位论文,但论文在送交莫斯科的审查委员会时被否决,审查委员会认为:"如果允许这本书发表,将会在俄国引发革命。"①这表明,青年舍斯托夫已经开始关注底层阶级的悲剧命运。1889 年舍斯托夫大学毕业后,服了一年兵役,然后在莫斯科担任律师助手,但很快回到基辅参与整顿父亲的家庭企业。在此期间,舍斯托夫除从事现实的经济工作外,还进行有关经济学和金融问题的研究,同时开始大量阅读文学和哲学著作。然而,随着对哲学研究的深入,舍斯托夫对政治的态度却越发冷淡,他对不同党派的争吵提不起兴趣,但却喜欢参与各种不同倾向的刊物的工作。1896 年,舍斯托夫因疲劳过度而患上了严重神经衰弱症被迫到国外就医,这也给了他在国外进行考察的机会。在此期间,他辗转于维也纳、柏林、慕尼黑、巴黎、罗马等地,利用一切空余时间阅读了大量的文学和哲学原著,如康德、尼采、叔本华、莎士比亚、勃兰兑斯等人的著作。舍斯托夫后来在提及这段经历的影

---

① 雷永生:《东西文化碰撞中的人 东正教与俄罗斯人道主义》,华夏出版社 2007 年版,第 347 页。

响时说:"在这段时间里我读了康德、莎士比亚和《圣经》,现在,我感到自己成了康德的对立面。莎士比亚却使我有了巨大的转变,他的书让我晚上不能入眠。……在欧洲时我还读了尼采,我感到,在他那里,世界完全被翻转过来。"①在家庭方面,舍斯托夫与父母的关系并不好。1897 年,舍斯托夫与东正教徒安娜·叶列扎罗夫娜·别列佐夫斯卡娅结婚,由于父母笃信犹太教并严守《圣经·旧约》生活原则的缘故,舍斯托夫不得不对父母长期隐瞒自己的婚姻。

1898 年,舍斯托夫的第一部哲学著作《莎士比亚及其批评者勃兰兑斯》发表。在该部著作中,舍斯托夫主要反对泰恩的实证主义和勃兰兑斯的怀疑主义,主张理想主义和高尚道德,提出了贯串他后来全部哲学创作的中心问题:当个体存在露出可怕的情景时,是俯首听命于客观规律还是诉诸《圣经》信仰? 可以看出,舍斯托夫明显对思辨哲学的必然性体系不信任,反而把具体的人生及其悲剧等问题放在首位。舍斯托夫晚年在纪念胡塞尔的文章中对该书评价颇高,他说:"在某些人看来似乎很奇怪,我最初的哲学老师居然是莎士比亚,是他的谜语般的、不可理解的、带威胁性和阴郁的话:'这时代是纷乱无绪的'。当时代纷乱无绪的时候,当存在露出它的可怕的情况时,我们怎么办呢? 我们能做什么呢?"②此后几年,舍斯托夫的哲学创作进入一个高峰期。在《托尔斯泰伯爵与弗·尼采学说中的善》(1900)和《悲剧哲学》(1903)两本书中,舍斯托夫把托尔斯泰、尼采和陀思妥耶夫斯基三位伟大作家推到了存在深渊的面前,并进行了观照:托尔斯泰感到生存恐惧的难以承受,只能求助于道德的权威,但他的道德说教只不过是要掩盖人间的生活悲剧,把实际生活中遇到的无法解答的难题推到不可知的领域中。"他在寻求更好的解决办法,但却没有找到,于

---

① 雷永生:《东西文化碰撞中的人 东正教与俄罗斯人道主义》,华夏出版社 2007 年版,第 347 页。

② 舍斯托夫:《思辨与启示》,方珊、张百春、张杰等译,上海人民出版社 2005 年版,第 354 页。

是,只好诉诸布道,而为了布道消灭了安娜·卡列尼娜、弗龙斯基、科兹尼舍夫、全体知识分子、艺术和科学……"①然而,尼采的经验与此不同,在理性哲学望而却步的地方,恰恰正是布道所以开始之处。只不过尼采的布道是用超人取代了善。"他明白恶和善一样必要,并且比善更必要,无论善恶都是人类生存和发展的必要条件,而太阳也可以平等地既照耀善人也照耀恶人。"②因此尼采认为,"善——兄弟之爱……并非上帝。……应当寻找那高于怜悯、高于善的东西。应当寻找上帝③。换言之,不能把"善"、"兄弟之爱"和"上帝"等量齐观。陀思妥耶夫斯基与尼采一样,并不提出任何"说教",他们的"作品的意义不在于回答,而在于提问。这一问题就是:人们究竟有没有为科学和道德所不容的欲望,也就是说,是否存在着悲剧的哲学呢?"④这表明,舍斯托夫已经与道德理想主义彻底决裂。1905 年,舍斯托夫前期非常重要的一部著作《无根据颂》发表,它的问世在当时知识界引起一场轩然大波,他对理性和哲学的彻底否定,甚至引起当时一些年轻人的效仿:"我就是要放荡不羁,就是要读舍斯托夫。"⑤舍斯托夫对人类普遍公认的法则、常识、公理所赖以维系的理性正统发出挑战,因为人总是很想"理解"世界,有时他的这一愿望如此之大,以至在他身上,愿望剥夺了他批判地审查所提交的任何论据的能力,所以就连极其贫弱的论据,他也会满怀喜悦地欢迎。"我们企图理解生活,就是在削足适履——削生活之足以适我们所制造的认识图表之履——这种企图是绝对站不住脚的,它只能限制我们的个人经验和思想视野。"⑥舍斯

---

① 舍斯托夫:《无根据颂》,张冰译,华夏出版社 1999 年版,第 240 页。
② 舍斯托夫:《无根据颂》,张冰译,华夏出版社 1999 年版,第 296 页。
③ 舍斯托夫:《无根据颂》,张冰译,华夏出版社 1999 年版,第 302 页。
④ 舍斯托夫:《思辨与启示》,方珊、张百春、张杰等译,上海人民出版社 2005 年版,第197 页。
⑤ 张冰:《旷野的呼告》,载《读书》1994 年第 7 期,第 99 页。
⑥ 徐凤林:《舍斯托夫的圣经哲学》,博士论文,北京大学图书馆,023/D2001(22),第5 页。

托夫确信,生活本身、心灵本身不可归结为体系和哲学学说;相反,未完结性思维更贴近人们的心灵。

　　1908 年,舍斯托夫全家迁居德国弗赖堡,在这期间,舍斯托夫多次返回莫斯科,参加了宗教－哲学学会,与别尔嘉耶夫、布尔加科夫、伊万诺夫等人一起合作,并在各杂志上发表作品。舍斯托夫还专程到雅斯纳亚·波良纳拜会了托尔斯泰。1914 年,第一次世界大战爆发,由于俄罗斯参与大战,国境封闭,舍斯托夫举家转道瑞典返回俄罗斯。1919 年初,舍斯托夫与洛斯基成立了"自由哲学协会",他们认为哲学应当有政治倾向性,应当在生活中"发挥积极作用"①。舍斯托夫对政治的态度与他的哲学观点是一致的,像大多数俄国宗教哲学家一样,他们并非反对社会变革的保守派,"只是他们的出发点是人的内在精神,他们主张从内向外地改造世界"②。但是,他们的观点与新生苏维埃的现实需要并不吻合,列宁就认为,应当把他们送到"资产阶级'民主'国家里去"。在此情势下,舍斯托夫的流亡命运就在所难免。舍斯托夫于 1920 年离开俄国,最后定居巴黎。1922 年苏联发生了著名的"哲学船事件",一大批非马克思主义的哲学家、思想家、作家被驱逐出境,舍斯托夫虽已不在俄国,但他的名字仍名列其中。从此,舍斯托夫开始了长达 18 年的真正意义上的流亡生活。

　　在流亡期间,舍斯托夫的哲学创作发生了转变,也就是从悲剧哲学到存在哲学、圣经哲学的转变。从绝望的深渊中向上帝呼告,舍斯托夫继续着毕生的耕耘。舍斯托夫后期的主要著作有《钥匙的统治》(1923)、《在约伯的天平上》(1929)、《旷野呼告》(1933)、《雅典和耶路撒冷》(1938)等等。其中,《雅典和耶路撒冷》是舍斯托夫宗教存在哲学思想的最集中和最充分的体现,在雅典与耶路撒冷的对立中,舍

---

① 安启念:《苏联哲学 70 年》,重庆出版社 1990 年版,第 2 页。
② 洛斯基:《俄国哲学史》,贾泽林等译,浙江人民出版社 1999 年版,中译本前言,第 4 页。

斯托夫完全站在后者一边。在他看来,理性与信仰的矛盾根本无法调和,正如斯宾诺莎所说:"《圣经》既不可能适应理性,理性也不可能适应《圣经》。"①所以,希腊哲学与启示真理共生的结果只能是:"希腊思维的基本原则和技术恰似一根巨大的藤,缠绕在犹太教—基督教'启示'的周围,把这种启示杀死在它强有力的怀抱中。"②舍斯托夫所理解的耶路撒冷是与希腊智慧相对立的"犹太 – 基督教哲学",是与理性主义的思辨哲学相对立的"存在哲学",是思维的第二维度,它的根本在于信仰。1938 年 11 月 20 日,舍斯托夫在异乡巴黎逝世,结束了背井离乡的苦楚,也终结了毕生的哲学追寻。

二、相关研究综述

舍斯托夫是一位十分独特的哲学家,他的思想主要通过评论其他文学家、思想家和哲学家的思想来阐述,即"在灵魂中的漫游"。西方思想史上几乎所有重要的文学家、思想家和哲学家他都进行了评论,涉及的论题也非常广泛。因此,要对与舍斯托夫相关的论题进行综述难度相当大,也非本人力所能及。在此,只能根据现有资料,对国内外舍斯托夫研究现状进行综述。

(一)国内研究现状

目前,国内对舍斯托夫的重要著作已基本翻译出版完毕,主要有《雅典和耶路撒冷》(徐凤林译)、《开端与终结》(方珊译)、《旷野呼告》(方珊、李勤译)、《在约伯的天平上》(董友等译)、《无根据颂》(张冰译)、《思辨与启示》(方珊等译),另外还出版了《舍斯托夫集》(方珊编选)和根据舍斯托夫相关思想选编的《深渊里的求告》(方珊、方达琳、王利刚选编)。总体而言,国内对舍斯托夫的研究仍然属于起步阶

---

① 舍斯托夫:《雅典和耶路撒冷》,徐凤林译,浙江人民出版社 2000 年版,第 98 页。
② 舍斯托夫:《雅典和耶路撒冷》,徐凤林译,浙江人民出版社 2000 年版,第 224 页。

段,还没有专门的书籍出版,但在一些相关的著作里已经有一些章节从不同的方面对舍斯托夫的思想进行论述,主要体现在以下几个方面。

1. 关于舍斯托夫的存在哲学思想

将思辨哲学与存在哲学截然二分,并旗帜鲜明地反对理性和崇尚信仰是舍斯托夫哲学思想的最大特点。因此,国内学者在探讨舍斯托夫思想时也大多数围绕这一主题展开,并将其放于存在哲学的背景下进行考察。

舍斯托夫的存在哲学思想具有什么样的特点?徐凤林教授在其著作《俄罗斯宗教哲学》的最后一章"舍斯托夫的存在哲学"中认为,舍斯托夫哲学的根本问题是:哲学史上占主导地位的哲学所追求的真理——绝对理念、逻辑法则、普遍性和必然性,能否给人的生存提供可靠根基和最终满足。他的哲学思维特点可以归结为存在哲学类型,又具有不同于其他存在哲学家的特点。徐凤林认为,舍斯托夫反驳别尔嘉耶夫式的存在哲学,维护克尔凯郭尔式的存在哲学,更接近于克尔凯郭尔的宗教存在哲学。舍斯托夫的存在哲学敢于起来反抗知识,对知识提出疑问。因而舍斯托夫的思想只有在"人的非理性存在"范围之内具有真理性、意义和价值,而不可能、他自己也不奢望成为适合于任何时代的任何人的普遍真理。

理性与信仰的关系问题是哲学史上的永恒话题,也是舍斯托夫存在哲学思想的主题,他将之称为"雅典和耶路撒冷"的关系问题。马寅卯在《白银时代俄罗斯宗教哲学的思想路向和主要贡献》一文中认为,舍斯托夫继承了早期斯拉夫主义和索洛维约夫所开创的批判西方理性主义的传统,他的思想路线的核心之处是理性与信仰之间的选择,哲学家的上帝(或者没有上帝)与《圣经》的上帝的选择。在理性与信仰之间,或者说雅典和耶路撒冷之间,舍斯托夫是如何选择的呢?徐凤林在译著《雅典和耶路撒冷》的"中译本前言"中认为,在雅典和耶路撒冷的对立中,舍斯托夫完全站在后者一边。舍斯托夫所说的"耶路撒冷"是一种真正的犹太教 – 基督教哲学,它具有与希腊哲学完全不同的思维原则、思维技术、真理源泉和根本任务。舍斯托夫哲学所提出和研究的问题,是西方文化思想的根本问题,也是人类精神生活的永恒问题。张冰在《旷野的呼告》一文中也认为,舍斯托夫处于西方文化背景之下,理解他必须把他放在西方文化的潜语境中才有可能。从某种意义上说,舍斯托夫反对体系,反理性主义,昭示了西方哲学后来发展中的某些特征,因此,他是 20 世纪存在主义哲学家之一。

舍斯托夫选择信仰反对理性,开始了"以头撞墙"之路,这种以头撞墙的斗争精神得到了众多学者的认可。刘小枫在《走向十字架上的真》一书的第一篇"从绝望哲学到圣经哲学"中认为,舍斯托夫的思想意图并不仅仅在于提出撞墙的必要性,而是在于追寻活的真实。在撞墙的同时,也开始了一种新的也是古老的认识论的探索。刘小枫认为,舍斯托夫反驳理性,并非表明他是一般所谓的蒙昧主义者或非理性主义者。因为从本质上讲,舍斯托夫猛烈抨击的并非是理性本身,而是形而上学的理性主义原则。方珊在《绝望的歌唱家》一文中认为,舍斯托夫是在文艺批评中开始自己独立而又艰辛的哲学探索,契诃夫以头撞墙是舍斯托夫看重契诃夫的价值所在。在译著《开端与终结》的附录二"理性与信仰"中,方珊还认为,舍斯托夫的思想告诉我们,在人类精神生活的总进程中,想克服自明的思想是有其巨大的无法估量的重要意义的,哪怕它是无人理睬的旷野呼告,也仍是必须的、极其必要的,不管它是否取得胜利。魏韶华在《旷野的呼告》一文中也认为,舍斯托夫极力张扬的"存在者"正是力图用个人的生命感觉向永恒法则,向"从来如此"挑战,正是舍斯托夫的抗战精神深深地吸引着鲁迅。当然,舍斯托夫极端反对理性的偏激思想,也受到了部分学者的质疑。雷永生在《评舍斯托夫对"必然性"的挑战》一文中认为,舍斯托夫在理论上将信仰与理性对立起来,将必然与自由绝对对立起来,并将人类美好未来的希望完全寄托在上帝身上,这导致他的宗教哲学出现许多荒谬的结论,也无法被更多的人所接受。

2. 关于舍斯托夫的悲剧哲学思想

舍斯托夫把自己研究陀思妥耶夫斯基和尼采的著作命名为"悲剧哲学"。刘小枫认为,舍斯托夫考察的悲剧不是美学范畴意义上的悲剧,而是如克尔凯郭尔对审美方式的考察,关涉的是个体生存的悖论。对于悲剧哲学的解读,徐凤林认为,舍斯托夫通过分析陀思妥耶夫斯基的思想转变、托尔斯泰的作品和尼采的生活悲剧,揭示了他们的作品和"学说"背后的真实思想,揭示了他们内心世界中存在着两个领域——"理性与良心"领域和"个性自由的心理"领域,展现了这两个领域的对抗与斗争。而舍斯托夫悲剧哲学的宗旨就是揭示、追问和证明与普遍理性法则相对立的"个性自由的心理"的合法权利。雷永生在《东西文化碰撞中的人》一书的"舍斯托夫:旷野呼告"中认为,所谓悲剧哲学就是指人在悲剧现实中的痛苦与反抗。舍斯托夫的悲剧哲学继承了俄罗斯精神中重视生命体验的传统,它不是仅仅关心人的幸福,而是更加关心人的苦难。悲剧哲学要求的不是说教,而是全心全意、脚踏实地地关怀受苦之人。张冰在《白银时代俄国文学思潮与流派》一书的"舍斯托夫"中认为,了解舍斯托夫的悲剧哲学,不能脱离他的人生经验这一语境。舍斯托夫的悲剧哲学,是他对超越个体人生意义上的人类生存之谜的探索结果。这种哲学肯定人的拯救之途在于绝对的孤独中生发的信仰,是人生不可能不面对的终极难题和人生之谜。方珊在编选《舍斯托夫集》的代序"自明与信仰"一文中也认为,悲剧哲学并不是舍斯托夫的终极话语,而仅仅是他走向存在哲学的起点,消解传统哲学的起点。舍斯托夫前所未有地关注个体的人,关注着个体的存在,关注着每个人的欢笑、哭泣、眼泪、绝望和呼告,而不是竭力赞颂高高在上的铁的规律。他希望通过信仰战胜自明,通过上帝来战胜必然,通过启示真理来消解理性真理,无非是为了给苦难的人们以信心和力量。

3. 关于舍斯托夫的圣经哲学思想

舍斯托夫认为,一般哲学、理性主义哲学或思辨哲学不能解决人的存在的根本问题,于是他诉诸《圣经》思想。此后,关于《圣经》的哲学思想构成了舍斯托夫哲学的重要组成部分。那么,舍斯托夫圣经哲学的含义是什么? 徐凤林在博士论文《舍斯托夫的圣经哲学》(2001)中认为,舍斯托夫所说的"圣经哲学"不是对《圣经》文本的哲学研究和系统诠释,他只摘取了《圣经》中的某些思想,而且进行了自己的解释。圣经哲学的基本观念只有通过与理性主义或思辨哲学的对立才能表现出来,即理性哲学教导人服从必然性,圣经哲学则使人真正得救;理性哲学以认识、知识为出发点,圣经哲学则视知识为堕落和原罪;理性哲学追求对个体生命冷漠无情的永恒真理,圣经哲学则向人启示了关注个人命运的神的受造真理;理性哲学选择的自由对恶的存在无能为力,圣经哲学的神性自由则是不容许恶进入世界的权力和力量。

对《圣经》的信仰是舍斯托夫圣经哲学的核心思想。雷永生认为,舍斯托夫的圣经哲学就是要揭示信仰何以使人得救。这种得救在于信仰有四个重要作用:一是使人的思想从理性的禁锢之下解放出来,去寻找战胜各种困难的可能性,勇敢地冲破知识的障碍,自由地为自己生命的得救而斗争;二是为人提供了新的思维维度;三是给人以希望和力量;四是为人提供了真正的"家园"。刘小枫认为,舍斯托夫以自己的思想步履,通过绝望哲学开启了一条走向《圣经》中的信仰之路。他全部创作的中心领域,就是让哲学家和先知们到存在的深渊中对质,就是对"深渊与主"的关系,即信仰的位置进行探讨。对舍斯托夫来说,不可掩盖也不可逃避地存在深渊与救主的关系,是哲学的真正主题。他毕生的思想努力都在于用《圣经》语言来表达这样一个主题:信仰,唯有看到天父的信仰,由天父唤起的信仰,才触及最高的、决定性的关怀个体存在与不存在的真并给无根基的个体之在提供根基。因此,刘小枫认为,舍斯托夫的哲学从总体来看是关于信仰的哲学。方珊在译著《开端与终结》的前言"舍斯托夫的启示"中也认为,舍斯托夫一生所追求的东西就是对《圣经》的信仰,这种信仰是对那个有血有肉活的上帝的信仰，是对那个唯一能拯救人的上帝的信仰，而不是对被教会宰割变成一具僵尸的上帝的信仰。可以说，舍斯托夫将对信仰的追求发挥到了极致。正如徐凤林在《基督教哲学的两条路线》一文中所说的，在信仰主义路线上观点最鲜明、论述最系统的当属舍斯托夫，他所理解的哲学完全不是"科学的科学"，而是属于另一种秩序——心灵秩序的东西。

(二)国外研究现状

实际上，目前国外学者对舍斯托夫的研究相对比较系统、完整。但由于资料掌握不全、语言的障碍和能力所限，笔者只能简单陈述几位有代表性的学者对舍斯托夫的评价和看法。

在西方，舍斯托夫一般被视为存在哲学的代表人物。波兰学者科萨克在《存在主义的大师们》一书中，将舍斯托夫看作有神论存在主义者。俄罗斯宗教哲学家别尔嘉耶夫在《俄罗斯思想》一书中也认为，舍斯托夫是独特的存在主义哲学的代表。当然，别尔嘉耶夫的存在哲学与舍斯托夫的存在哲学有很大的分歧。他批评舍斯托夫过分夸大了哲学的意义，认为舍斯托夫对哲学的要求不是哲学分内所应做的，这种要求只有对先知、使徒和神秘主义者才是自然的。①

国外学者普遍认为舍斯托夫的哲学思想十分鲜明和单一，就是对信仰的极端推崇。别尔嘉耶夫认为，舍斯托夫的单一主题是宗教，他把认识善恶之树与生命之树对立起来。他所追求的宗教信仰与其说是《福音书》，不如说是《圣经》。对于舍斯托夫来说，最重要的是与知识相对立的信仰。他追求信仰，却不表明自己的信仰。科萨克也认为，舍斯托夫忧郁哲学的主题是：强调信仰的荒诞性及其必然性，盲目相信亚伯拉罕，强调信仰的英勇气概及命运的悲剧因素。加缪在《西西弗的神话》一书中认为，舍斯托夫的全部作品都是在不厌其烦地论

---

① 参见徐凤林：《俄罗斯宗教哲学》，北京大学出版社 2006 年版，第 285 页。

述同样的事实,他只关心一件事:抗辩——不论是对心灵的还是精神的历史的抗辩。舍斯托夫揭示了任何存在都具有荒谬性,这种不合逻辑的特点正是他的伟大之处。加缪批评舍斯托夫否认理性的合理性,打破了荒谬的平衡,这种把一切都奉献给非理性的做法只能使荒谬消亡。Copleston 在《哲学在俄罗斯》中认为,舍斯托夫的全部著作实际上是向读者陈述一个观点:在理性主义、科学思辨和《圣经》的信仰之间进行选择。舍斯托夫不但反对理性主义形而上学,而且反对自律伦理学,反对上帝屈从于永恒道德,坚持上帝高于道德、高于理性。但他反对必然性的统治并不包括自然科学。

由于思想的极端性,舍斯托夫被许多国外学者认为是极端怀疑主义者。俄国哲学家洛斯基在《俄国哲学史》一书中认为,舍斯托夫的思想特点是极端怀疑主义,他把读者留在了无知之境。其源泉是不可实现的超逻辑的绝对认识的理想。他把上溯到希腊哲学的理性思维与否定矛盾的超自然的《圣经》宇宙观对立起来。Kuvakin 在《俄罗斯哲学》中认为,舍斯托夫哲学的最大特点是怀疑主义、虚无主义和反语,他没有寻找一个固定模式来表达自己的非理性主义倾向。舍斯托夫的哲学是"无知"的反认识论哲学,他向我们晓示:人们在生活中渴望的不是知识而是无知,不是理性而是荒谬和非理性。非理性是一个没有权力的真理,它比知识更强大。

综上所述,由于舍斯托夫的著作主要是以间接表达的方式来陈述自己的观点,并常常采用反讽的方式;行文也往往过于夸张;有时把自己的话和转述别人的话混在一起。这给理解舍斯托夫的思想造成了一定的困难。国内外学者对舍斯托夫的研究,无疑给笔者的写作提供了很大的帮助。

第一章　悲剧哲学的渊源：直面悲剧

面对人生的苦难和生存困境，我们是选择面对还是逃避？在对西方传统思想和俄罗斯传统文化的考察中，舍斯托夫给出了自己的答案：直面悲剧。

第一节　西方传统思想的资源

舍斯托夫虽然是一名俄罗斯宗教哲学家，但他的思想却深受西方文化的影响，他对苏格拉底、柏拉图、亚里士多德、德尔图良、帕斯卡、路德、笛卡儿、斯宾诺莎、康德、黑格尔、尼采、克尔凯郭尔、胡塞尔等哲学家的思想有着较深的理解，并称他的哲学就是在这些哲学家"灵魂中的漫游"。可以说，西方的传统思想是舍斯托夫悲剧哲学的重要源泉。

一、西方美学领域的悲剧理论

在日常生活中，人们经常在遇到如车祸、火灾、空难、矿难、意外死亡等事件时，便把这些称为悲剧。在我们的文化中，悲剧似乎成了这类事件的共同名称。然而，在美学领域我们却被告知，"悲剧不只是死亡和痛苦，它也肯定不是意外事故。悲剧也不是对死亡和痛苦的所有反应。确切地说，悲剧是一种特殊的事件，一种具有真正悲剧性并体现于漫长悲剧传统之中的特殊反应"①。可以说,悲剧是美学的一个历史的、不断发展的重要范畴,人们可以给它下无穷无尽的定义。悲剧理论经过苏格拉底、柏拉图、亚里士多德、康德、黑格尔、马克思、恩格斯、叔本华、尼采、陀思妥耶夫斯基、克尔凯郭尔、雅斯贝尔斯等历代大师的阐述,已经发生了很大的变化。悲剧理论,说到底就是人类对悲剧艺术现象的一种哲学化的理性认识和科学概括。舍斯托夫考察的悲剧虽然不是美学范畴意义上的悲剧(刘小枫语),但是舍斯托夫强调不甘接受悲剧命运的思想与美学范畴的悲剧在主旨上是一致的。因为悲剧的美学意义就在于,"它表现了人在实践活动中对以人的自身解放程度为标志的社会历史发展的理解、把握和审美超越,代表人们的一种行为方式,一种反抗命运的方式,使人类在社会实践中坦然正视自己的失败,承受自己的命运,担当起自己的职责,最终将人的个性从外在强制中解放出来,使人成为真正的人"②。舍斯托夫的悲剧哲学本身就是通过对莎士比亚、亚里士多德、黑格尔、尼采等人的思想进行论述而体现,由是观之,他的思想不可避免地受到西方悲剧理论的影响。

(一)古希腊的"命运悲剧"

古希腊文明是西方文明的源头,是人类文化遗产中璀璨夺目的瑰宝。德国著名的古希腊哲学史家策勒尔在《古希腊哲学史纲》中写道:"希腊哲学和其他的希腊精神产品一样,是一种始创性的创造品,并在西方文明的整个发展过程中具有根本性的重要意义。"③古希腊的戏剧(特别是悲剧)是希腊文化的一大高峰,它对西方的美学和哲学产生了重大的影响,尼采的名著《悲剧的诞生》即源于对古希腊神话和戏剧

---

① 雷蒙·威廉斯:《现代悲剧》,丁尔苏译,译林出版社2007年版,第4页。
② 郭玉生:《悲剧美学》,社会科学文献出版社2006年版,序,第2页。
③ 凌继尧、徐恒醇:《西方美学史》第一卷,中国社会科学出版社2005年版,第3页。

的剖析。"悲剧在古希腊文中意为'山羊之歌',本是希腊人在祭祀酒神狄奥尼索斯时,以独唱与合唱对答的形式,来歌唱狄奥尼索斯在尘世间所受到的痛苦,以赞美他的再生。由他的死而引起的悲痛,被他的复活而引起的欢乐和喜悦所取代,用来庆祝丰收。这便是悲剧的由来。"①古希腊的悲剧大多取材于《荷马史诗》和民间传说,它的盛期是在古典时代。在公元前6世纪至公元前5世纪这短短的两百年间,先后出现了三位悲剧大师:埃斯库罗斯、索福克勒斯和欧里庇得斯。他们将悲剧推向了成熟。这三位大师的共同主题是:"人类的生命深处永远有互相冲突的因素,所以命运难测。可人类又不甘心于此,因为在生命的深处所激荡着的恰恰是生命本真自然的潜流,故人类永远想以生命为代价去彻底揭开命运的面纱。"②正如斯马特指出:"如果苦难落在一个生性懦弱的人头上,他逆来顺受地接受了苦难,那就不是真正的悲剧。只有当他表现出坚毅和斗争的时候,才有真正的悲剧,哪怕表现出的仅仅是片刻的活力、激情和灵感,使他能超越平时的自己。悲剧全在于对灾难的反抗。陷入命运罗网中的悲剧人物奋力挣扎,拼命想冲破越来越紧的罗网的包围而逃奔,即使他的努力不能成功,但在心中却总有一种反抗。"③索福克勒斯的《俄狄浦斯王》就被亚里士多德誉为"十全十美的悲剧",认为它是全部希腊悲剧中最典型、最成熟完美的命运悲剧。根据古希腊的神话,俄狄浦斯出生后的第三天就被弃于荒野,长大后又误将微服私访的生父杀死,其后因破解斯芬克斯之谜被拥戴为王,依惯例娶了前王遗孀即他的生母。16年后,俄狄浦斯王按神示追查引起瘟疫的凶手,但发现凶手却是自己,俄狄浦斯王在极度震惊中洗刷罪恶后,刺瞎双目并自行放逐。俄狄浦斯的悲剧命运应验了杀父娶母的神谕,他的苦难就是替父赎罪。俄狄浦斯

---

① 朱志荣:《论悲剧性》,载《烟台师范学院学报》(哲学社会科学版)1994年第3期,第32页。

② 周春生:《悲剧精神与欧洲思想文化史论》,上海人民出版社1999年版,第6页。

③ 朱光潜:《悲剧心理学》,安徽教育出版社2006年版,第205页。

身上蕴含的悲剧精神,尤其是他勇于行动和承担责任的态度,为我们现代人昭示了一条认识自己、完善自己和拯救自己的途径,也对舍斯托夫的悲剧哲学产生了一定的影响。

(二)亚里士多德的"过失说"

亚里士多德的悲剧理论是西方悲剧理论的典范,他的代表作是《诗学》。正如罗念生指出,《诗学》是亚里士多德的美学著作,是欧洲美学史上第一篇最重要的文献,并且是马克思主义美学产生以前主要美学概念的根据。在《诗学》中,亚里士多德给悲剧下了西方美学史上第一个完整的定义:"悲剧是对于一个严肃、完整、有一定长度的行动的摹仿;它的媒介是语言,具有各种悦耳之音,分别在剧的各部分使用;摹仿方式是借用人物的动作来表达,而不是采用叙述法;借引起怜悯与恐惧来使这种情感得到陶冶(又译净化)。"①亚里士多德悲剧学说的理论基础是摹仿说,当然,艺术不是摹仿已经发生的事,而是摹仿可能发生的事,即按照可然律或必然律可能发生的事,也就是体现某种一般性、普遍性和规律性的事。亚里士多德认为,悲剧引起我们的怜悯和恐惧之情是由诗人的摹仿,即"通过情节来产生"的。所以,在情节安排上,亚里士多德强调不应写好人由顺境转入逆境,不应写坏人由逆境转入顺境,不应写极恶的人由顺境转入逆境,因为这些情节都不能引起我们的怜悯和恐惧之情,只有一种悲剧情节才能达到惊心动魄的悲剧效果,那就是悲剧的主人公是"一种介于这两种人(即好人与恶人)之间的人,这样的人不十分善良,也不十分公正,而他之所以陷于厄运,不是由于他为非作恶,而是由于他犯了错误"②。在这里,亚里士多德把悲剧的原因归于一般人的过失。朱光潜先生对亚里士

---

① 亚理斯多德、贺拉斯:《诗学·诗艺》,罗念生、杨周翰译,人民文学出版社1962年版,第19页。

② 亚理斯多德、贺拉斯:《诗学·诗艺》,罗念生、杨周翰译,人民文学出版社1962年版,第38页。

多德的"过失说"进行了批判,他认为,虽然古希腊悲剧中的大部分主角确实显然有亚里士多德所说的"过失",但人物的弱点不是悲剧行动的决定力量,悲剧人物的受难不能归因于他的弱点。即使是亚里士多德的理想悲剧《俄狄浦斯王》,也同样充满了定命的思想。"我们可以推想,在亚历山大时代,命运观念正完全失去了人们思想的控制力量。亚里士多德绝不是愿意让命运观念复活的人。命运这个概念本身就有害于宇宙的道德秩序,使人丧失自由和责任。正因为如此,他才引入了'过失'这一概念来解释悲剧人物的不幸遭遇。"①但值得肯定的是,亚里士多德的"过失说"虽然具有时代的局限性,但他用过失去解释悲剧,是对古希腊悲剧的一个新的探索,对打破悲剧的命运观产生了深刻的影响。

(三)莎士比亚的"性格悲剧"

莎士比亚是伟大的悲剧作家,他戏剧里的悲剧人物大都具有坚强的个性,他们无论遭遇到多么残酷的苦难和令人恐怖的死亡,还是坚持自己的主张与追求,敢于同命运抗争到底。如理查三世在进行最后的困兽犹斗时所说的话就使人震惊不已:"即便不能上天,也该手牵手进这地狱之门。"因此,人们认为,莎士比亚戏剧人物的悲剧是由外力和人物个性弱点共同作用所致,即"性格悲剧"。正如黑格尔所说:"近代悲剧人物所依据的指导行动和激发情欲的动力并不是目的中的什么实体性因素,而是思想和感情方面的主体性格,他们要力求满足自己性格中的某些特殊因素。"②舍斯托夫认为,《麦克白》的主人公就极具人物个性,在崇高的道德面前,人本来不该自视甚高,但《麦克白》的主人公却呐喊着:"我……宁愿接受命运的挑战!"舍斯托夫认为,悲剧性体验的意义正在于此。

① 朱光潜:《悲剧心理学》,安徽教育出版社 2006 年版,第 132 页。
② 黑格尔:《美学》第三卷下册,朱光潜译,商务印书馆 1981 年版,第 321 页。

当然,作为舍斯托夫的哲学启蒙老师,莎士比亚对舍斯托夫最震撼的地方在于他发出时代中断了的呐喊。在《麦克白》中我们看到这样一幕:"空中有哀哭的声音,有人听见奇怪的死亡的惨叫,还有人听见一个可怕的声音,预言着将要有一场绝大的纷争和混乱降临在这不幸的时代。"最终,莎士比亚对人生发出了"生存还是毁灭"的质疑。舍斯托夫认为,莎士比亚的《裘力斯·凯撒》和《哈姆雷特》有一个共同的主题:"时代的联系中断了,而我的降生就是为了将它们重新联系起来。"这意味着先前的无意识的、不花任何代价就为我们每个人所拥有的、对人类生活的合理性和理解性的信仰破灭了,必须寻找新的信仰。然而,莎士比亚并不能解决舍斯托夫的困惑,最终舍斯托夫抛弃了他而转向了康德。

(四)黑格尔的"矛盾悲剧"

黑格尔的悲剧理论与亚里士多德的过失说很相近,因为两者都努力为世界的道德秩序辩解。① 但与亚里士多德注重悲剧情节的安排不同,黑格尔更关注情节冲突背后的社会伦理力量。对亚里士多德坚守的"怜悯和恐惧"这两种情感,黑格尔却不屑一顾。在他看来,"人应该感到恐惧的并不是外界的威力及其压迫,而是伦理的力量,这是人自己的自由理性中的一种规定",而真正的怜悯,"这就是对受灾祸者所持的伦理理由的同情,也就是对他所必然显现的那种正面的有实体性的因素的同情"。② 黑格尔的悲剧理论实际上是他的对立统一哲学理论在美学领域的一个特殊应用。在他看来,矛盾是一切生命和运动的根源,一切都要变化,都要向它的对应面转化,对应面被克服和调和,变成统一的整体的一部分。宇宙服从理性的法则,世间的一切都可以用理性去加以解释或证明。因此,悲剧是双方矛盾冲突的必然结

---

① 参见朱光潜:《悲剧心理学》,安徽教育出版社 2006 年版,第 112 页。
② 黑格尔:《美学》第三卷下册,朱光潜译,商务印书馆 1981 年版,第 288 页。

果。悲剧的产生是由两种互不相容的社会伦理力量决定的,悲剧中不同的人物具有相对的伦理思想,而每个人都有道理,都想否定对方同样合理的要求而导致冲突。以索福克勒斯的名著《安提戈涅》为例,国王克瑞翁代表的是政权的权威,而安提戈涅要求的是骨肉亲情,双方所要反对的东西正是他们在各自生活范围以内所固有的东西。所以黑格尔说:"悲剧性就在于这种冲突中对立的双方各有它那一方面的辩护理由,而同时每一方拿来作为自己所坚持的那种目的和性格的真正内容的却只能是把同样有辩护理由的对方否定掉或破坏掉。因此,双方都在维护伦理理想之中而且就通过实现这种伦理思想而陷入罪过中。"①悲剧矛盾的解决,就是要通过代表片面性和特殊化要求的悲剧人物的毁灭,使其重新达到统一。"通过这种冲突,永恒的正义利用悲剧的人物及其目的来显示出他们的个别特殊性(片面性)破坏了伦理的实体和统一的平静状态;随着这种个别特殊性的毁灭,永恒正义就把伦理的实体和统一恢复过来了。"②当然,黑格尔所谓的"永恒正义",并不是一般意义上那种惩恶扬善的超人力量(即神的评判)。"永恒正义"是在个别力量的冲突中重新确认普遍和谐,或是为整体的利益而牺牲局部。③ 在这里,黑格尔把悲剧冲突的本质理解为一种社会性的冲突,比前人前进了一大步,但由于认识不到社会实践在悲剧冲突中的决定性作用,黑格尔仍然陷入了"绝对精神"的困境中。

(五)马克思、恩格斯的"悲剧根源"

马克思、恩格斯的悲剧理论主要集中在评论拉萨尔的历史剧《费兰茨·冯·济金根》(以下简称《济金根》)的两封信中。拉萨尔认为,济金根的失败是由于领导者的智力过错造成的,是由他们的革命目的

---

① 黑格尔:《美学》第三卷下册,朱光潜译,商务印书馆1981年版,第286页。
② 黑格尔:《美学》第三卷下册,朱光潜译,商务印书馆1981年版,第287页。
③ 参见朱光潜:《悲剧心理学》,安徽教育出版社2006年版,第115页。

和狡诈的外交手段的矛盾形成的。马克思对拉萨尔的悲剧观念进行了批判,他认为,拉萨尔写《济金根》不是从生活出发,而是从抽象的观念出发,不应该为了观念的东西而忘掉现实主义的东西。他指出:"济金根(而胡登多少和他一样)的覆灭并不是由于他的狡诈。他的覆灭是因为他作为骑士和作为垂死阶级的代表起来反对现存制度,或者说得更确切些,反对现存制度的新形式。"①济金根企图改革现存制度、推翻诸侯统治,是符合16世纪德国历史发展的必然要求的,但是要实现这个要求,必须与平民联合起来。恩格斯认为,济金根"同农民结成联盟这个基本条件是不可能的"。"当贵族想取得国民运动的领导权的时候,国民大众即农民,就起来反对他们的领导,于是他们就不可避免地要垮台。""这样一来马上就产生了这样一个悲剧性的矛盾:一方面是坚决反对过解放农民的贵族,另一方面是农民,而这两个人却被置于这两方面之间。在我看来,这就构成了历史的必然要求和这个要求的实际上不可能实现之间的悲剧性的冲突。"②在这里,马克思、恩格斯把悲剧冲突双方的矛盾放在一定的历史条件下进行考察,"主要人物是一定的阶级和倾向的代表,因而也是他们时代的一定思想的代表,他们的动机不是从琐碎的个人欲望中,而正是从他们所处的历史潮流中得来的"③。也就是说,悲剧人物的矛盾双方体现着社会力量的冲突,表现出历史发展规律的必然性。济金根悲剧的根源是由于现存旧势力的强大,新旧力量对比悬殊,或者新的力量自身的不足,在新旧力量必然的冲突中,导致代表"历史必然要求"的实践主体的失败。④ 可以看出,马克思、恩格斯的悲剧理论不同于以往美学家的地方,就在于他们从济金根所处的时代背景、阶级地位和社会关系中来探讨悲剧,揭示出了悲剧的社会阶级根源,纠正了黑格尔从悲剧人物

---

① 《马克思恩格斯选集》第四卷,人民出版社1972年版,第339页。
② 《马克思恩格斯选集》第四卷,人民出版社1972年版,第346页。
③ 《马克思恩格斯选集》第四卷,人民出版社1972年版,第343~344页。
④ 参见杨成寅:《美学范畴概论》,浙江美术学院出版社1991年版,第194页。

的主观思想寻找悲剧根源的错误。

（六）尼采的"狄奥尼索斯精神"

尼采的悲剧理论主要体现在他的著作《悲剧的诞生》中，他认为，悲剧的实质是根植于人性之中的两种精神——阿波罗（日神）精神和狄奥尼索斯（酒神）精神的对立和融合。阿波罗精神使人在审视自己梦幻世界的美丽外形时产生一种恬静而深沉的快乐，使人更注意于和谐、限制和冷静；而狄奥尼索斯精神则使人迷醉、疯狂和忘我。阿波罗精神肯定和美化个体生命，而狄奥尼索斯精神毁灭和否定个体生命。这样，狄奥尼索斯精神一旦冲破阿波罗精神的原则，它就必须接受命运的惩罚而面对永恒的痛苦和死亡。悲剧就诞生于酒神精神与日神精神的融合，它可以使人忘记现实的痛苦而体验到生命的快乐和永恒。尼采认为，希腊的悲剧到了欧里庇得斯就开始走下坡路了，因为出现了新的神祇——苏格拉底。苏格拉底带来了新的东西，即用逻辑和辩证法来寻找关于世界的知识。他不承认悲剧所揭示的恐怖和虚无世界的真相，而是企图寻找事物背后的东西。在苏格拉底的改造下，悲剧不再受感于日神和酒神这两个艺术神，而是受感于苏格拉底这个新的神祇。尼采对苏格拉底精神深恶痛绝，在他看来，苏格拉底精神与悲剧艺术正相对立，是对人类最具强烈生命力和创造力的狄奥尼索斯精神的残暴压抑。在苏格拉底身上只有辩证法，而没有什么人的因素，离开了人，悲剧就不能成为悲剧。也正是从苏格拉底开始，雅典传统的伦理观念解体了，希腊人转向道德领域，从对外在的探索转向对人内心的良知、善恶的探索。尼采对苏格拉底的批判正是舍斯托夫所极力推崇的，舍斯托夫就认为，尼采所体验到的全部痛苦、恐惧和快乐，都应当用来摧毁必然性这个怪物。

二、西方哲学中的非理性思想

什么是非理性？人们通常认为，在认识论上，非理性是指人的直觉、信仰、灵感、顿悟等认识能力；在本体论上，非理性是指人的本质和世界的本质，如叔本华的"生命意志"和尼采的"权力意志"。在西方哲学中，无论是基督教哲学还是存在主义哲学，甚至理性主义哲学，都存在着非理性的成分。

（一）理性哲学中的非理性因素

长期以来，西方哲学的主要内容是建立在理性主义基础上的本体论和认识论，非理性问题并不是西方哲学的主要内容，正如怀特海所说："两千五百年的西方哲学不过是对柏拉图的一系列注脚。"①然而，为了阐述世界的本质和人类的认识，西方哲学也或多或少对非理性问题有所涉及，众多哲学家的思想中都包含有非理性的因素。柏拉图的主要哲学基础是"理念论"，他在《斐多篇》中讲他的"回忆说"时指出，认识就是回忆，就是心灵在外物的影响下，唤醒其所固有的理念的过程。在此，柏拉图肯定了心灵的作用。亚里士多德继承了柏拉图的理性主义，并提出人是"能动理性"的动物的观点。他认为，能动理性是一种以自身为对象的认识活动，它是不朽的，是神的思维，是"思想的思想"。这就意味着，思维可以不反映存在，精神能够脱离物质，这种认识实际上是非理性的。

继承了笛卡儿近代理性主义传统的斯宾诺莎，提出了"唯理性是从"的论断，但在论述"身心平行论"时却认为，"人心有认识许多事物的能力，如果它的身体能够适应的方面愈多，则这种能力将随着愈大"②。这种观点明显与他的理性主义主张相矛盾。在康德的理性主义哲学中，也存在一些有关非理性的观点。在论及"知性"学说时，康德明确提出唯有理性认识才具有普遍性和必然性，但他又补充说："此

---

① 威廉·巴雷特：《非理性的人》，杨照明、艾平译，商务印书馆1995年版，第79页。
② 冒从虎、王勤田、张庆荣：《欧洲哲学通史》上卷，南开大学出版社1985年版，第425页。

种悟性乃如是一种能力,即由其自身,绝不能认知事物,而仅联结,整理'知识之质料'。"①也就是说,知性范畴如果不和经验材料相结合就只是空架子,形不成任何知识。康德提出"人为自然立法"的论断,这实际上是说,人的认识过程不是在实践中反映客观事物发展规律的过程,反倒是向客观事物强加规律的过程。康德还认为,人作为感性的存在必然会受到必然性和理性规范的支配,这时人的意志是他律的和不自由的;人作为理性的存在,他的意志自律是自由的,意志自由只有在意志"自律"的条件下才有可能,但这种自由意志也即善良意志或好的意志靠科学和理性是无法达到和实现的,它的实现只有靠"设想"、"假设"在"彼岸世界"里才有可能性。②康德的上述观点都带有非理性主义的色彩。当然,无论是柏拉图和亚里士多德,还是斯宾诺莎和康德,他们的非理性思想,都只是作为其理性主义哲学的从属和辅助的内容而存在,远没有达到基督教哲学对非理性的推崇,更没有形成全面和系统的非理性主义思潮。

(二)基督教哲学的非理性传统

人们通常认为,基督教哲学"只承认上帝的唯一存在,认为世界上的一切事物都是上帝创造的……人只有信仰上帝、皈依上帝,才能在人世间赎尽原罪,最后进入天堂"③。确实,对上帝的信仰是基督教哲学的核心理念,法国哲学家吉尔松就认为,"只有启示与信仰之间的内在关系,才能赋予'基督教哲学'一词以积极的意义"④。因此,有神学家认为,对人的唯一要求就是人要绝对地、无条件地信仰上帝,他们坚持的是信仰主义路线,也就是"极端信仰"(详见第五章第三节)。在

① 冒从虎、王勒田、张庆荣:《欧洲哲学通史》下卷,南开大学出版社1985年版,第146页。
② 参见胡敏中:《理性的彼岸》,北京师范大学出版社1994年版,第22页。
③ 胡敏中:《理性的彼岸》,北京师范大学出版社1994年版,第19页。
④ 徐凤林:《基督教哲学的两条路线》,载《浙江学刊》2001年第6期,第13页。

西方思想史上,这条路线的代表人物是德尔图良、彼得·达米安、路德、帕斯卡、克尔凯郭尔和舍斯托夫等。德尔图良的名言是"因其荒谬而可信",路德主张"因信得救",克尔凯郭尔强调"荒谬是衡量信仰的尺度"。这些哲学家将人身上的非理性因素发挥到了极致。

　　值得注意的是,基督教哲学其实是希腊哲学和犹太-基督教《圣经》这两种西方不同文化冲突与融合的产物。因此,主张极端信仰的人毕竟只是少数,大部分基督教哲学家都力图用希腊哲学原则来解释《圣经》,用理性来证明信仰(详见第五章第三节),这也是基督教哲学的主导路线。基督教神学之父奥古斯丁在前期认为,对绝对的、自明的、无限的上帝的领悟,有限的人的理性无能为力,而唯一的方法就是通过信仰。他的名言是"宁可不理解而找到上帝,不要去求理解而找不到上帝"①。但在后期他又认为,"上帝不可能憎恨他所创造的、使我们优于其他动物的东西。让我们把信仰看作迎接与追寻理性的序曲,因为如果我们没有理性的灵魂,我们甚至不能信仰"②。经院哲学的集大成者托马斯·阿奎那认为,人类把握上帝有两种方式,即理性和非理性。其中,信仰这种非理性的方式高于理性的方式,是根本的把握上帝的方式。但另一方面他又提出了上帝存在的五大证明(详见第五章第二节)。然而,不管基督教哲学家如何用理性来证明信仰,在他们的思想体系里,占主导地位的始终是信仰,非理性始终是基督教哲学的传统。

(三)非理性主义思潮

　　西方非理性主义思潮产生于 19 世纪,它的产生有两方面的原因:在社会历史方面,日益暴露的社会弊端和频发的破坏性社会事件(如战争等),使人们对用理性和科学建立起来的现代社会文明产生了怀

---

① 胡敏中:《理性的彼岸》,北京师范大学出版社 1994 年版,第 19 页。
② 赵敦华:《基督教哲学 1500 年》,人民出版社 1994 年版,第 144 页。

疑,在心理上产生了悲剧和失望的情绪;在哲学自身方面,西方传统理性哲学的最大特点是主客二分,主客的分离割裂了主体与客体的关系,导致了理性的膨胀。理性的能力成了解决认识论问题的主要手段,而情感、意志、直觉、体验、无意识、信仰等非理性因素被从构成认识的整体环节中分离出来,孤立起来。在理性认识的支配下,世界被撕裂成概念的碎片,人被抽象为理性化的东西。因此,"许多哲学家提出要根本改变哲学研究的方向,对传统理性主义哲学进行猛烈的攻击和批判。认为哲学应由外部世界的研究转向人本身的内心世界,由倡导理性转向否定理性、用非理性取代理性"①。正是在这种背景下,非理性主义应运而生,并形成了一股思潮。

非理性主义最大的特征是反对传统的形而上学和本体论,因为,"哲学就是形而上学"(海德格尔语)。舍斯托夫也认为,从古到今的哲学家都没有离开过形而上学,"柏拉图回避不懂几何学的人们,康德称数学为国王科学,就连这位诚实的斯宾诺莎也认为有责任装作不懂的样子:他如此痛苦地探求的真理,究其实质与数学真理别无二致"②。在非理性主义看来,传统的形而上学和本体论主张主客二分,即主张在人这一主体之外,还有一个独立存在的本体世界,不管是唯物主义者还是唯心主义者,都以追求这个独立存在的本体世界作为自己的哲学使命。现代西方非理性主义不再将追求独立的本体世界作为自己的哲学使命,而是竭力追求人与世界的融合和统一,主张主客合一。③ 为此,非理性主义者把人的非理性因素当作哲学的出发点和归宿,并对传统形而上学进行了猛烈的批判。

最早确立非理性主义哲学的是叔本华创立的"唯意志论",它的基本特点是把人的非理性的情感、意志绝对化,当作唯一真正的存在,当

① 杨寿堪:《冲突与选择》,北京师范大学出版社1996年版,第119页。
② 舍斯托夫:《在约伯的天平上》,董友、徐荣庆、刘继岳译,三联书店1989年版,第8页。
③ 参见胡敏中:《理性的彼岸》,北京师范大学出版社1994年版,第32页。

作世界的本质和基础。在叔本华看来,形而上学只满足于对物质、精神、上帝等理性实体的抽象沉思,却遗忘了作为感性的、具体的、活生生的个人的存在,这种传统的理性哲学已陷入了危机。叔本华所确立的生命意志概念开始突破这种形而上学传统,给西方传统的形而上学理论带来了前所未有的冲击。"他将意志定义为一种盲目的无尽的追求,从而将存在的意义问题与道德、理性、目的等传统形而上学观念区别开来。"①意志不仅是人的本质,也是世界的本质。理性是由意志决定的,要达到对世界本质的认识,靠理性是望尘莫及的,只有非理性的直觉才能达到。但在一定程度上,"叔本华是把意志当作一个新的形而上学的真理提出来的。……叔本华用意志取代自在之物在本质上仍是用一种形而上学取代另一种形而上学,即用一种非理性的形而上学取代传统的理性形而上学"②。而尼采则尝试用他的权力意志"打碎"形而上学,彻底走出形而上学。在他看来,理性主义支配的传统形而上学限制和扼杀了个人独特的非理性的生命和本能。必须摧毁为理性思想家所制定和神圣化的旧的观念,代之以突出人的生命力和本能冲动,为此,尼采提出了"权力意志"的概念。他认为,意志是统一的,世界是意志通过各级理念客体化的表象。他相信可以通过认识摆脱盲目意志的束缚,并得到解脱。可以说,"尼采推翻了传统所谓灵魂、精神、道德,肯定了我们的肉体、感觉、欲望,由此导致了哲学问题发生根本性转变。哲学不再是关于一个唯一的更高的彼岸世界以及如何达到这样的世界的唯一的道路的问题,而是关于我们这个现实的多样的变化的世界的问题"③。也就是说,尼采打开了长期被形而上

---

① 杨玉昌:《生命意志的演变与形而上学的命运》,载《中共浙江省委党校学报》2006年第3期,第58页。
② 杨玉昌:《生命意志的演变与形而上学的命运》,载《中共浙江省委党校学报》2006年第3期,第57页。
③ 杨玉昌:《生命意志的演变与形而上学的命运》,载《中共浙江省委党校学报》2006年第3期,第57页。

学所遮蔽的存在意义的问题,以海德格尔和萨特为代表的存在主义哲学沿着尼采开辟的道路,继续对传统形而上学进行了批判。

与尼采力图"打碎"形而上学的努力相比较,克尔凯郭尔有过之而无不及,他是公认的存在主义的先驱。形而上学在黑格尔那里已经达到了登峰造极的地步,克尔凯郭尔对黑格尔的理性主义进行了猛烈的批判。在存在哲学中,克尔凯郭尔看到了辩证法对人的误导、思辨哲学对生存的掩盖和遗忘。"他尖锐地指出,辩证法只不过是一种精致的思维游戏,是'人类的可怜的发明';它充其量是作为'类'存在的人应对生活的一种权宜之计而已,实际上它根本就行不通。"①因此,他主张,哲学应当消亡,生存应当取代哲学。克尔凯郭尔的思想中实际上包含着一种存在论,他说:"人生存而不存在,上帝存在而不生存。"②"存在"成了存在主义的核心概念。海德格尔认为,传统形而上学有一个共同的,也是根本性的错误,那就是在没有了解存在物究竟怎样以前就肯定了它们的"在"。传统形而上学时代,实际上是"在的遗忘的时代"。正因为撇开了"在",哲学家们对存者的论述就失去了根基,他们所建立的本体论只能是无根的本体论。③ 在海德格尔看来,"存在"与"存在者"不同,存在者是已经存在且已显示出存在的东西。存在优于存在者,因为任何存在者必须首先存在,而后才能是既定的存在者;否则,存在者就不可能呈现。萨特从胡塞尔的现象学理论出发,对传统形而上学进行了批判,他认为传统形而上学把现象看作与本质不同的东西而与本质对立起来,陷入了二元论。他指出:"现象作为其本身的在的显现并不隐藏本质,而是启示本质,它本身就是本质。反过来说,本质并非是隐藏于现象之后的东西,它只是作为显现的系

① 王齐:《走向绝望的深渊》,中国社会科学出版社 2000 年版,第 26 页。
② 杨大春:《沉沦与拯救》,人民出版社 1995 年版,第 33 页。
③ 参见刘放桐等:《现代西方哲学》修订本下册,人民出版社 1990 年版,第 591 ~ 593 页。

列的联系,它本身就是显现。"①因此,他主张,用现象学的一元论就可以摆脱传统形而上学把现象与本质、主体和客体对立起来的二元论。也就是说,用现象学本体论取代传统的形而上学。

第二节　俄罗斯传统文化的背景

舍斯托夫是一位典型的俄罗斯宗教哲学家,他用"俄罗斯式"的方式关注着现实,即关注着人的心灵的现实,他说:"现在需要作出最大的精神努力,以便摆脱那控制了人类的无神无信的梦魇。"②这正是俄罗斯哲学家所面临的最大现实。舍斯托夫这种用"流血的头撞击理性的墙"的努力与俄罗斯的传统文化底蕴有着这样或那样的内在联系。

一、俄罗斯思想

俄罗斯文化是世界文化园林中的一朵奇葩,它是在东方和西方两种不同文化的长期碰撞和融合过程中形成的。俄罗斯思想则是俄罗斯民族的传统文化和俄罗斯人面对西方文化的冲击而对本民族文化的自我意识。

(一)俄罗斯思想的含义

人们对"俄罗斯思想"的定义历来存在诸多争议,据1995年出版的《俄罗斯哲学(小百科词典)》的解释:"俄罗斯思想是一个具有象征意义的概念。从该词的最广义上说,它指的是俄罗斯文化和俄罗斯精神在全部历史进程中所固有的各种独特特点的总和;从更为狭义上(即从社会学意义上)说,它指的是俄国的社会、文化、政治等发展中各

---

① 刘放桐等:《现代西方哲学》修订本下册,人民出版社1990年版,第634～635页。

② 索洛维约夫等:《俄罗斯思想》,贾泽林、李树柏译,浙江人民出版社2000年版,总序,第3页。

种旧的和新的成分存在的方式。"①简单说来，"俄罗斯思想"就是指历代俄罗斯人所共同具有的那些最基本的"特征"。在历代俄罗斯思想家中，伊拉利昂、陀思妥耶夫斯基、索洛维约夫和别尔嘉耶夫对"俄罗斯思想"的阐述最具代表性和影响力。

伊拉利昂的主要贡献在于他的著作《法与神赐说》体现了俄罗斯民族自我意识的萌生。他认为，俄罗斯作为一个基督教国家，应在世界历史范围内占有一席之地。伊拉利昂的这种观点被认为是"俄罗斯思想"的起源。"俄罗斯思想"真正作为一个术语，最早来自陀思妥耶夫斯基。在 1861 年《时代》杂志的广告中，他预言："俄罗斯思想也许会成为在欧洲的单个民族中勇敢顽强地发展的所有思想的综合。"②此后，"俄罗斯思想"这一用语广泛见于俄罗斯文学家和哲学家的作品中。索洛维约夫是第一个从哲学上阐明"俄罗斯思想"这一概念的人，他从综合性和全人类统一的角度来描绘"俄罗斯思想"，认为俄罗斯思想的本质在于综合了东西方的文化思想。这与他的"万物统一"的哲学思想是一脉相承的。而把众多俄罗斯思想家有关"俄罗斯思想"的论述进行综合的杰出代表当属别尔嘉耶夫。在他看来，"各民族兄弟般的团结，寻找共同获救的道路"是俄罗斯思想的意义所在，俄罗斯思想是与俄罗斯民族性格和历史使命相符合的。

（二）俄罗斯思想中的苦难意识

苦难是人类的重大问题。在生活中，每个人都经历过难以计数的苦难。在历史发展过程中，每个民族都经历过曲折而艰辛的过程。俄罗斯思想中蕴藏着深重的苦难意识，陀思妥耶夫斯基就认为，俄罗斯民族最主要、最根本的精神需要是不断的、不可遏制的、随处存在的对

---

① 索洛维约夫等：《俄罗斯思想》，贾泽林、李树柏译，浙江人民出版社 2000 年版，中译本前言，第 25 页。

② 朱达秋：《俄罗斯思想的现代意义》，载《四川外语学院学报》2006 年第 2 期，第88 页。

苦难的需要。

1. 生存的忧虑

别尔嘉耶夫认为,俄罗斯民族的历史是世界上最痛苦的历史之一。这种痛苦的历史首先源于人民对恶劣的生存条件的忧虑。其一是恶劣的自然环境:俄罗斯的地理位置处于亚欧大陆的北端,一边濒临北冰洋,另一边与中亚的高原和荒漠接壤。俄罗斯大部分地区夏季短暂而冬季漫长,地表长期积雪,气候十分严酷。这种地理位置决定了俄罗斯境内许多地区复杂的自然条件,给人们的生活和劳动带来了诸多困难,也容易使俄罗斯人对大自然的无所不能产生恐惧感,并习惯于思考自己的(即人的)命运,养成一种矛盾的消极处世态度和苦难意识。其二是落后的社会制度和残暴的政治统治:17世纪初,西欧已经逐渐迈入资本主义社会,然而,俄罗斯在政治上仍然是沙皇专制制度,在经济上是封建农奴制度,国家面貌野蛮落后,人民生活异常贫困。在俄罗斯,每年有无数的人遭受死刑、辱刑、体罚、服苦役和流放。从18世纪末起,俄罗斯的知识分子,从拉吉舍夫开始就被君主专制的国家机构窒息。诺维科夫在施吕瑟尔堡被监禁15年,陀思妥耶夫斯基在西伯利亚服苦役和流放10年。正如别尔嘉耶夫所说,从诺维科夫之受迫害开始了俄罗斯知识分子的殉难史。与知识分子的遭遇相比,俄罗斯农奴制的影响则更为深远,叶卡捷琳娜二世时期的法律曾赋予地主不经法庭审讯便可自行把农民送往西伯利亚流放、服苦役或服兵役的权力。1861年农奴制被废除后,农民的生活仍然十分贫困。其三是长期的可怕战争:连续的血腥战争几乎占据了整个俄罗斯的国家历史,单从1368—1895年五百多年的时间里,俄罗斯人就有三百多年是在战争之中度过的。战争总是使人们站在生与死的边缘,使人们不由得回顾过去并思索生命的意义。

2. 历史定位的困惑

历史定位问题,是俄罗斯民族心中永远的痛,他们经常深陷历史的迷雾之中。俄罗斯人不知道自己的国家和民族处在历史的哪一个点(哪个阶段)，即不知"俄罗斯向何处去"。他们总是在东西方"两极"中进行非此即彼的选择。"俄国的位置不是牢牢固定在东西方这个轴上。在其历史的每个危机时期，俄罗斯或者顺轴左移，即移向西方，或者右移，即移向东方。"①

"俄国与西方"的问题始终伴随着俄罗斯的历史发展，彼得大帝的改革将这一问题明确化。恰达耶夫认为，彼得大帝在自己家里找到的只是白纸一张，他在上面写下了两个词：欧洲和西方。彼得大帝的改革打开了俄罗斯通向西方的大门，18世纪成了俄国学习西方的世纪，但改革也造成俄国社会处于对立状态：由贵族组成的社会上层趋于西方化，由农民组成的社会下层趋于东方化。俄国与西方孰优孰劣的问题引起了"斯拉夫派"与"西方派"的论战。斯拉夫派否定彼得大帝的改革，认为俄国文化优于西方文化，他们希望从朴实的俄罗斯精神中找到俄罗斯的未来；西方派则认为，俄罗斯传统文化阻碍了俄国的进步，俄国需要向西方社会靠拢，只有加入西方社会的大潮才能取得进步。"斯拉夫派"和"西方派"明显的局限性注定了他们不能真正解决俄罗斯的历史发展问题。19世纪20年代，俄罗斯曾一时兴起"欧亚主义"，他们主张中间立场："俄罗斯文化既不是欧洲文化，也不是亚洲文化中的一种，也不是二者的成分的加合或机械的结合。它是一种与欧洲文化和亚洲文化对立的中间性质的欧亚文化。"②十月革命后，俄罗斯人曾认为"俄罗斯向何处去"的历史定位问题已经一劳永逸地解决了。但苏联解体后，社会主义道路被彻底抛弃，俄罗斯人又重新陷入迷茫之中。可以说，俄国在竭力"融入"西方时，遇到的往往是西方对它的打压和轻蔑，但东方在其心目中又往往等同于"落后"，总想与东方划清界限。用别尔嘉耶夫的话来说，俄罗斯的历史定位和发展总是

---

① 索洛维约夫等：《俄罗斯思想》，贾泽林、李树柏译，浙江人民出版社2000年版，中译本前言，第9页。

② 索洛维约夫等：《俄罗斯思想》，贾泽林、李树柏译，浙江人民出版社2000年版，中译本前言，第18页。

灾难性的。

3. 民族精神的二重性

俄罗斯的民族精神与俄罗斯的历史定位一样,都具有极端性,它们总是在两极之间左右摇摆。别尔嘉耶夫在《俄国魂》一书中对俄罗斯的精神特性进行了详细阐述,并称之为二律背反性。他认为,俄罗斯在精神上既是无限自由的国家,又是奴性十足、逆来顺受的国家;俄罗斯是世界上最无政府主义,同时又最为官僚主义的国家;俄罗斯是世界上最反沙文主义,同时又最具民族主义情绪的国家。正如丘特切夫所说:"用理性不能了解俄罗斯,用一般的标准无法衡量它,在它那里存在的是特殊的东西。"①这些二律背反矛盾的根源在于,在俄罗斯的精神与俄罗斯的性格中,阴阳失和。因为俄罗斯精神在各个方面都追求终极、彻底和绝对。对俄罗斯来说,最大的特点是内在的解放与紧张的精神追求和社会追求。别尔嘉耶夫坦言,俄罗斯人总是受中庸的和相对的东西的奴役并表现得软弱无力、孤苦无助。也就是说,在俄罗斯精神的两极中缺乏一个中间环节。俄罗斯人要跨越二律背反的两极,必须经历许多苦难,这个过程是痛苦而漫长的。整个俄罗斯的文学和哲学,也正是因其强烈的苦难意识而显得分外具有感人的力量。事实上,无论是"斯拉夫派"还是"西方派",无论是贵族自由主义知识分子还是革命民主主义者,他们都在不倦地探索苦难国家和民族的更新之路,都在关注人民的苦难。俄罗斯知识分子怀着对民族命运、人民苦难的神圣忧患,仿佛一群背负着沉重十字架的殉道者。俄罗斯知识分子之父拉吉舍夫在从圣彼得堡到莫斯科的旅行中曾流露出这样的情绪:"我举目四顾,人们的苦难刺痛了我的心";普希金在阅读《死魂灵》时也感叹:"上帝啊,多么忧伤的俄罗斯。"这是俄罗斯精神的生动写照,也是整个 19 世纪所有俄罗斯知识分子的叹息。

---

① 别尔嘉耶夫:《俄罗斯思想》,雷永生、邱守娟译,三联书店 1995 年版,第 1 页。

4.受难的意识

俄罗斯民族具有强烈的受难意识,他们特有的精神特性是虔敬感、同情感和羞涩感。在俄罗斯,教堂、神龛和修道院遍布全国各地,人们不断地进行敬拜、忏悔。俄罗斯人喜欢痛苦和受苦的人,老百姓没有称呼罪犯的字眼,只是简单地称他们为"不幸的人"。俄罗斯伟大的小说家,像陀思妥耶夫斯基、托尔斯泰等人都曾描写罪犯,却没有谴责他们,而是为他们辩解。在俄罗斯人眼中,基督是受难的象征,人们通过受难而接近上帝,以获得痛苦的满足与自我肯定。"没有十字架,就没有基督",成了俄罗斯的谚语。在俄罗斯圣徒中有大量的"苦行者","他们通常住在洞穴中,睡在棺材里,有时他们把自己活活地藏在墓穴里,开口处用一堵墙封着,仅留一个小洞,穿过这个小洞可以给住在里面的人送一点面包和水。他在这里住着,有时住几十年,不见人,也不和人谈话,最后因饥饿和污秽而死"[1]。他们相信,通过脱离世界或者完全独处这种痛苦折磨,可以达到真正的悔悟(内心的转变或改造)。陀思妥耶夫斯基认为,受难意识是俄罗斯人民自古以来传染上的,它流经俄罗斯的整个历史,源自俄罗斯人民的心灵本身。因此,有学者认为,俄罗斯思想(理念)就是指俄罗斯传统思想的沉郁、虔敬、博爱、崇敬苦难的素质。"它(俄罗斯之魂)永世为民众和整个世界的苦难和不幸而悲伤,它的痛苦永无休止。"[2]

二、俄罗斯文学

文学是一种文化现象,也是一种社会现象。在一定意义上,俄罗斯文学乃是俄罗斯社会思想和俄罗斯文化思想的一个独特的组成部分、一个独特的来源和宝库。正如别尔嘉耶夫所说的,19 世纪末 20 世

---

① 赫克:《俄国革命前后的宗教》,高骅、杨缤译,学林出版社 1999 年版,第 42 页。
② 索洛维约夫等:《俄罗斯思想》,贾泽林、李树柏译,浙江人民出版社 2000 年版,第271 页。

纪初俄罗斯文化复兴的一个原因是与马克思主义有关,而另一个来源主要就是文学。舍斯托夫是一位独特的宗教哲学家,但他在学界崭露头角也是从文学评论开始的。因此,了解俄罗斯文学及俄罗斯文学家的独特思想,对把握舍斯托夫的悲剧哲学思想是十分必要的。

(一)俄罗斯文学的宗教悲剧

俄罗斯文学在其形成和发展过程中都直接受到宗教的影响,可以说,俄罗斯文学与宗教是密不可分的。19世纪末20世纪初,俄罗斯出现了宗教和文学创作的新浪潮,一些具有宗教哲学思想的知识分子,如梅列日科夫斯基、别尔嘉耶夫等和宗教界人士交流频繁,共同参与宗教精神的探索。这些世俗知识分子视野更加广阔、视角更加独特,因而他们揭示的问题也更加尖锐。大多数的俄罗斯思想家和哲学家都承认文学和宗教的精神融合,正如弗兰克所说:"最深刻最重要的思想在俄国不是在系统的学术著作中表达出来的,而是在完全另外的形式——在文学作品中表达出来的。"①别尔嘉耶夫在《俄罗斯思想》一书中也指出,在19世纪的俄罗斯文化中,宗教问题具有决定性的意义。"宗教问题折磨着伟大的俄罗斯文学。关于生活的意义问题,关于从恶与苦难中拯救人、人民和全人类的问题在艺术创作中是占优势的问题。俄罗斯作家没能停留于文学领域,他们超越了文学界限,他们进行着革新生活的探索。他们怀疑艺术的正当性,怀疑艺术所特有的作品的正当性。19世纪的俄罗斯文学带有教育的性质,作家们希望成为生活的导师,致力于生活的改善。"②

事实上,许多伟大的文学家,如果戈理、陀思妥耶夫斯基、托尔斯泰、索洛维约夫、梅列日科夫斯基等,他们都笃信宗教。他们的文学作品讲述关于他们的精神斗争、他们的几乎不顾一切地寻找上帝,以及

---

① 弗兰克:《俄国知识人与精神偶像》,徐凤林译,学林出版社1999年版,第4页。
② 别尔嘉耶夫:《俄罗斯思想》,雷永生、邱守娟译,三联书店1995年版,第79~80页。

他们的生活目的和意义的故事。他们有时被称为"上帝的搏斗者和追求上帝的人"，他们几乎所有人都"通过基督听命于上帝"，他们把基督称颂为世界唯一的希望。① 弗兰克强调，"所有伟大的俄国文学家都同时又是宗教思想家或寻神论者。果戈理的晚期创作是如此，悲剧性的莱蒙托夫是如此，在西方鲜为人知的大诗人丘特切夫是如此，陀思妥耶夫斯基和托尔斯泰是如此，深知人民宗教性的列斯科夫是如此，格列勃·乌斯宾斯基也是如此，他出色地描述了农民心理，他在自觉世界观上是非教徒，却有内在、深刻的宗教性。甚至'俄国的歌德'，天才的普希金也在自己的某些深刻的诗作中表现了宗教的悲剧主义和热烈的信仰"②。在探索宗教精神的过程中，俄罗斯知识分子往往体验到一种"宗教悲剧"，可以说，"俄国知识分子阶层的宗教悲剧已经为它最优秀的文学天才人物和哲学家所理解"③。果戈理、梅列日科夫斯基、陀思妥耶夫斯基和托尔斯泰等都经历了令人痛苦的宗教悲剧。

宗教与形而上学和社会的问题折磨着所有著名的俄国作家。别尔嘉耶夫认为，早在莱蒙托夫时期，他的诗句，"造物主啊，当我从赞颂的渴望中解脱出来时，便重新转向拯救灵魂的艰难道路"④，就已经勾画出后来果戈理所体验到的宗教悲剧。果戈理是俄罗斯文学与思想史上最具悲剧性的人物之一。从果戈理开始出现了俄罗斯文学与宗教——道德性质，出现了文学中的弥赛亚主义。果戈理在晚年烧毁了《死魂灵》的第二部，他的悲剧在于，"他无论何时都不能看到和描绘人的形象以及人之中的神的形象"⑤。对果戈理的悲剧，舍斯托夫给

---

① 参见赫克：《俄国革命前后的宗教》，高骅、杨缤译，学林出版社1999年版，第146页。

② 弗兰克：《俄国知识人与精神偶像》，徐凤林译，学林出版社1999年版，第31～32页。

③ 赫克：《俄国革命前后的宗教》，高骅、杨缤译，学林出版社1999年版，第146页。

④ 别尔嘉耶夫：《俄罗斯思想》，雷永生、邱守娟译，三联书店1995年版，第84页。

⑤ 别尔嘉耶夫：《俄罗斯思想》，雷永生、邱守娟译，三联书店1995年版，第80页。

予了了高度评价,他说:"当果戈理焚烧了《死魂灵》的第二部手稿时,人们说他疯了,——否则就不能挽救理想。果戈理的手稿也许会使许多不'疯'的评论家不朽,然而果戈理比写手稿时做得更对,他焚烧了自己的珍贵的手稿。理想主义者任何时候都不允许这样,他们需要'果戈理的伪装',并不关心果戈理本人以及他的'伟大的失败、伟大的不幸、伟大的丑陋'。"①除了果戈理,梅列日科夫斯基也是典型的现代俄国知识分子,他因对现代文明在精神和文化上完全痛感绝望,成为了上帝的强烈追求者,新宗教哲学的创造者。他意识到,他对上帝、对宗教的追求,只不过是他的个体主义的一部分,是从绝望的生活和永在的死亡中拯救自己的最高愿望。② 提到俄罗斯文学,不能不提陀思妥耶夫斯基和托尔斯泰,他们都体验到了宗教悲剧,经历了精神的蜕变(详见第三章第一节)。陀思妥耶夫斯基被苦难和对苦难人的怜悯折磨得精神失常,苦难和同情成为他的作品的基本主题。对陀思妥耶夫斯基来说,宗教是生活的必需品。虽然生活中有矛盾、痛苦和死亡,但它是一种超自然的力量,给生活带来某种意义(详见下一小节)。而托尔斯泰一生都被自己的特权地位所折磨,最终放弃了财产,走向人民中间,希望能够为他们服务,与他们的精神融合在一起。

(二)俄罗斯文学家的悲剧情怀

如前所述,大部分的俄罗斯文学家都参与了宗教精神的探索,也体验到了宗教悲剧,而陀思妥耶夫斯基和托尔斯泰的文学作品代表了俄罗斯文学的顶峰,舍斯托夫也正是通过对二者文学作品的评述来阐释其悲剧哲学思想的,因此,本小节也主要就他们作品中的悲剧情怀来进行论述。

---

① 舍斯托夫:《思辨与启示》,方珊、张百春、张杰等译,上海人民出版社 2005 年版,第348 页。

② 参见赫克:《俄国革命前后的宗教》,高骅、杨缤译,学林出版社 1999 年版,第151 页。

1. 陀思妥耶夫斯基：苦难的意义

在众多俄罗斯文学家中，陀思妥耶夫斯基对苦难问题的描述是最为经典和深刻的，这也印证了索尔仁尼琴的名言："俄罗斯文学总是面向受苦受难者。"透过大量的文学作品，陀思妥耶夫斯基以其细腻的笔触描绘了俄罗斯民族深沉的苦难精神。陀思妥耶夫斯基所理解的苦难精神对舍斯托夫的悲剧哲学产生了重大的影响，舍斯托夫悲剧哲学的代表作即是《悲剧哲学》。

苦难的最直接表现是贫穷、苦役等外在的痛苦。《罪与罚》的主人公拉斯柯尔尼科夫杀死放高利贷的房东老太太，最直接的原因也就是贫穷，他无法承受贫穷导致的恶劣处境：衣食无着、债台高筑、妹妹遭人淫欲。"贫穷不是罪恶……但是，先生，赤贫却是罪恶啊，贫穷的时候你还能保持你天生的高尚的情操，可是穷到一无所有，你就绝对办不到……"①《死屋手记》更是一幅关于苦役的令人胆战心惊的鲜明"图画"，在"死屋"中，陀思妥耶夫斯基亲眼目睹了古代严酷的惩罚制度是怎样被实际运用的：囚犯们脸上都打着烙印，到澡堂洗澡时戴着手铐、脚镣等等。确实，俄罗斯人民的生活充满着苦难，以至于陀思妥耶夫斯基把生活等同于苦难，借助马尔美拉托夫之口，他说："一个人，不管他是谁，只要他活着，只要他真正地活着，那么他就在受难。"②而俄罗斯人似乎也爱上了苦难，陀思妥耶夫斯基就常常说："俄罗斯人似乎在享受着自己的苦难。"

但是，贫穷和苦役并不等于苦难，俄罗斯人对苦难有其独特的理解。在《双重人格：地下室手记》中，陀思妥耶夫斯基说出了自己真实的想法："说实在的，我在这里并非主张苦难，但我也不主张幸福。我主张的是……随心所欲。"③也就是说，陀思妥耶夫斯基在苦难中看到

---

① 陀思妥耶夫斯基：《罪与罚》，朱海观、王汶译，人民文学出版社 1991 年版，第 16 页。
② 赵桂莲：《漂泊的灵魂》，北京大学出版社 2002 年版，第 181～182 页。
③ 陀思妥耶夫斯基：《双重人格：地下室手记》，臧仲伦译，译林出版社 2004 年版，第207 页。

了自由、任性和意愿。事实上,他也常常将幸福与苦难联系起来,强烈反对理性强塞的幸福,不能接受幸福的"蚂蚁窝"。因为在他看来,人完全不是追求幸福的理智的存在,而是有着痛苦需求的非理性的存在。在《罪与罚》中,陀思妥耶夫斯基对这种观点进行了更深一步的阐释,他说:"幸福不在舒适之中,幸福靠苦难来弥补和补偿。人不是为幸福而生的,人总是要依靠苦难来赢得自己的幸福,这里没有任何不公正,因为生活的名称和意识(即由人的肉体和精神体会到的感受)要靠 pro 和 contra(拉丁语:赞成与反对——本书作者)的经验来获得,靠苦难来获得,这是我们这个星球的法则。而这种在生活过程中感受到的直接的意识是一种巨大的喜悦,为了这种喜悦可以付出长年累月的苦难。"①换言之,苦难不仅仅是幸福的组成部分,它成了获得幸福的必要手段,同时也意味着,人受的苦难越多,则在未来的永恒生命中得到的幸福越多,苦难蕴含着拯救精神。因此,"俄罗斯人民甚至在幸福中也有一部分痛苦,否则幸福对它来说是不完整的"②。从这些中我们就可以理解,为什么在《罪与罚》中波尔菲里这样开导拉斯柯尔尼科夫:"苦难是伟大的……在受苦中会产生一种理想。"

2. 托尔斯泰:生命的理解

托尔斯泰晚年在《论生命》中系统地阐述了他对生命的理解,他是从人的内在精神方面来理解生命的本质和意义的。在他看来,人的生命存在着一个基本矛盾:任何人活着就是希望并得到幸福,希望并争取幸福就等于活着。然而,当人在追求实现自己的这种幸福时,却感受到这种幸福取决于别人的幸福。他说:"人活得越久越清楚地看到,欢乐越来越少,而苦恼、厌烦、操劳、痛苦却越来越多。岂止于此,他开始体验到精力的衰退和疾病的折磨,在眼看着别人生老病死的同时,

---

① 赵桂莲:《漂泊的灵魂》,北京大学出版社 2002 年版,第 183 页。

② 赖因哈德·劳特:《陀思妥耶夫斯基哲学》,沈真、李真、李树柏等译,东方出版社 1996 年版,第 312 页。

他发现自己的生存(他只在其中才感觉到真正的充实的生命)每时每刻,每动一动都在接近虚弱、衰老和死亡。"①为什么会这样呢? 托尔斯泰解释说,这种矛盾是由我们人类意识的两重性产生的。当人们越来越多地向着理性意识觉醒,从死亡中复活,人的生命的基本矛盾(尽管人们竭力对自己掩盖起来)便以可怕的力量无比清晰地展现在大多数人面前。在我们的意识里,人自身要求幸福地活下去,而理性却告诉我们没法活下去。这时,人就会感觉到他被一分为二了,这种分裂折磨着他的心灵。于是,他觉得引起这种分裂和痛苦的原因是他的理性,"理性是人的生命不可或缺的最高能力,它向那个在要摧毁他的自然力量中间赤身露体孤立无援的人既提供生存的手段,又提供享乐的手段,正是这种能力毒害了他的生活"②。托尔斯泰认为,当理性的幸福看不到,而人身的幸福已无疑地毁灭,人身的生存无法继续下去,于是在人内部开始形成一种动物人对待理性意识的新态度。只有这时,人的真正生命才诞生。

可以看出,托尔斯泰十分重视理性的作用。他认为,理性意识的诞生与我们看得见的肉体诞生的不同之处在于,在肉体诞生过程中,我们可以从时间和空间上看到;而理性意识的生长不能从时间上看到,也不能看到它的演化过程。理性是被人领悟了的规律,人的生命应该遵循这一规律:"只有当动物人的幸福被否定时,表现在人的理性意识对待动物人的态度中的人的真正生命才能开始。而对动物人的幸福的否定开始于理性意识觉醒之时。"③值得注意的是,托尔斯泰并不要求彻底弃绝人身,而是要求使人身服从理性意识。不能够弃绝也

① 倪蕊琴:《列夫·托尔斯泰文集》第15卷,冯增义、宋大图等译,人民文学出版社2000年版,第289~290页。
② 倪蕊琴:《列夫·托尔斯泰文集》第15卷,冯增义、宋大图等译,人民文学出版社2000年版,第293页。
③ 倪蕊琴:《列夫·托尔斯泰文集》第15卷,冯增义、宋大图等译,人民文学出版社2000年版,第295~296页。

不需要弃绝人身,就像不能也不需要弃绝人生存于其中的各种条件一样。"人的生存充满苦难并不是由于他是人身,而是由于他把这个人身的存在认作生命和幸福。只有在这时人的矛盾、两重性和痛苦才显露出来。"①托尔斯泰强调,只有当人降低到动物的水平的时候,他才会看到死亡和痛苦,死亡和痛苦只是人违背自己的生命规律的行为,而对于遵照自己的规律生活的人来讲,既没有死亡,也没有痛苦。

三、俄罗斯宗教哲学

按哲学史上比较公认的观点,真正具有自觉意识和民族特点的俄罗斯哲学发端于 19 世纪的斯拉夫主义。基列耶夫斯基就明确提出要在"独特的东正教思维"基础上建立独创的俄罗斯哲学。俄罗斯哲学与东正教传统密不可分,基列耶夫斯基说:"哲学的方向在一开头就取决于我们对圣三位一体这个概念作何理解。"②因此,在很大程度上,俄罗斯宗教哲学代表了俄罗斯哲学的基本传统(主要指 19 世纪到 20 世纪初期)。当然,"俄罗斯宗教哲学家不是站在教会立场上论证神的存在和对教义进行理性辩护,像早期教父哲学家那样,而是在自己的内在信念与直觉基础上,借鉴哲学史和神学史的知识材料来阐发对世界和对人的基本观点,这些观点主要具有的不是宗教内部的信仰价值,而是一般哲学的理论意义"③。

(一)俄罗斯宗教哲学的主要向度

按徐凤林在其《俄罗斯宗教哲学》一书中的解释,俄罗斯宗教哲学这种独特的思维具有以下三个方面的特征:一是人文性。俄罗斯宗教哲学充满了对人的深切关怀,精神、自由、道德、生命意义、人道主义等

---

① 倪蕊琴:《列夫·托尔斯泰文集》第 15 卷,冯增义、宋大图等译,人民文学出版社 2000 年版,第 298 页。
② 洛斯基:《俄国哲学史》,贾泽林等译,浙江人民出版社 1999 年版,第 23 页。
③ 徐凤林:《俄罗斯宗教哲学》,北京大学出版社 2006 年版,前言,第 2~3 页。

问题是俄罗斯宗教哲学家的思想主题。二是完整性。俄罗斯宗教哲学特别注重的不是认识的系统概念，而是完整的生活真理，人的认识扎根于人的生命存在中。三是理想性。俄罗斯宗教哲学不是着眼于经验现实，而是从存在的终极意义的高度、从未来的"应有状态"看待世界与人。① 也就是说，俄罗斯宗教哲学的思维向度主要是从"内"向"外"、从"我在"到"我思"。

1. 从"内"向"外"

俄罗斯宗教哲学的出发点是人的内在精神，他们主张从内向外地改造世界。"他们总是透过人的内在生命来研究外部现实，以'从深处'、'从内向外'的眼光看待世界。……他们相信，人们只有摆脱内在奴役，才能摆脱外在压迫。他们主张在精神的天空寻找指路明星，而不要在地上寻找自己的路标。"②俄罗斯宗教哲学这种认识论的基础是生命体验。在俄罗斯哲学的源头，斯科沃罗达不仅用自己的全部思想活动，而且用自己的整个一生来证明，真正的知识与生命在最高的理解是同一种东西。斯拉夫主义者伊凡·基列耶夫斯基把"活知识"概念引入哲学著作，他认为，在人的生活中，"心"和感觉是占主导的。"如果说在我们的心中有那么一种感觉，这种感觉成为他精神生活的一部分，那么显然我们的心将成为这样一个地点，在那里这种感觉将不会以思想方式存在，而是从根本上与心渗透在一起。"③也就是说，在心灵深处一切单独之力都融合为一个活的和整体的心灵观照。

俄罗斯哲学从内向外探求世界的生命体验，这在弗兰克看来，实际上是一种经验主义。当然，这种经验主义不同于英国的经验主义，对英国的经验主义来说，经验等同于感性的明确性，经验可以全部无遗地分解成一系列感性知觉材料。在英国经验主义看来，所谓"认识"

---

① 参见徐凤林：《俄罗斯宗教哲学》，北京大学出版社2006年版，前言，第3～4页。
② 转引自徐凤林：《俄罗斯宗教哲学》，北京大学出版社2006年版，前言，第3页。
③ 转引自洛斯基：《俄国哲学史》，贾泽林等译，浙江人民出版社1999年版，第14页。

什么,就意味着接触某种外部的,可以通过感性知觉而达到的东西。而对俄国经验主义来说,经验归根到底是生命经验。"认识"什么,就意味着通过内心知觉和共同感受而介入这一事物,理解其内在方面,在其全部生命表现中把握它。在这种情况下,经验就不是指对对象的外部认识(即感性认识),而是人的精神对处于自身的活的完整性之中的对象本身的全部实在性的把握。① 索洛维约夫进一步指出,无论是(英国)经验主义还是理性主义,都错误地解释了认识的主要本质。因为(英国)经验主义和理性主义得出了几乎一模一样的结论:经验主义以为仅存在着外部现象(它们与客体和主体均无关系),而理性主义则只局限于纯思维,即既无思想者又无思想对象的思想。在他看来,"任何外部道路都只能走向对现实的外在了解,而且只限于感知之时。……因此,应当有一种对存在的内在证明……这种内在证明正是信仰——不是通常意义上的盲目的、无根据的假定,而是对存在的原始的和完全直接的明确无疑性的相信,是对存在本身的神秘主义洞见"②。

　　俄罗斯宗教哲学这种以生命体验为基础的认识论与西方传统的理性思维大异其趣,正如弗兰克所说:"俄罗斯思维方式的特点就在于它一开始就建立在直觉之上,对它来说系统与概念在认识中尽管不是次要的东西,却是公式,不能等同于全部的生活真实。"③从内向外的生命体验,其实是伴随着反理性主义的进程。在俄罗斯宗教哲学家中,索洛维约夫和别尔嘉耶夫是比较认可理性的作用的,但他们仍然批评了理性主义的片面性。在索洛维约夫看来,人有一种对于完整的或绝对的生命的最高需要,对于这种最高需要而言,其他一切都只能是手段;而别尔嘉耶夫则认为,对存在的把握不能通过理性概念而要

---

①　参见弗兰克:《俄国知识人与精神偶像》,徐凤林译,学林出版社1999年版,第6~7页。

② 弗兰克:《俄国知识人与精神偶像》,徐凤林译,学林出版社1999年版,第9页。

③ 弗兰克:《社会的精神基础》,王永译,三联书店2003年版,第293页。

通过直觉和体验,哲学是对存在进行领悟的一定形式,它不能用科学概念加以概括,而只能体验。当然,俄罗斯哲学所说的反理性主义并不意味着俄罗斯精神反对把逻辑上的显像与逻辑上的相互关系当作真实的充分彻底的表现,俄罗斯哲学的反理性主义是指拒绝仅仅通过一次逻辑上的自明性和逻辑上的相互联系而发现完全的和最终的真理。

俄罗斯宗教哲学是从"内"开始探求,但单从"内"并不能解决问题。因为,从人的生命体验来看,人自己无法支撑自己,需要在自己之外给自己的生命找到一种精神支撑,才感到心有所归。人有一种依赖某种超人力量的需要,要找到一种更坚强可靠的力量来为自己作重大决定。正如舍斯托夫所说:"人注定不能决定选择善恶,不能决定自己的形而上学命运。当'偶然性'把我们带向深渊,当多年的安宁无忧的生活之后突然像哈姆雷特那样遇到了一个从来没有过的抉择:'生存还是毁灭'——这时,我们就开始觉得有某种新的、神秘的力量——可能是善意的,也可能是敌对的力量——引导着我们,决定着我们的行动。"①也就是说,俄罗斯宗教哲学家主张通过从内向外、内外结合的方式来改造世界,当然,在他们看来,这个外的力量主要是来自上帝的力量。

2. 从"我在"到"我思"

笛卡儿"我思故我在"命题的提出,确立了理性认识从"我思"到"我在"的认识路向,从而使近代哲学的主题由传统本体论开始转向认识论。在这里,笛卡儿首先把自身当作个体思维着的意识来看待,而剩下来的东西——其他事物的存在、世界的存在——只有通过该意识的材料才能获得。换言之,第一性的、直接的、自明的东西就不是存在,而存在总是意识或知识。俄罗斯宗教哲学家认为,"我思故我在"这种提法本身已经把主体和客体割裂,抽象思维已经脱离了生命存

---

① 徐凤林:《俄罗斯哲学的"精神世界"》,载《社会科学辑刊》2006 年第 4 期,第13 页。

在。"在西方近代哲学中,思维与存在的分离,知识与世界的脱离,成了全部哲学的前提。哲学家们把这种脱离看作是哲学反思的全部骄傲,看作是哲学思维对朴素思维的全部优越性。抽象理性主义哲学家认为哲学应当从主体、思维,从某种无生命的形式和空洞的东西开始。但在抽象的、被剥离了存在的思维里,除了空洞的无生命的形式之外什么也找不到,这里没有生命,没有存在。"①正如弗兰克指出:"近代西欧人感到自己正是个体的思维着的意识,而其他一切只是为这种意识所给定的或通过意识来感知的。他没有感到自己根源于存在,仍处于存在之中,没有把自己的生命感受为存在本身的表现,而感受为另一种与存在相对立的实体,也就是说,他感到是与存在相离异的,只有通过曲折的思想认识之路才可达到它。"②与此相反,俄罗斯哲学所表现出的完全是另外一种生命感受,追求的完全是另一种哲学理论,也就是本体论主义。

俄罗斯哲学的"本体主义",是指一种思想方式、思维定式。大多数俄罗斯哲学在一般哲学思考旨趣和具体哲学论题中,不习惯于或不满足于将某种哲学学说或理论仅仅建立在纯粹认识、纯粹思维的基础上,而总是寻求与力图达到认识和思维背后的存在本身或真实存在。"'本体主义'的实质是俄罗斯哲学家在东正教精神氛围中对人的生命所依赖的终极存在及其真实性的直觉 – 信仰。"③对于俄罗斯精神来说,从"我思"到"我在"之路总显得是完全人为的;对它来说真正的道路应当恰恰相反:从"我在"到"我思"。直接明确显现的东西不应当先通过什么别的东西来表现和理解,只有以自身为根据并通过自身来表现的东西才是存在本身。存在不是通过意识来给定的,不是意识的对象性内容;相反,正因为我们的"自我"、我们的"意识"不是别的,

---

① 徐凤林:《俄罗斯哲学的本体主义特点》,载《哲学动态》2006 年第 9 期,第 53 页。
② 弗兰克:《俄国知识人与精神偶像》,徐凤林译,学林出版社 1999 年版,第 11 页。
③ 徐凤林:《俄罗斯哲学的本体主义特点》,载《哲学动态》2006 年第 9 期,第52 页。

可以说正是存在的分歧和表现,所以这种存在才在我们的意识之中完全直接地表现自身。没有必要为了深入到存在之中而首先"认识",实现认识行为;相反,为了认识什么,必须首先已经"存在"。正是通过完全直接的第一性的存在,才能最终认识全部存在。人归根到底能够进行认识,正是由于他自己存在,他认识存在不仅仅是以观念的方式通过意识和思维,而是他首先应当更加真实地扎根于存在之中,这样才能使认识成为可能。①

从索洛维约夫开始的俄罗斯哲学认识论学说,都是由这个本体主义方针决定的。"首先存在,然后进行哲学思考。"这一主张本身,若从内在的形而上学意义上理解,隐含着深刻的思想(表达了生命事实对思维的本体论优势)。索洛维约夫认为,无论感性认识的内容,还是理性思维的内容,都不能使我们真正地走近存在、现实。在洛斯基那里,意识不是像通常所认为的那样,是一个自我封闭的领域;相反,意识是开放的,它本质上是认识着的主体和对象性存在本身之间的关系。弗兰克指出,自我的存在就是存在,它从属于和根植于普遍存在,个人的全部生活内容,他的思维活动,是在这一根基上演化出来的——这是一种直觉,不在外部给定,而在我们内心(却又不是主观主义)。这种对深层的自我存在同时又是客观的、超个人的和自明的、存在的直接感受,是典型的俄罗斯本体论主义的实质。

(二)俄罗斯宗教哲学家的悲剧思考

从总体上看,俄罗斯哲学是俄罗斯精神对西方近现代哲学与文化的回应和反响。面对现代文明的冲击,俄罗斯宗教哲学家力图维护人的精神性,寻求人生的精神依托、伦理道德的可靠根基、社会正义的内在保障和宇宙秩序的本体基础。他们从各种不同的角度对人生的悲剧进行自我的思考。

---

① 参见弗兰克:《俄国知识人与精神偶像》,徐凤林译,学林出版社1999年版,第12页。

1. 费奥多罗夫：死亡的复活

费奥多罗夫在俄罗斯思想史上占有特殊的地位，别尔嘉耶夫在《复活的宗教》中写道："费奥多罗夫是一位典型的俄罗斯思想家，他勇敢地表达了俄罗斯特有的对人的苦难与死亡的悲切，表达了俄罗斯式的对普遍拯救的寻求。"①与舍斯托夫一样，费奥多罗夫也是一个单一思想者，"他完全被一种思想——战胜死亡，使死者复活的思想所占据"②。"死亡"构成了费奥多罗夫悲剧思想的核心范畴。在他看来，死亡是万恶之首，是一切痛苦的根源。因为我们容忍赋予我们身体、生命与精神快乐的先辈和友人死去，这是最大的不道德。而对（他人之）死的漠视，正是我们活着的人们之间不亲和、不友爱的根源。③费奥多罗夫相信，死亡是暂时现象，因为它依赖于自然界的盲目力量。"无论人有死之原因多么深，有死也不是本原的；它不是绝对的必然性。理性生死尚且依赖盲目力量本身，是能够为理性所支配的。"④所以人不能逃避死亡，而必须与它作坚决的斗争。活着的人只有团结起来、共同努力，才能战胜死亡。对死去的人，应该复活他们的生命，这是活着的人的义务，是人类子女面对自己的父辈、祖先的义务，必须使他们的生命复活，这样才能彻底克服活着的人和死去的人之间的分裂。恢复死去的祖先的生命，使我们的父辈复活，这是我们活着的人的最高道德义务。费奥多罗夫在这里所指的复活，不是自我的复活，而是使他人复活，使全人类复活。"死亡是盲目力量的胜利，而不是道德的胜利，普遍复活才将是道德的胜利，才将是道德所能企及的最高阶段。"⑤为了复活所有死去的人，费奥多罗夫把战胜死亡当作一项"事业"，这项"事业"要在宇宙演化的无限长河中，靠每一个人的积极

---

① 徐凤林：《俄罗斯宗教哲学》，北京大学出版社2006年版，第83页。
② 别尔嘉耶夫：《俄罗斯思想》，雷永生、邱守娟译，三联书店1995年版，第206页。
③ 参见徐凤林：《俄罗斯宗教哲学》，北京大学出版社2006年版，第84页。
④ 徐凤林：《费奥多洛夫》，东大图书公司1998年版，第100页。
⑤ 徐凤林：《俄罗斯宗教哲学》，北京大学出版社2006年版，第90~91页。

创造,靠大家的共同劳动来逐步实现。

2. 索洛维约夫:人的命运

索洛维约夫的哲学就其性质来说乃是人本中心主义。别尔嘉耶夫指出,索洛维约夫是基督教人道主义者,他通过人与神的关系来对人的命运进行探讨。索洛维约夫认为,人是上帝和大地的产物,他引用《圣经》的说法来强调:"人不是无中生有地创造出来,而是上帝活动的结果,是上帝的创造成果,人同时又是大地的杰作,这是物质构成的原因,人的本质由双重性构成,可称上帝——大地之子。"①当然,人性和神性是有区别的。"神性同属于人和神,区别只在于,神性在上帝那里是永恒的现实,而人只能达到它、获得它,在此,神性之于人只是可能性,只是渴望。人的我在可能性上是绝对的,在现实中是渺小的。在这个矛盾中包含了恶和痛苦,人的不自由和内在的奴性就在这里。从这个奴役之中解放出来只有通过获得绝对的内容和完满的存在,这个完满的存在由人的我的无限渴望所确定。"②那么,人在人神之间有什么样的作用呢? 索洛维约夫认为,神是一个绝对完满的世界,也是一个统一的世界,但它所真正容纳于自身的只是理念,它对经验世界的统一不是直接的,而是通过一个中介进行的,这个中介就是人。所以,人的个性,不是一般意义上的人的个性,不是抽象的概念,而是现实的、活生生的个人,每一个个别的人都有绝对的、神性的意义。他说:"既然毫无疑问,上帝为了真正地和现实地存在,应该表现自己和自己的存在,即在他者中发生作用,那么由此就断定了这个他者存在的必要性,又因为说到上帝,我们不应该指时间的形式,因为关于上帝的一切说法都是以永恒性为前提的,那么这个他者的存在(上帝就是向它显现的)就应该认为必然是永恒的。……表现就要求他者,上帝

---

① 索洛维约夫:《神权政治的历史和未来》,钱一鹏、高薇、尹永波译,华夏出版社2001年版,第60页。

② 索洛维约夫:《神人类讲座》,张百春译,华夏出版社2000年版,第23页。

就是为了这个他者,向这个他者显现的,即要求有人。"①所以,作为属于这两个世界的人,通过理性直观的行为,可能而且应该触及神的世界,在斗争和混乱恐惧的世界里,却可以参与同荣耀和永恒之美的王国里的光明形象的交往。

索洛维约夫强调,自然界中的每个个体都用自己的意志肯定自己而否定他物,因而造成由于反抗而出现的痛苦。"人要成为万物的中心,使万物服从自己,人自身必须把所有的自然存在物当成统一世界的一员,并善待之。但是,人却忘掉了自己的有限性……自从人脱离了神并宣布自己的至高无上性以后,人与自然的关系发生了根本性的变化,人将自己绝对化,宣称'人定胜天',不但不尊重自然世界,而且以自己的意志'改造'之,即'压迫'自然事物,结果完全破坏了人与自然的和谐。"②换言之,恶是自然界的普遍特征,人类总是要经历痛苦而曲折的过程,才能真正有所认识,也才能自由地接受。在这以前,由于人类获得了有限的自由并滥用这种自由而忘却了神的原则,这样便成了命途多舛的一族。"人的自我崇拜就是人的堕落,这是人的悲剧,但这悲剧却是必然的过程,没有痛苦的磨难,人不会清醒,不会重新回到上帝的身边。……只有基督在人类中的降生(上帝取得了个性的形式),并在人类现实生活中渗透神的原则,使神性重新在人的身上生长,人才能得救,才能重归上帝的天堂。"③

3. 弗兰克:生命的意义

对生命意义的探讨是弗兰克宗教哲学的重要内容,也是俄罗斯哲学家从正面揭示人的精神世界的实在性的典范。生命原本有没有意义? 如果有,它到底是什么? 生命的意义何在? 弗兰克在《生命的意

---

① 索洛维约夫:《神人类讲座》,张百春译,华夏出版社 2000 年版,第 119 页。
② 雷永生:《东西文化碰撞中的人 东正教与俄罗斯人道主义》,华夏出版社 2007 年版,第 229 页。
③ 雷永生:《东西文化碰撞中的人 东正教与俄罗斯人道主义》,华夏出版社 2007 年版,第 230 页。

义》一文中认为,这是一个统一的"关于生命的意义"的问题,它在困扰和折磨着每一个人的灵魂。弗兰克看到,在现实生活中,人们对生命的意义主要有两种态度:大部分人认为应当抛开这一问题,回避它,只关心物质生活和世俗成就,只埋头于某种超个人的欲望和"事业";另一部分人认为生命是有意义的,但生命的意义在于"将来",而"今天"对于生命来说无关紧要。他们相信,在不久的将来,一切都会变,就会展现出真正的、合理的和幸福的生活。弗兰克对这些观点都进行了反驳,在他看来,即使是最愚钝的人、精神沉睡的人,也不可能完全和永远回避生命的意义这一问题,因为死亡的临近、不可避免的衰老和疾病、时光和生活的一去不复返,这些事实都在沉重地提醒我们关于生命的意义问题的存在。生活就是这样:这个问题是生命本身的问题,这个问题如此严重,甚至比饥饿中的面包问题还严重得多。所以,"外在的生活越安宁平和,越有条不紊,越被眼前的世俗利益所占据,越取得成功,那么,埋葬生命意义问题的灵魂之墓就越深"①。在现实中,俄国人没有事业,没有祖国,没有家园,我们在贫穷和一无所有中徘徊在他人的土地上,但应该说,正是在这种不正常的生命形式中,我们第一次认识到了生命的真正的永恒本质。因此,困扰一切人的生命意义问题,对于我们这些仿佛第一次尝到了生命的本质,已经无法用欺骗来掩盖它和用表面事实来减轻它的恐惧的人来说,就显得极其尖锐。弗兰克强调,把生命的意义推到未来的幻想,是道德上的不严肃和对现在的鄙视,它扼杀了俄罗斯人的生活。"把生命意义问题从今天转移到未知的将来,期待这一问题的解决不是靠我们自己内在的精神力量,而是靠不可预见的命运的转变,依靠把未来理想化而忽视现在——这仍旧是一种心理的和道德的疾病,是人对待现实和自身生活目标之正常态度的扭曲。"②在"今天"的处境和精神状态下,人们无法

---

① 弗兰克:《俄国知识人与精神偶像》,徐凤林译,学林出版社 1999 年版,第 153 页。
② 弗兰克:《俄国知识人与精神偶像》,徐凤林译,学林出版社 1999 年版,第 156 页。

回避生命的意义问题。"这一天"本身能够重塑全部俄罗斯生活和创造更合理的生活条件。我们的时代正是这样的时代:"一切从前曾诱惑我们和遮挡我们眼睛的偶像,都一个个地毁灭了,一切粉饰和掩盖生命的帷幕都坠落在地,一切幻想都自己破灭了。剩下的只有赤裸裸的生命本身,是沉重的和无意义的生命,等同于死亡和虚无的生命。"①

如何使我们的生命有意义? 托尔斯泰主义的答案是:"道德完善。"他们认为,应当拯救世界的"事业"不是外在的政治或社会活动,更不是暴力革命活动,而是对自己和他人的内在的道德修养。弗兰克认为,托尔斯泰主义所制订的拯救计划是错误的,是来自道德的盲目性。为了使生命有意义,必须满足两个条件:一是上帝的存在,一是我们自己参与其中,即我们达到上帝中的生命或上帝的生命。我们在思考生命及其意义的时候,必须把生命看成是一个统一的整体。我们个人的短暂生命不是偶然的片段,而是与整个世界生命融为一体。不是"我怎样拯救世界",而是"我怎样加入作为拯救生命之保障的本原之中"。我们不能为了生活而生活。为了使我们的生命有意义,它就应当献身于最高的、绝对的幸福。"只有当生命献身于绝对的最高幸福,同时又不丧失自身,而是确立和丰富自身的时候,只有当它献身于绝对幸福,这种幸福也是自己的幸福的时候,生命才是有意义的。"②这种幸福的具体榜样就是爱。对上帝尽心、尽性、尽力、尽意的爱和由此而产生的对他人的爱——这就是拯救生命的唯一"事业"。爱不是冷漠的、空虚的、利己主义的享乐渴望,爱也不是奴隶式的献身、为他人而毁灭自己,爱是对我们自私的个人生命的克服,正是这种克服赋予我们真正的生命的幸福完满,因而使我们的生命有意义。总而言之,"生命之所以有意义的,是因为它既自由地又自愿地献身于绝对的和

---

① 弗兰克:《俄国知识人与精神偶像》,徐凤林译,学林出版社1999年版,第158~159页。

② 弗兰克:《俄国知识人与精神偶像》,徐凤林译,学林出版社1999年版,第177页。

最高的幸福,而这种幸福又是永恒的生命、是人生的永恒基础和真正完成,同时也是绝对真理,是穿透和照亮人生的理性之光。我们的生命所以有意义,是因为它是通往目的的合理道路或通往合理的最高目的之路,否则它就是无意义的徘徊。但是,只有那种同时既是生命又是真理的东西,才能成为我们生命的真正道路"①。

4. 别尔嘉耶夫:痛苦的救赎

"精神"是别尔嘉耶夫宗教哲学的核心范畴,但什么是"精神"?别尔嘉耶夫说:"对精神的理性的定义是不可能的……不能制定关于精神的概念。但可以获得精神的标志。可以说,自由、意义、创造的积极性、完整性、爱、价值、对最高神圣世界的转向以及与它的结合——都是精神的标志。"②在《精神王国与恺撒王国》一书中,别尔嘉耶夫强调了精神王国与恺撒王国的对立。在他看来,恺撒王国是客体化了的世界,是人不得不在其中生活的现实世界,但它也是精神的产物,只不过是精神堕落了的产物。要实现二者的统一,只有在历史终结、末日论实现时,才能彻底实现。也就是说,别尔嘉耶夫把精神概念与上帝及其救赎相联系。因此,他认为,人的整个精神生活都与恶和痛苦密切相关。

恶从哪里来?自古希腊以来,人们就形成了这样的理解:"恶来自物质,物质是非存在。对恶的摆脱是对物质的摆脱,是把最高原则从物质里分离出来。"③别尔嘉耶夫反对这种理解,因为这种理解是建立在理性的基础上,而对恶的任何理性化的理解,都将导致恶的问题和恶的神秘性消失,最终导致对恶的证明或否定。真正的恶完全是非理性的和无基础的,它不为意义和理性所决定。与此同时,人的命运不能进行理性化,这样的理性化被迫把一切都当作是公正的,从实质上否定恶的存在。也不能理性——技术地战胜悬在人头上的厄运、生活

---

① 弗兰克:《俄国知识人与精神偶像》,徐凤林译,学林出版社1999年版,第183页。
② 别尔嘉耶夫:《精神与实在》,张百春译,中国城市出版社2002年版,第33页。
③ 别尔嘉耶夫:《精神与实在》,张百春译,中国城市出版社2002年版,第115页。

的悲剧矛盾和死亡。否则,面临个体与客体化世界冲突的人的全部问题将被异化到社会生活制度的外部领域里。

别尔嘉耶夫强调,精神性在这个世界上永远与对痛苦的体验、人的生存中的矛盾和冲突、面对死亡和永恒的事实的状态相关。"假如没有痛苦,人也不是被贬低的和无能的,那么就不会有作为对此世生活的超越的精神性,就不会产生对超验世界的信仰。"①因此,"在这个世界上完全满足的和幸福的存在物,对恶和痛苦不敏感的存在物,体验不到痛苦,完全是无悲剧性的存在物,已经不再是精神的存在物,也不再是人。对世界上的恶的敏感性,体验痛苦的能力,是作为精神存在物的人的标志之一。人是在这个世界上痛苦着的存在物,是受怜悯所伤害的同情着的存在物,这就是人的本质的高度"②。也就是说,人的生活本身就充满着痛苦。但人的痛苦根源在哪?别尔嘉耶夫认为:一方面,痛苦来源于必然性,即自然界的规律的不可避免性;另一方面,痛苦更依赖于偶然性。"偶然性在人的命运里发挥着巨大的作用。人被迫把自己的幸福和不幸主要地归结为偶然性,即归结为非理性的东西,不能用任何规律性来解释的东西。"③当然,我们也不能因此而认为偶然性是世界生活进程中最高的合目的性,因为"对待偶然性的精神态度要求的不是承认偶然性的客观的合目的性,而是承认它是为了思考我们的精神积极性的意义而提出的任务。'不幸事故'的意义在于考验我们的精神力量,这个意义在主观里,而不是在客观里"④。在这里,别尔嘉耶夫着重考察了无辜的痛苦,因为对精神生活而言,特别重要的是无辜痛苦的现象。在古希腊悲剧中,俄狄浦斯王身上没有任何个人的罪过,而是命运压在他身上,这是无辜受害者的形象。在

---

① 别尔嘉耶夫:《精神与实在》,张百春译,中国城市出版社 2002 年版,第 104 ~ 105 页。

② 别尔嘉耶夫:《精神与实在》,张百春译,中国城市出版社 2002 年版,第 106 页。

③ 别尔嘉耶夫:《精神与实在》,张百春译,中国城市出版社 2002 年版,第 107 页。

④ 别尔嘉耶夫:《精神与实在》,张百春译,中国城市出版社 2002 年版,第 108 页。

《圣经》中，约伯无疑是无辜受害者的典型。别尔嘉耶夫强调，理解无辜的痛苦首先必须抛弃合目的性和合理性的思想。安慰约伯的朋友们就努力在他身上找"罪过"，因为在他们的意识里，痛苦是犯罪导致的结果，所以他们很难理解无辜的痛苦。

别尔嘉耶夫认为，痛苦实际上有两种：一种是生命的痛苦，黑暗的痛苦。这类痛苦来自死亡、疾病、欲求、背叛等，在这里，人们因反抗生命的痛苦而痛苦，因不愿意忍受痛苦而痛苦。如斯多葛主义，它虽然也是关于人的痛苦的学说，但其惧怕生命之苦。另一种是拯救的痛苦，光明的痛苦。光明的痛苦具有复兴的作用，人在这样的痛苦里能看到最高的意义。"人可以愉快地和乐观地体验痛苦，并从体验到的痛苦上升到新的生活。"①别尔嘉耶夫认为，基督教是通过十字架的秘密赋予痛苦意义的，只有基督教才能接受生命之苦。"背起自己的十字架，来跟从我。"②这就意味着，要接受痛苦，认识痛苦的意义，愉快地忍受痛苦。当人同意忍受痛苦，当他接受降临到他身上的痛苦的意义时，痛苦就成为能被忍受的，痛苦就会减轻、减少。别尔嘉耶夫反复强调，痛苦之所以有意义，完全不是因为它是必需的和公正的，是生活的最高法律，而是因为它是对自由的体验，人可以在这条路上显示自己的精神胜利，可以获得解放和照耀，可以实现爱和仁慈的训诫。

---

① 别尔嘉耶夫：《论人的使命》，张百春译，学林出版社 2000 年版，第 158 页。
② 别尔嘉耶夫：《论人的使命》，张百春译，学林出版社 2000 年版，第 158 页。

第二章　悲剧哲学的基点:以头撞墙

当人面临死与杀人,二者必取其一这样一个困境时,人们应如何选择呢? 传统伦理道德、善的鼓吹者告诉我们,杀人是残酷的,是人类本性中凶恶的"粗野"的现象。舍斯托夫在《悲剧哲学》中讨论了这个问题。他说,人深层的和隐藏的本能都会促使他去保护自己,而抵抗迫在眉睫的危险。他们为了拯救自己的生命而去杀害他人(如刽子手),为什么要认为这是人类最残酷和最无情的行径呢? 在这里,舍斯托夫当然不是鼓吹人们为了自己的目的而不择手段地伤害别人,他的用意在于对传统道德形而上学的批判。在两难困境中,形而上学道德教导的也并不能使我们获得真正的自由,但为什么人们总是相信形而上学道德鼓吹的是永恒真理,而《圣经》上所说的就是荒谬的呢? 可以说,舍斯托夫以流血的头撞击道德形而上学、理性自明的铁门,"在撞墙的同时,舍斯托夫开始了一种新的也是古老的认识论的探索,他把这种认识论称之为绝望哲学、悲剧哲学"[1]。

第一节　悲剧哲学的概说

什么是悲剧哲学? 舍斯托夫说:"悲剧的哲学,这难道不是一种绝望的、悲观的、疯狂的,甚至是死亡的哲学吗?! 难道这是在谈论任何哲学吗? 如果我们知道,这一学说是通过表现个体的毁灭来埋葬死,

---

① 刘小枫:《走向十字架上的真》,上海三联书店1995年版,第20页。

那么我们就立即会理解和乐意赞同这一学说。"①在舍斯托夫的反问中,实际上已经包含了问题的答案。在他看来,人总是处在悲剧的现实世界中,这种客观事实是不以人的意志为转移的。人在世界上的命运不是取决于自己,而是被偶然事件决定,受外在规律支配,也就是人的自由被剥夺了,因此人感到极大的痛苦。但是人的生命深处注定有一种对悲剧的不接受,他要反抗,要抗战,要想改变自己的命运。② 也就是说,悲剧哲学是人在悲剧现实中的痛苦与反抗。

一、悲剧哲学的语境

悲剧是如何诞生的? 朱光潜在《悲剧心理学》一书中引用狄克逊的话说:"只有当我们被逼得进行思考,而且发现我们的思考没有什么结果的时候,我们才在接近于产生悲剧。"③也就是说,悲剧的产生是人们陷入无根状况时的一种抗争,是对命运安排的不服从,是用理性无法衡量的结果。如前所述,《俄狄浦斯王》的主人公俄狄浦斯王就演出了一场杀父娶母的人生惨剧,但这场惨剧的整个过程都无法用现实的伦理道德、政治经济等关系来说明。舍斯托夫悲剧哲学的诞生也正源于这样一种语境,他反复强调,事实上,人总是处于一种悲剧的现实中,处于一种无根基的虚无状态中,但是人对此却无能为力。

人的无根基性是一种什么样的状况呢? 在《悲剧哲学》一书中,舍斯托夫对此进行了详细的描述,他说:"一旦一个人由于命运的安排在现实面前碰得头破血流,在恐怖中他就会突然发现,所有美好的先验判断统统是假的,这时,他便有生以来第一次被无法抑制的怀疑攫住了,这一怀疑随即摧毁了那貌似坚固的空中楼阁的墙脚,苏格拉底、柏拉图、善、人性、理念——所有这一切从前都是天使和圣人,它们集合

---

① 舍斯托夫:《思辨与启示》,方珊、张百春、张杰等译,上海人民出版社 2005 年版,第189 页。
② 参见徐凤林:《俄罗斯宗教哲学》,北京大学出版社 2006 年版,第 277 页。
③ 朱光潜:《悲剧心理学》,安徽教育出版社 2006 年版,第 211 页。

在一起,保护人的内在灵魂不受怀疑主义和悲观主义恶魔的侵害和攻击——如今竟消失得无影无踪,化为乌有,于是,人便面临自己最可怖的敌人,在其一生中第一次体会到令人胆寒的孤独,在这孤独之中,哪怕是最热忱、最温情的心灵也不能把他解救出来。确切地说,悲剧哲学正是从这一点开始的,希望永远失去了,而生命却孤单地留下来,而且,在前面尚有漫长的生命之路要走。你不能死,即使你不喜欢生。"①舍斯托夫几乎在其所有的著作中,都向人们展示了这种求生不得,求死不能的人类生存困境。在《无根据颂》中,他写道:"然而,常常会发生这样的情形,即当我们处境的令人触目惊心的、野蛮的不协调性和屈辱性,蓦然以一种无以言喻的清晰性展现在我们眼前时,它能迫使我们从外在角度反顾我们自身。每逢那时,我们脚下的土地便会悄悄地飘移。但这不会持续过久。丧失根基的恐惧感会令人迅即清醒。只要人能重返亲爱的土地——哪怕失去一切也在所不惜!"②由此可以看出,舍斯托夫所说的无根基性的根源是人类长久赖以依靠的理性必然性的丧失,悲剧哲学正产生于这样一种悲剧现实。

因此,舍斯托夫考察的悲剧不是美学意义上的悲剧,"悲剧乃是个体的灵魂决然告别了一切先验判断,一切由观念构造的普遍性、必然性和稳靠性,告别了一切稳靠的根基和基础时所必然遭遇的思想处境"③。在舍斯托夫看来,人遭遇这种思想处境,实际上已经迈入了悲剧的领域,"一个人进入了这一领域,就会有不同的想法,不同的感觉,不同的愿望。大家所感到亲近和珍贵的一切,对于他来说,是不需要和格格不入的。确实,他还和自己过去的生活有着某种程度的联系。在他身上还保留着孩提时代就已有的某种信念。一些过去的恐惧和愿望多少又在他身上复活。也许,他不止一次地苏醒过来,痛苦地意

---

① 刘小枫:《走向十字架上的真》,上海三联书店 1995 年版,第 21 页。
② 舍斯托夫:《无根据颂》,张冰译,华夏出版社 1999 年版,第 27 页。
③ 刘小枫:《走向十字架上的真》,上海三联书店 1995 年版,第 21 页。

识到自己所处状况的可怕，并且力图回到自己的平静的过去。但是，'过去是回不来的'。船被烧了，一切后退的道路都被断绝了。只能向着混沌和永远可怕的未来前进。人向前走着，几乎已经不清楚等待他的将是什么。他开始感到，年轻时代所行不通的那些幻想是虚假的、骗人的和反常的。他痛恨而又无情地抛弃了曾经相信和热爱的一切。他试图告诉人们自己新的心愿，但大家都害怕他，误解他。在他那张被可怕思想所折磨的脸上，在他那双闪烁着陌生光泽的眼里，人们想看见疯狂的特征，以便有理由回避他。他们求助于唯心主义和可靠的认识论。由于这些理论，很久以来他们一直能够平静地生活在眼前发生的莫名其妙的可怕现象之中。要知道，唯心主义是能帮助人忘记许多东西的。难道它的力量和魅力消失了吗？难道它应该让位于新的敌人的进攻吗？唯心主义和认识论带着难以掩饰的恐惧和激动，重复着一个老问题：究竟是谁，是谁有权利来说些什么呢？"[1]舍斯托夫坚信，在这样一个无意识的精神领域，一个非同寻常的、反叛传统哲学和道德的领域，只有陀思妥耶夫斯基和尼采有权利回答这些问题。他们把读者吸引到自己身边，是想从他们那里获得自我思考和希望的权利，即生存的权利。当然，陀思妥耶夫斯基和尼采的作品的意义并不在于回答，而在于提问，这就是人们究竟有没有为科学和道德所不容的欲望。也就是说，是否存在着悲剧的哲学。

二、悲剧哲学的根源

舍斯托夫坚信，悲剧哲学的存在是毫无疑问的，它的根源在于外部的悲剧现实与人的内在自由诉求之间的矛盾。他深切地感受到，人终归是要生活在现实的世界中，这是不以人的意志为转移的。但人在这种现实中，却面临着尴尬的境地，因为世界的事物似乎不是偶然性

---

[1]　舍斯托夫：《思辨与启示》，方珊、张百春、张杰等译，上海人民出版社 2005 年版，第 196~197 页。

的就是必然性的,然而人对这二者都同样无能为力。舍斯托夫指出,亚里士多德似乎就体验到了对偶然和必然的无奈。亚里士多德曾教导说,偶然性的事物不能成为知识的对象。① 在《形而上学》一书中,他举例说,一个人为植树挖土,却寻到了宝藏,这完全是偶然的事情。这种偶然不能成为研究的对象,不能激起我们的求知欲。人的理性、人的求知欲以及由理性和求知欲所养育的科学,在此都无能为力。也就是说,既然人无法把握偶然性,就只能做偶然性的奴隶。舍斯托夫对此进行批评,他说:"(哲学家们要求)我们的寻找不应取决于对象的重要性和价值,而应取决于该对象向我们展现所依赖的条件。只要它展现的方式是正确的,即便它只是经常出现,我们也将寻找它。反之,如果一个对象——无论它有多么重要和有多大价值,只要它是随意出现的,不遵循任何规则甚至不顾规则而允许自己在我们面前出现……那么,我们就无论如何也不会容许它进入我们的真理宝库。"② 也就是说,哲学家只管符合规律、规则的东西,至于其他的东西(如人的痛苦、悲伤、泪水,甚至生与死等),不管它重要与否,他们是不管的。

其实,早在《莎士比亚及其批评者勃兰兑斯》一书中,舍斯托夫就对偶然性的冷漠进行了揭露和批判。他指出,一块砖头从楼顶上掉下来砸中路上的行人,"如果对通常的、被世界规律性思想所麻痹的意识来说,石头下落是第一性的、本质性的,人的生命是偶然现象,那么,对莎士比亚来说则相反,正是人的生命及其内在意义才是第一性的,是看待一切存在和事件的出发点和标准,而石头下落以及其他一切对人的命运的外部干预,这都是些偶然的状况,人的生命正是通过这样的悲剧才显现出意义和价值,生命的意义正是通过这些状况而增加了新的色彩,生命本身通过这些状况而不断表现出自己的无限完满性的新

---

① 参见舍斯托夫:《雅典和耶路撒冷》,徐凤林译,浙江人民出版社 2000 年版,第 304 页。

② 舍斯托夫:《雅典和耶路撒冷》,徐凤林译,浙江人民出版社 2000 年版,第 305 页。

成分"①。在此,莎士比亚实际上是把偶然意指为人生中所遇到的一切不幸及痛苦。

既然人对偶然性无能为力,那么对必然性呢？亚里士多德又反复教导我们"必然性不听劝说"。"既然必然性不听从劝说又不可战胜,也许,就只能服从,无论难受不难受,痛苦不痛苦:应当服从并放弃徒劳无益的斗争。"②对亚里士多德倡导的必然性,舍斯托夫同样进行了猛烈批判(详见本章第二节)。在舍斯托夫看来,人其实是生活在必然性统治的世界中,用别尔嘉耶夫的话来说就是人生活的世界被客体化了,精神被自然主义化了。在必然性统治的世界里,人变成了斯宾诺莎所说的"有意识的石头"。"由于必然性思想在人的心灵中已如此根深蒂固,乃至所有人都认为它是先于世界的和最先有的,因此,也可以由此得出,绝大多数人都不是人,而是有意识的石头。这大多数有意识的石头对一切都无所谓,但它们却在按照它们石头意识的规律进行思考、讲话和行动,它们创造了这样一个环境,一种气氛:所有人,亦即不仅有意识的和无意识的石头,而且活的人,都不得不在这个环境中生活。同大多数作斗争是很困难的,几乎是不可能的。"③

然而,人毕竟不是石头,而是一种不同于自然的、具有超越性的存在物,人的灵魂不能在自然存在中得到满足。"在人的心灵深处有一种无法消除的需要和永恒的梦想——按照自己的意志生活。但既然要合理还要必然,那么这还算什么自己的意志呢？有这样的自己的意志吗？人在世间最需要的是按照自己的意志生活,哪怕是愚蠢的意志,只要是自己的意志。最雄辩的、最令人信服的证据也仍然是徒劳的。"④也就是说,人有渴望自由的诉求,也正因为如此,人才感到万分

---

① 徐凤林:《俄罗斯宗教哲学》,北京大学出版社 2006 年版,第 277 页。

② 舍斯托夫:《雅典和耶路撒冷》,徐凤林译,浙江人民出版社 2000 年版,第 4 页。

③ 舍斯托夫:《雅典和耶路撒冷》,徐凤林译,浙江人民出版社 2000 年版,第 341 ~ 342 页。

④ 舍斯托夫:《雅典和耶路撒冷》,徐凤林译,浙江人民出版社 2000 年版,第 282 页。

痛苦,舍斯托夫说:"如果把我们的知识与古人的知识相比,我们便会是伟大的智者。可是,对于永恒的正义之谜来说,我们和初人、和杀人犯该隐一样,知道得同样少。进步、文明及人类理性的所有成就,都未能给这一领域带来任何新东西。看到丑陋、疾病、疯狂、赤贫、衰老和死亡,我们也会和我们的先人一样,惊恐而又困惑。智者们迄今为止所能做到的一切,就只是把尘世的恐惧转化成为问题:也许——他们对我们说——一切可怕的事,其可怕仅在于外表,而一种全新的东西,正在这条充满痛苦的道路的终端等待着我们。"①面对这种痛苦,悲剧哲学有怎样的回应呢?

三、悲剧哲学的回应

舍斯托夫认为,哲学的任务并不在于教导我们温和、顺从、舍己为公,所有这一切词语都是由哲学家不是为自己,而是为别人杜撰出来的。"哲学毕竟是悲剧的哲学"②,悲剧的哲学在原则上是敌视日常普通的哲学。凡是在日常现象说出"完"并且回头的地方,悲剧哲学家尼采和陀思妥耶夫斯基却看到了开端并且探索着。在《查拉图斯特拉如是说》一书中,尼采写道:"查拉图斯特拉走到了死亡国土。这里高耸着黑色和紫色的悬岩,没有草木,没有鸟雀的声音。那是一切动物,甚至于猛兽所绝迹的峡谷,只有一种可恶的、臃肿的、惨绿的毒蛇之种族来死在这里,当它们老惫了的时候。以此牧人们称这为'死蛇之谷'。"在这里,查拉图斯特拉看见了最丑陋的人,最丑陋的人说:"别人但愿给我以他的安慰,他的慈悲,在言语和态度上。但为那我还不够为一个乞丐……哦,查拉图斯特拉哟,你的羞耻,使我光荣!我很困难地从慈悲之压迫中逃出,——我可以觅到现在惟一教训着慈悲是唐

---

① 舍斯托夫:《无根据颂》,张冰译,华夏出版社1999年版,第52页。
② 舍斯托夫:《思辨与启示》,方珊、张百春、张杰等译,上海人民出版社2005年版,第348页。

突、是专擅的人，——即你自己。"①舍斯托夫认为，最丑陋的人在死蛇之谷抛弃哲学家的安慰和慈悲的话语，而投入查拉图斯特拉的怀抱，这种"不知尊敬尊敬伟大的丑陋、伟大的不幸、伟大的失败！是这悲剧的哲学最关键的话"②。所以，舍斯托夫强调，悲剧的哲学根本不想去寻觅大家的支持与成就，它不是在同社会观念作斗争，它的真正敌人是"自然规律"，人的观念使它感到可怕只是当人们用自己的存在来确定规律的永恒和不变的时候。因此，就产生了尼采的二项公式："不存在任何真理，一切都允许。"这一公式的前一部分是反对必然性和自然发展的，后一部分是反对那些有意识或无意识地维护"自然规律"、侮辱陀思妥耶夫斯基的人。"尼采不仅力图从生活中排除一切费解的谜、秘密、艰难和痛苦，而且还在探索着这一切。在自然规律之中，在秩序和科学之中，在实证主义和唯心主义之中，隐藏着不幸，而在生活的可怕之处，则预示着未来。"③舍斯托夫认为，人在悲剧现实中向命运反抗，要想改变自己的命运，他们试图在从未有人探索过的地方寻觅自身，这是悲剧哲学的基础，也正是悲剧哲学对痛苦的回应。在与哲学家教导我们的理性必然性、传统道德、哲学体系和科学理性进行殊死的斗争（详见本章第二节至第五节），以流血的头去撞击这些坚不可摧的石墙后，或许，悲剧的人们会在绝望之中找到他们所要寻觅的东西。

第二节　对理性必然性的批判

"必然性"是哲学的一个重要范畴，也是众多哲学体系的支撑点。

---

① 舍斯托夫：《思辨与启示》，方珊、张百春、张杰等译，上海人民出版社 2005 年版，第 347~348 页。

② 舍斯托夫：《思辨与启示》，方珊、张百春、张杰等译，上海人民出版社 2005 年版，第 348 页。

③ 舍斯托夫：《思辨与启示》，方珊、张百春、张杰等译，上海人民出版社 2005 年版，第 339 页。

自古希腊哲学以来,尊重必然性,甚至崇拜必然性,成了西方哲学的主流。但在舍斯托夫看来,现实中的必然性只是一堵使人窒息的"石墙",悲剧哲学就是要用头去撞击这堵"不听劝说"的"石墙"。

一、理性渴望必然性

舍斯托夫是一个极端反对理性和诉诸信仰的宗教哲学家,在他的著作中,我们可以通篇看到他对理性、自明、必然性、规律性等的批判,在某种意义上,舍斯托夫甚至把理性、自明、必然性、规律性等看作是同一个意思。这其实也是舍斯托夫哲学的一个显著特点,在舍斯托夫的视野里,理性、自明、必然性和规律性等都是与信仰思维或者说圣经思维相左的东西,是属于思维的另一个维度,他反对的就是这样一种思维对人的存在及其心灵的扼杀。为了更好地理解舍斯托夫对必然性的批判,在此有必要对舍斯托夫所理解的理性及其与必然性的关系进行简单的梳理。

什么是理性?按《简明西方哲学辞典》的解释,理性一般指概念、判断、推理等思维形式或思维活动。舍斯托夫看到,自苏格拉底以来,哲学家们就像宣布圣训一样告诫人们,要全心全意地爱理性,无论你因此而不幸或者走运。柏拉图更提出:"人的最大的不幸是当他成为 μισολογοε(理性的仇敌),也就是成为理性的憎恨者。"[①]于是,"普罗塔哥拉的名言:人是万物的尺度! 现在也叫人们害怕。人类思想尽了多么大的努力来扼制普罗塔哥拉及其学说! ……他们害怕的是,如果接受普罗塔哥拉的名言,那就势必成了 μισόλογοs——理性的憎恨者"[②]。在《圣经》中,上帝创造了一切,但我们的理性却从上帝那里解放出来了,它似乎早在上帝之前就一直存在。"它们不是受造的,它们

---

① 舍斯托夫:《开端与终结》,方珊译,云南人民出版社 1998 年版,第 142 页。
② 舍斯托夫:《在约伯的天平上》,董友、徐荣庆、刘继岳译,三联书店 1989 年版,第 179 页。

是亘古永存的。"①它们拒绝一切与"笑、哭和诅咒"——特别是与"哭诉"——有关的可能性，这是理性思维的条件。人类理性终究也不会允许一切都成为可能：对于理性来说，这意味着把毫无限制的为所欲为作为宇宙的基础。因此，无论路德怎么怒吼，无论先知们、使徒们怎么呐喊，哲学家确信永恒真理的雷霆不能击碎理性。舍斯托夫质疑，柏拉图和苏格拉底用一切不幸来威胁理性的憎恨者，但他们能保护那些热爱理性的人幸免于难吗？理性要求爱自己，并未提出任何祖护辩解的理由，因为它本身就是辩解的本原，并且还是一切辩解理由中的唯一本原。虽然柏拉图经常教导我们说，仇视理性是最大的不幸。但我们无法弄清楚，他是从何得出这个真理的。人们总是寄希望于自己的力量，并且总是信赖自己的理性远甚于信赖上帝。但是，人们"为什么要屈服？理性哪来的权力把自己的真理强加于存在？"②"难道在死亡面前，在我们的可见世界和另一个世界交界处，理性继续保持自己的统治和自己的权力？"③

舍斯托夫认为，无论你如何质疑，理性是不会回答的，也无须回答。"无论你如何规范人类的理性，理性总归会以这样那样的借口，偷偷钻到一个'保护伞'下，以便在闲暇时能尽情地放纵自己那罪恶的倾向，其中主要是 dolcefariniente（闲适或甜蜜的无所事事）。"④在舍斯托夫看来，这个"保护伞"就是必然性，理性和必然性是孪生兄弟。按照苏格拉底和柏拉图的观点，没有什么比理性更高，因此，人的最大不幸是成为理性的仇敌，但他们也知道，"理性不是万能的，它同必然分享自己的权力"⑤。理性只是部分地支配着世界，它也在某种程度上维护神祇；然而，无论是它本身，还是它所赞颂的神祇，都同样毫无力量

---

① 舍斯托夫：《开端与终结》，方珊译，云南人民出版社1998年版，第216页。
② 舍斯托夫：《开端与终结》，方珊译，云南人民出版社1998年版，第205页。
③ 舍斯托夫：《开端与终结》，方珊译，云南人民出版社1998年版，第285页。
④ 舍斯托夫：《无根据颂》，张冰译，华夏出版社1999年版，第6页。
⑤ 舍斯托夫：《开端与终结》，方珊译，云南人民出版社1998年版，第262页。

去反对必然性。因此,理性渴望的是普遍的和必然的判断,"理性渴求让人处于必然性的支配之下,并且,《圣经》里所讲述的创世的自由行动,不仅不会使它满足,而且还会使它激怒、恐慌和惊骇。它与其信赖自己的创世主,不如宁愿让自己受必然性与其永恒普遍性和不可改变的原则所支配。二千年以前的亚里士多德,近代的斯宾诺莎、康德和黑格尔,都不可遏止地渴求让自己和人类处在必然性的支配之下,并且甚至也不怀疑,这是最大的堕落"①。理性不仅不敢与必然性抗争,而且完全站在它一边,"正是理性把崇高的柏拉图出卖给必然,也是它蒙蔽了伦理,让它为自己歌功颂德,要求神和人顺从必然:人不仅应接受,而且,应感谢必然为他所做的一切,并视之为生活的最高目的"②。然而,舍斯托夫问道:"必然性真有权力支配人和世界的命运吗? 它的权力以何为基础?"

二、必然性就是顺从

什么是必然性? 在古希腊,必然性最初主要是指"命运"。在他们看来,命运是指支配个人幸福和灾祸的无意识力量,是人(甚至也是神)所逃脱不掉的,但又无法把握、无法认识的东西。阿那克西曼德就说:"万物由之产生的东西,万物又消灭而复归于它,这是命运规定了的。因为万物在时间的秩序中不公正,所以受到惩罚,并且彼此互相补足。"③这里的命运包含必然性的意思。但真正把命运等同于必然性的是赫拉克利特,他断言一切都遵照命运而来,命运就是必然性。必然性就是尺度、秩序、周期,即"逻各斯"。可以说,自赫拉克利特以来,"必然性"的观点构成了整个西方理性主义的最重要的理论支柱。然而,在舍斯托夫看来,必然性并没有那么神圣,"必然看不见,摸不

① 舍斯托夫:《开端与终结》,方珊译,云南人民出版社 1998 年版,第 128 页。
② 舍斯托夫:《开端与终结》,方珊译,云南人民出版社 1998 年版,第 178 页。
③ 北京大学哲学系外国哲学史教研室:《古希腊罗马哲学》,商务印书馆 1982 年版,第 7 页。

着,不露声色,甚至说不出它在哪里,仿佛就像没有它似的。它只是悄然无声地、无动于衷地斥打无力自卫的人,对约伯、亚伯拉罕和克尔凯郭尔的愤怒和恐惧不屑一顾,好像世上根本没有这些东西"①。舍斯托夫反复强调,必然性其实只是一种顺从,是人在无法改变现实时对现实的一种承认。这种顺从和承认可以使人的心灵得到安慰,可以使人在失去自由时得到理论上的补偿。凡是在某个地方承认必然性,也就是在那里不再思考、不再深究、不再自由研究,也就是在那里做必然性的奴隶。在这种情况下,人"不能自由决定,他知道他的决定不在自己的掌管之下,他将走向必然性指给他的道路,习惯于'内心平静地对待和忍受具有无上权力的命运带给他的一切'。全部哲学 docet(教导)(它们同样违背人的意愿,从探索真理变成了说教)必然使我们走上这条道路"②。因此,在各个时代和不同民族里,人的唯一思想似乎在决定命运的必然性面前着魔而徘徊不前,而必然性给世界带来的是与人的诞生紧密相连的可怕的法则,并力图毁灭已经产生与正在产生的一切法则。

　　舍斯托夫看到,塞内卡、柏拉图、亚里士多德、斯宾诺莎,甚至尼采也对必然性顺从和屈服。塞内卡并不是有独创性的哲学家,但他却因一句话而扬名,他说:"世界的创造者和统治者只命令过一次,而总是服从。"③也就是说,上帝命令一次之后,就和我们人一样只有服从,上帝处在了他自己所创造的必然性的权力之下,必然性已成为宇宙的主宰。"塞内卡所表达的思想之所以诱惑人们,正是因为它把那个神秘的不可知的 jubere(命令)因素推到了无限的过去,并认为是不可重复的(semel jussit,只有一次),而为人们的经常需要选择了 parere(服从),这种 parere 不仅对受造物,而且对创造者来说,都仿佛是可理解

---

① 舍斯托夫:《开端与终结》,方珊译,云南人民出版社 1998 年版,第 177 页。
② 舍斯托夫:《雅典和耶路撒冷》,徐凤林译,浙江人民出版社 2000 年版,第 118 页。
③ 舍斯托夫:《雅典和耶路撒冷》,徐凤林译,浙江人民出版社 2000 年版,第 10 页。

的、自然的和正常的命运。"①柏拉图十分清楚地看到了必然性对世上
万物的漠不关心,以及由必然性产生的对人的一切的严厉和侮辱。所
以,柏拉图毕生都在同必然性作斗争(详见第四章第二节)。为了克服
必然性,他走向了谁也没有去过的存在的遥远边缘,大家都确信,这里
没有也不可能有任何生命,这里甚至一无所有,这里只受死亡统治,它
使一切都终结。舍斯托夫认为,尽管柏拉图同必然性进行了殊死的斗
争,但在他灵魂最深处,还存活着一个不可消灭的信念——"必然性不
听劝说",可以再次不顾必然性的警告,可以回避它,但谁也不能彻底
摆脱它的统治。舍斯托夫强调,柏拉图并不能战胜必然性,而是必然
性战胜了柏拉图,最后他还是回到那自古就被认可的"服从"。亚里士
多德在不可战胜的必然性面前也感到了痛苦和难受,他深知"必然性
不听劝说"。"既然必然性不听从劝说又不可战胜,也许,就只能服从,
无论难受不难受,痛苦不痛苦:应当服从并放弃徒劳无益的斗争。"舍
斯托夫讽刺说:"他(亚里士多德)的最新成就是对必然性的颂扬,对
服从于必然性的精神的颂扬。"②然而,如果人只是服从于必然性,人
的自由何在呢?斯宾诺莎干脆认为,必然性也就是合理的必然性,合
理的自由和必然性是一回事(详见第四章第四节)。舍斯托夫坚决反
对这种观点,他说:"实际上(合理的自由和必然性)这根本不是一回
事。必然性毕竟是必然性,无论它是合理的还是不合理的。……既然
要合理还要必然,那么这还算什么自己的意志呢?有这样的自己的意
志吗?"③理性主义哲学家屈服于必然性,这可以理解,但舍斯托夫看
到,就连以"重估一切价值"闻名于世的尼采也在必然性面前低下了高
贵的头。在《看哪这人》中尼采写道:"我衡量人之伟大的公式是 amor
fati(爱命运):不要改变从前、以后乃至永远的任何东西。不仅要忍受

---

① 舍斯托夫:《雅典和耶路撒冷》,徐凤林译,浙江人民出版社2000年版,第11页。
② 舍斯托夫:《雅典和耶路撒冷》,徐凤林译,浙江人民出版社2000年版,第4~5页。
③ 舍斯托夫:《雅典和耶路撒冷》,徐凤林译,浙江人民出版社2000年版,第282页。

必然性——更不要逃避它，因为在它面前一切理想主义都是虚伪的——而且要爱它。"①舍斯托夫指出，"尼采像苏格拉底和斯宾诺莎一样，最终在必然性面前瘫痪了。他成了理性的必然性的同盟和奴隶，他的锤子不再去敲顺从于必然性的人的脑袋，而是去敲那些拒绝恭奉必然为 summum bonum（至善）的人的脑袋。他的哲学像苏格拉底和斯宾诺莎的哲学一样，变成了这种教诲：人必须平静地忍受命运，善人不会遭厄运"②。所以，舍斯托夫多次提到，哲学的任务似乎就在于：使人习惯于快乐地服从这个听不见任何声音的、对所有人都无动于衷的必然性。他们以一种不以人们的意志为转移的绝对理念以及形而上学的必然性来哄骗身处于死和不幸中的个人，去掩盖个体自身切实感受到的生存的无限恐惧和痛苦。

三、必然性就是强制

既然必然性就是服从，那么，是谁赐予它这种统治人的无限权力？舍斯托夫从陀思妥耶夫斯基那里得到了答案，而且是唯一的答案："石墙的权力、二二得四的权力，或者用哲学语言来表达，就是高踞于人之上的永恒自明真理的权力，尽管我们好像觉得这种权力是基于存在本身，所以是不可战胜的，但毕竟是一种虚幻缥缈的权力。"③在陀思妥耶夫斯基看来，石墙仿佛的确有种镇静作用，它仿佛真隐含着某种妥协的字眼儿。于是，思辨哲学在那儿发现了"真理"，这种真理也是我们的理性梦寐以求的和我们大家崇拜得五体投地的东西，可是陀思妥耶夫斯基却在那里发现了"荒唐透顶"。要知道，石墙和二二得四与人毫不相干，活人的命运怎么会依赖石墙和二二得四？是什么把人交给必然性来支配？为此，陀思妥耶夫斯基抛开了理性的引导，不仅不同

---

① 舍斯托夫：《雅典和耶路撒冷》，徐凤林译，浙江人民出版社 2000 年版，第 136 页。
② 刘小枫：《走向十字架上的真》，上海三联书店 1995 年版，第 27 页。
③ 舍斯托夫：《开端与终结》，方珊译，云南人民出版社 1998 年版，第 134～135 页。

意接受理性的真理,而且他还竭尽全力开始了"撞墙"(详见第三章第一节)。然而,"人能笑、哭、谩骂和诅咒,但这打动不了必然,它照旧粉碎、窒息、烧毁前进道路上的一切'有限'(首先是人)"①。

事实上,哲学家们早已警告陀思妥耶夫斯基所撞的"墙",必然是"石墙",撞了也是白撞。亚里士多德反复教导我们:"必然性不听劝说",爱比克泰德强调:"哲学的基源是在必然面前意识到自己的无能",克雷安泰宣称:"命运引导着愿意从命的人,强制着不愿从命的人。"也就是说,"无论我们来到哲学思维的哪个领域,我们碰到的都是这个盲、聋、哑的'必然性'。我们相信,只有在这个'严厉的'必然性王国,才开始有哲学。在终极规定性上,我们的思维不是别的,正是寻求这个'严厉的'必然性"②。哲学的任务在于用一切可行的方法来支持和巩固必然性,然而,凡人无力改变必然性的本质,无力增加或加强它的存在。哲学用什么方法来使人们相信必然性呢?舍斯托夫认为,这似乎"只剩下一种方法:用证据或咒语使人们相信:一方面,必然性是全能的,和它斗争不可能有什么结果,另一方面,必然性是来自神的(是'一次命令'的结果),拒绝服从必然性是渎神行为和大逆不道"③。然而,假如人还是不相信,那又怎么办呢?舍斯托夫说:"你不承认必然性,那么,就谁也没有力量强迫你把醋当作坏东西,把酒当作好东西。你就像喝酒一样喝醋好了,你也能得到满足。或者这样:主人吩咐我给他刮脸,我却用剃刀割下他的耳朵或鼻子,他又会开始吼叫——我则对他重复我的上述理论。我就如此这般地做所有的事,直到迫使主人承认如下真理:必然性是无法战胜的,矛盾律是有无限权力的。"④所以,矛盾律和必然性,以及大写或小写的"真理"本身,都是

① 舍斯托夫:《开端与终结》,方珊译,云南人民出版社1998年版,第181页。
② 舍斯托夫:《雅典和耶路撒冷》,徐凤林译,浙江人民出版社2000年版,第14页。
③ 舍斯托夫:《雅典和耶路撒冷》,徐凤林译,浙江人民出版社2000年版,第11~12页。
④ 舍斯托夫:《雅典和耶路撒冷》,徐凤林译,浙江人民出版社2000年版,第17页。

靠威胁来维持的,否则就"割去耳朵,挖掉眼睛",等等。在这样的威胁面前,一切有生命的存在物——无论是人,还是魔鬼和天使,乃至诸神——都是平等的。

四、必然性扼杀了自由

既然必然性是强迫人们服从的必然性,那么在这种情况下,"无论是人们,还是诸神,都应当向这个必然性学习,而这个必然性什么也不学,什么也不知道也不想知道,它自己与任何人和任何事都无关,它不顾及、不想要、不追求任何人与物,自己高高在上,超越万物,在它面前人与神成为平等的,是权利平等的,确切地说,是同样无权利的"①。与必然不能抗争,最伟大的智者对必然都退避三舍:不仅柏拉图和亚里士多德承认不能抗争,而且苏格拉底也承认不能抗争,因为,不可能胜利的斗争是毫无意义的。也就是说,必然性实际上已经杀死了上帝。更可怕的是,舍斯托夫看到,哲学家们在强迫人们服从必然性的同时,赋予必然性无限的伦理意义,"我们已知,所有'你应该'都同统治世界的必然有内部紧密的联系。因为,它们想成为无条件的(即像福音书中非受造的、摆脱了上帝的人)。当必然宣布'不可能'时,伦理就以'你应该'予以协助。'不可能'愈是绝对、不可战胜,'应该'就愈是威严、毫不留情"②。在伦理绝对的、不受任何限制的、目空一切的"你应该"中,隐藏着某种不容争辩的、铁面无情的、对所有人都适用的"法则"。也就是说,任何人,就连神灵们也不能与伦理学进行斗争。一切都应当俯首听命于它,一切都应该向它顶礼膜拜。因此,舍斯托夫指出,我们思维的缺陷就在于,在认识论中占统治地位的是必然性观念,在伦理学中占统治地位的也是必然性:职责。为此,舍斯托夫对伦理道德进行了猛烈批判(详见本章第三节)。

---

① 舍斯托夫:《雅典和耶路撒冷》,徐凤林译,浙江人民出版社2000年版,第49页。
② 舍斯托夫:《开端与终结》,方珊译,云南人民出版社1998年版,第223页。

　　舍斯托夫指出,所谓的必然性,也就是"石墙"和"二二得四",它们只是引诱着"你们将知道善恶"的内涵意义的具体表述而已。也就是说,必然性和知识是密切相关的。知识的可能条件是专门为了那个不听劝说的必然性而被创造的。因为,"如果事物不受必然性(它什么也不听,因而是永远不变的)的支配,而依赖于随和的信念的意志,依赖于'任性的'存在物(康德的'解围之神'和'最高存在物')⋯⋯那么,知识就将成为不可实现的梦想"①。舍斯托夫看到,哲学家在将必然性和知识紧密相连的同时,也给人们推翻必然性提供了可能。他说:"既然知识是和'必然性'思想密切相关的,既然知识在假设了'解围之神'(最高存在物)的情况下已成为不可能了,那么,我们拒绝知识⋯⋯这难道不是摆脱那可恶的'必然性'的唯一方式或第一步吗?"②舍斯托夫强调,强迫人们服从的必然性在哲学家中具有无限的崇高地位,但哲学家似乎忘了一个事实,必然性并不区别善与恶,它可能给人们造福,也可能使人们遭殃。"必然性不管善恶,只管必然,只管对现实的'不可避免'的辩护,至于它的后果如何,它是不会过问也不会动心的。正是由于它的这种特点,以及它的强制性,所以当许多哲人将其与人的现实生活联系起来时,就不仅不顾其之善恶不分,只看重其之不可避免和强制,而且将对必然性的顺从看作最大的幸福。"③因此,舍斯托夫呼吁,应摆脱那可恶的必然性,必然性不但不区分善与恶,而且其提供的自由也不是真正的自由,而是所谓的"选择的自由"(详见第四章第四节)。事实上,"必然性不允许选择——如果你想要得到选择的权利和自由,你就要离开必然性所掌管的范围,不在任何不可能性面前止步,永远不再去顾及束缚我们的思维和我们的

_____

　　① 舍斯托夫:《雅典和耶路撒冷》,徐凤林译,浙江人民出版社 2000 年版,第 43 页。

　　② 舍斯托夫:《雅典和耶路撒冷》,徐凤林译,浙江人民出版社 2000 年版,第 22 ~ 23 页。

　　③ 雷永生:《评舍斯托夫对"必然性"的挑战》,载《博览群书》2001 年第 10 期,第 23 页。

存在的全部'合法理由'，不向任何人询问任何理由，只自己主动地用有权力的'照我的意志'来对抗那不听劝说的'必然性'。这样才能使得亚里士多德所说的'被缚的巴门尼德'变成'正像有权柄的'巴门尼德"①。舍斯托夫进一步指出，对付必然性，应该借助死亡，因为，"死亡之矛是不宽恕任何东西的：应当掌握它，以便用它来反抗'必然性'本身。当'必然性'倒塌的时候，那些靠它来维系和为它服务的真理，也将随之一道崩溃。在理性和认识的彼岸，在强迫中止的地方，被缚的巴门尼德在加入了永恒存在者和永远命令（'照我的意志'）者的奥秘之后，就会重新获得原初的自由"②。

第三节　对传统道德的批判

在西方哲学的源头，苏格拉底提出了"美德即知识"的著名论断，第一次把人的认识引入了道德伦理的领域。舍斯托夫看到，"当形而上学家们要求人要用理性的眼光来看待世界，要求人不要去珍惜自己所爱的东西，节制乃至消除情感动荡，不要有所爱和有所恨，只要求'判断'，判断什么是善与恶，本体论即关于真正存在的学说就变成了伦理学，哲学家就变成了宇宙的统治者"③。为此，舍斯托夫对传统道德进行了猛烈批判。

一、对莎士比亚维护传统道德的批判

舍斯托夫对莎士比亚作品的探讨主要集中在道德问题上，他坦承，在《莎士比亚及其批评者勃兰兑斯》一书中，他还站在传统道德的立场上，但后来却发生了重大转折。在《论莎士比亚的〈裘力斯·凯

---

① 舍斯托夫：《雅典和耶路撒冷》，徐凤林译，浙江人民出版社 2000 年版，第 35 页。
② 舍斯托夫：《雅典和耶路撒冷》，徐凤林译，浙江人民出版社 2000 年版，第 75 页。
③ 刘小枫：《走向十字架上的真》，上海三联书店 1995 年版，第 12 页。

撒〉》中,舍斯托夫开始对传统道德进行批判。

(一)寻找全能的道德

莎士比亚的悲剧作品有一个重要的切入点:道德的视角。纵观莎士比亚的悲剧作品,在本质上它们不是历史的冲突,不是社会的冲突,也不是理想的冲突,而是道德的冲突,即善与恶的矛盾。莎士比亚的悲剧作品所表现的内容,处处透露出一种道德关注。莎士比亚悲剧作品表现的冲突,无论是外在的,还是内在的,表达的都是伦理范畴的善与恶的冲突。[①] 莎士比亚为我们描绘了一幅幅令人震惊的人欲横流的图景:伊阿古觊觎高位设计陷害他人,克劳狄斯为权欲杀兄篡位,爱德蒙为独吞父业陷害手足,等等。如何解决这些问题? 舍斯托夫认为,莎士比亚企图在生活中寻找某种最高的本质,寻找某种任何人都对它顶礼膜拜的东西,这种东西能在绝望和无望的时刻支持一个正在堕落的人,也就是全能的道德。在舍斯托夫看来,莎士比亚的思想显然深受普鲁塔克的影响,因为普鲁塔克就深信,道德是全权和万能的。这一思想其实与柏拉图的如出一辙,因为柏拉图就认为,理念世界本身就应被视为是一个有秩序、有理性的宇宙。处于最高的理念是善的理念,它是一切理念的源泉,是存在之根。在舍斯托夫看来,《裘力斯·凯撒》的思想内容几乎是柏拉图道德理念的翻版。在剧中,勃鲁托斯完全站在杀父仇人庞贝的一边,因为他认为庞贝的事业是正义的。凯歇斯曾教导勃鲁托斯说:"要是你让偶然的不幸把你困扰,那么你自己的哲学对你就毫无用处了。"[②]而莎士比亚显然也认为,勃鲁托斯是有哲学的,它教人正视任何灾难,并勇于承受一切"偶然的不幸"。所以,勃鲁托斯总是整夜在阅读能加强他对道德的全能性信仰的各类书籍。对勃鲁托斯这种恭顺地执行道德命令的做法,诸多批评家如勃兰兑斯

---

① 参见王吉梅、阎黎:《立足现实 反思人性》,载《学术交流》1995 年第 2 期,第 98 页。

② 《舍斯托夫集》,方珊编选,上海远东出版社 2004 年版,第 3 页。

等都对其进行了抨击,认为他是"幻想家"、"不实际的理想家"。舍斯托夫认为,批评家们弄错了批评的对象:他们的谴责针对的不应是勃鲁托斯,而应当是道德本身。因为,戏剧情节的发展表明,勃鲁托斯仅仅是为了捍卫道德,才动手杀死了恺撒。他不是在为自己而是在为思想、在为被人们奉为上帝的那一幽灵而斗争。勃鲁托斯不是目标,而是手段;不是祭司,而是动物祭品。道德借勃鲁托斯表明,它是自律的,它会不顾一切而行事,任何人对于它只能完全信任,尊奉其为至高无上的主宰。勃鲁托斯似乎以其行为证实,那个决心彻底遵循崇高道德的提示而行事的人,会无所忌惮。

(二)信守道德的责任

既然道德是全能的,那么我们就只能认真地履行道德的职责要求了。正如普鲁塔克所说,凡人只要自觉信守责任,就能在无论怎样的生活变故中得到足够的安慰。一个人只要自己不做不公正者,就能忍受无论怎样的不公正。勃鲁托斯向他的朋友坦言:"倘然那是对大众有利的事,那么让我的一只眼睛看见光荣,另一只眼睛看见死亡,我也会同样无动于衷地正视着它们。"①确实,勃鲁托斯从不考虑自己! 他知道命运引导他走向他所承受过的一切"灾难",而且,还要加上新的、极为可怕的不幸。舍斯托夫认为,勃鲁托斯的这种最高追求,是把自己和他人当作祭品奉献于崇高的道德之前。"献祭给道德的,是人们,不是一个人,而是许多人,而且不是随便什么人,而是自己最亲近、最钟爱的人——父亲、母亲、儿子、朋友……"②然而,把祭品献给崇高的道德会怎么样呢? 难道真如莎士比亚所说:"需要的只是相信最高的遗训,需要的只是不怕牺牲——其余的一切都会迎刃而解,而受难者

---

① 《舍斯托夫集》,方珊编选,上海远东出版社2004年版,第5页。
② 《舍斯托夫集》,方珊编选,上海远东出版社2004年版,第4页。

终将得到拯救。"①更重要的是,莎士比亚仍在竭力让自己相信,充当了道德之仆人的勃鲁托斯,最终进了天堂,而非下了地狱。因此,舍斯托夫认为,在莎士比亚的天平上,一端放着人类生活,另一端放着崇高的道德要求,而莎士比亚在竭尽所能地努力待后者重于前者。他讽刺说:"当莎士比亚写《裘力斯·凯撒》时,他连想都不敢想这里可能会有一个骗局。"②他强调,勃鲁托斯想以自己和整个世界作为供品,献祭于一个思想的祭坛上。然而,对我们来说,"供品"一词已经变得无法承受了。因为,莎士比亚的努力并不能使勃鲁托斯得救,在生活的危急关头,莎士比亚向其求助的"道德自律"和职责本身,没有给他带来任何好处,这些能滋养伟大心灵的道德哲学,只不过是纸上谈兵而已。后来,连勃鲁托斯也预感到,他为之奋斗的无所忌惮的信仰会把他欺骗。在最后时刻,勃鲁托斯也失去了继续服务的兴致,而拒绝了哲学书中描写得气势如虹的那一最高的"绝对幸福"。

事实上,对莎士比亚前期作品中所蕴含的道德观,舍斯托夫进行了强烈的批判,但对莎士比亚的后期作品,他还是给予了肯定。舍斯托夫认为,莎士比亚的后期作品体现了所有悲剧的基本主题,即"我们的科学只破除了古代迷信中的一部分。它消灭了天堂,而地狱却不得不保留了下来,不但如此,还把它移得离我们更近了,把它移到了地上,由彼岸世界移到此岸世界中来了"③。舍斯托夫看到,在《哈姆雷特》中,勃鲁托斯的痕迹一点也不剩了,而是让绝望充分地泛滥开去。"哈姆雷特一旦遇到另一国度中的来客——鬼魂,便觉得先前所有的信仰、信念和理想,全都成了儿童的臆想。"④因此,舍斯托夫认为,这个时候的莎士比亚已经彻底抛弃了用传统道德来解决生活悲剧问题的想法。

---

① 《舍斯托夫集》,方珊编选,上海远东出版社2004年版,第8页。
② 《舍斯托夫集》,方珊编选,上海远东出版社2004年版,第8页。
③ 《舍斯托夫集》,方珊编选,上海远东出版社2004年版,第10~11页。
④ 《舍斯托夫集》,方珊编选,上海远东出版社2004年版,第9~10页。

二、对托尔斯泰"至善"的批判

作为伟大的文学家和思想家,托尔斯泰通过文学、政论等作品反映了其深刻的哲学思想。按学界的理解,托尔斯泰的哲学思想主要体现在道德哲学方面,如"不要与恶人作对"的非暴力伦理思想等。舍斯托夫并不认同托尔斯泰的道德哲学,并且对托尔斯泰的"至善"思想进行了批判。

(一)前期文学作品中的道德思想

舍斯托夫认为,《安娜·卡列尼娜》里的所有出场人物可以分为两类:"一类人遵循规则或法则,他们和列文一起走向幸福,走向了拯救;另一类人则本着自己的愿望违反了规则,因而,依据其行为的大胆和决绝的程度,受到了或多或少严酷的惩罚。"①在列文的身上,托尔斯泰发现了"被善照亮的生活",虽然列文是一个利己主义者,"但他却与善同在,他的生活具有明确的善的内涵"②。列文能正确地选择,为了让善在自己这边,他知道该往哪儿走,他知道该怎么办。而"善"也就是能使列文成为一个巨人的那种力量,因为没有什么能比善更强大。善在与所有不按列文的方式思考、感觉和生活的人作对。舍斯托夫指出,托尔斯泰所需要的那种力量就站在列文一边。与列文具有相近思想的还有弗龙斯基,正如托尔斯泰所说:"弗龙斯基的生活之所以十分幸福,是因为他有一整套行事规则,那里明确规定出什么可做什么不该做……他的规则很明确——不得欠赌账,但对裁缝却可以欠钱不还。"③舍斯托夫看到,托尔斯泰实际上是在坚持:不能用生命来交换善。谁要是没能经受得住美德的考验,谁就是"一朵空花",正如索

---

① 舍斯托夫:《无根据颂》,张冰译,华夏出版社1999年版,第186页。
② 舍斯托夫:《无根据颂》,张冰译,华夏出版社1999年版,第191页。
③ 舍斯托夫:《无根据颂》,张冰译,华夏出版社1999年版,第184页。

妮娅和安娜·卡列尼娜。因为"善 an sich(本身),一心履行义务,顺从命运,不善于捍卫自己的利益,全都径直被当作是一个人的过失"①。托尔斯泰就是以其艺术天才的全部力量,来捍卫这一必然性的。所以,违反"规则"的安娜理应悲惨地死去,安娜可耻而又悲惨的结局对托尔斯泰来说,乃是一个可喜的征兆。舍斯托夫讽刺说:"假如安娜能经受得住自己所受到的耻辱,假使她还能意识到自己也具有人权,因而死的时候不是备受践踏和屈辱,而是正义凛然、傲然挺立的话,那么,使托尔斯泰伯爵得以保持其精神平衡的那一支点,就会被抽去了。"②

　　人们在评论托尔斯泰时通常认为,其创作发生变化的标志是从艺术创作转向哲学,托尔斯泰作为一位艺术家是出色的、天才的,而作为一位思想家和哲学家则糟糕透顶。对这种观点,舍斯托夫持否定的态度。在他看来,《战争与和平》就是一部真正的哲学作品,甚至托尔斯泰的全部哲学思想在这部小说中已经得到鲜明而又彻底的展现,他已经不可能比现在已达到的地步走得更远。"难道被托尔斯泰伯爵以如此完美鲜明的笔调描写出来的这一切,其中不蕴含着有关意志自由、上帝、道德和历史规律的'问题'吗? 它们不仅自然而然地内含了这些问题,而且,有关这一切,除采用艺术作品这一形式外,不可能用别的方式加以表达。"③《战争与和平》中的托尔斯泰,是最高意义上的哲学家,因为他在讲述生活,从各种最不可思议、神秘费解的方面表现生活。"哲学应当从人在世上的地位和使命、人在整个宇宙中的权力和作用等的问题开始,而《战争与和平》正是关于这类问题的。"④舍斯托夫反复强调,《战争与和平》的确是一部哲学论著,只不过,这部作品中笼罩着的是一种荷马或莎士比亚式的"天真质朴"性,即不愿为了善恶

---

①　舍斯托夫:《无根据颂》,张冰译,华夏出版社 1999 年版,第 188 页。
②　舍斯托夫:《无根据颂》,张冰译,华夏出版社 1999 年版,第 185 页。
③　舍斯托夫:《无根据颂》,张冰译,华夏出版社 1999 年版,第 226 页。
④　舍斯托夫:《无根据颂》,张冰译,华夏出版社 1999 年版,第 227 页。

而给人奖惩。

(二)后期文学评论中的至善思想

舍斯托夫认为,在托尔斯泰伯爵身上,总是可以发现这样一种纯教派主义特征,那就是无法容忍别人那些与自己的生活方式有异的观点,他的作品都有一个特殊的任务:"要使他所开创的世界观成为所有人都必须具有的。"①为什么会这样呢? 舍斯托夫认为,问题在于托尔斯泰对"善"的态度。托尔斯泰"在其整个一生当中,总是持续而又顽强地表达了这样一个信念,即在'善'之外无拯救可言。其哲学中的所有变化都从未超出'在善之中生活'的界线:变化仅发生在有关什么是善,以及为了能有权认为善在自己一边我们究竟需要做什么的观念上。……善即具有这样一种属性,谁不拥护它,谁就是它的敌人。任何承认善的主权地位的人,都必须把自己的邻人分成好的和坏的,亦即分成敌友"②。舍斯托夫认为,托尔斯泰晚年所著的文学评论《论艺术》就表现了这方面的思想。

在《论艺术》一书中,托尔斯泰对当代社会进行了猛烈的抨击,但在舍斯托夫看来,《论艺术》一书所探讨的,压根儿就不是什么艺术,而是比艺术更严肃、更重要的问题,即道德和宗教问题,它只不过是托尔斯泰多年以来开始的一段冗长布道里的结束语罢了。在托尔斯泰的著作中,他总是喜欢援引福音书,但在他的学说里涉及基督教的成分极少。"如果把他与圣经相提并论的话,毋宁说他与旧约和先知更相像,他布道的性质和严格要求性,即与后者十分相像。他并不愿去说服人们,他只是想恫吓他们。"③舍斯托夫看到,在福音书里,不曾有任何一段文字说到善即上帝。但托尔斯泰却断言:"善是我们生活中永

---

① 舍斯托夫:《无根据颂》,张冰译,华夏出版社1999年版,第183页。
② 舍斯托夫:《无根据颂》,张冰译,华夏出版社1999年版,第211页。
③ 舍斯托夫:《无根据颂》,张冰译,华夏出版社1999年版,第237页。

恒的、最崇高的目标。无论我们对善有何种理解,我们的生活除了是对善,亦即上帝的追求以外,舍此无它。"①善就是上帝,这也就是对人来说,除善之外别无目的。舍斯托夫强调,托尔斯泰的"上帝即善"与"上帝死了"表达的是同一个意思,托尔斯泰用善杀死了上帝,或者说,上帝被人用善给故意偷偷置换了。那善是什么呢? 托尔斯泰认为,善即人与人之间兄弟般的友爱,他说:"根据最概括的表述,我们时代的宗教意识,是这样一种认识,即我们的福祉——无论物质的还是精神的、个别的和一般的、暂时的和永恒的,即在于我们全体人类相互兄弟般的生活和爱情般的统一之中。"②舍斯托夫并不赞同这种观点,因为它实际上使托尔斯泰有权攻击所有那些敢于认为生活中除兄弟般的团结之外,还有别的福祉的人。也就是说,托尔斯泰需要的,只是一种能赋予他向人们要求爱其邻人如同履行义务的一种权力。因此,舍斯托夫认为,整部《论艺术》的主题思想就是:"去爱自己的邻人吧,这是你们的义务,这应是你们最高幸福之所在。而为你们所尊崇的艺术作品,不光是不好(的),而且是有害的和非道德的。"③更进一步说,《论艺术》的全部任务就是告诉人们,"你们是不道德的,而我是道德的;也就是说,我拥有至高幸福,而你们没有"④。就这样,托尔斯泰用"善—兄弟之爱—上帝"这一公式来向人们"布道"。舍斯托夫指出,其实,托尔斯泰也懂得他的说教无力去帮助穷人和颠沛流离者,他的布道词必然也只能是一种"旷野呼告"。

三、对康德"道德公设"的批判

在《纯粹理性批判》中,康德认为,形而上学所研究的对象——上帝、灵魂和自由都不是现象世界中的东西,是人的认识所不能达到的

---

① 舍斯托夫:《无根据颂》,张冰译,华夏出版社 1999 年版,第 238 页。
② 舍斯托夫:《无根据颂》,张冰译,华夏出版社 1999 年版,第 238 页。
③ 舍斯托夫:《无根据颂》,张冰译,华夏出版社 1999 年版,第 239 页。
④ 舍斯托夫:《无根据颂》,张冰译,华夏出版社 1999 年版,第 212 页。

自在之物。因而，形而上学关于上帝存在、灵魂不朽和意志自由所作的一切理论证明统统是毫无根据、站不住脚的。但在《实践理性批判》中，康德认为，只有把德行和幸福结合起来以后，才算达到至善。然而，至善这个概念必然地包含二律背反。把道德和幸福这两种根本对立的东西协调起来，光靠人力是办不到的，只有假设一个超自然的最高存在者——上帝的存在，才可能实现。于是，康德提出了上帝存在的道德公设。对康德的这种思想，舍斯托夫进行了批判。

（一）《纯粹理性批判》是替理性辩护

舍斯托夫认为，《纯粹理性批判》所写的东西并不是批判，而是替理性作辩护。康德批判主义的本质东西，已经完全被包含在斯宾诺莎的几何学定理之中，完全接受了斯宾诺莎的基本思想。"批判哲学没有克服那种构成前批判哲学之内容和灵魂的东西，而只不过是将这种东西化解于自身，掩盖于我们的视线。"[①]在《纯粹理性批判》中，康德提出疑问：形而上学是否可能？舍斯托夫认为，问题的关键在于：他在问谁呢？也就是说，他认为谁有权决定什么可能什么不可能？当然，康德否认了经验作为形而上学认识源泉的可能性，因为经验表明某物存在，但它没有告诉我们此物"应当这样存在，而不是那样存在"。经验不给我们提供"真正的普遍性和必然性，而对于如此渴求这种认识的理性来说，经验更多的是使之愤怒，而不是令其满足"[②]。舍斯托夫反问，我们为什么如此谋求理性的满足？难道理性渴求普遍必然之物，于是我们就应当无所不为，不惜牺牲一切，只为找到理性所心爱的必然性，只为使理性不愤怒吗？舍斯托夫断言，康德面临的真正问题应该是，那个能够使饱受苦难的人类得到生命之水的源泉在哪里？然而，康德却只关心怎样讨好那个同上帝、灵魂和自由都无任何关系的

---

① 舍斯托夫：《雅典和耶路撒冷》，徐凤林译，浙江人民出版社2000年版，前言，第3页。
② 舍斯托夫：《雅典和耶路撒冷》，徐凤林译，浙江人民出版社2000年版，第64页。

理性——只要别惹必然性生气。因此，如果形而上学也想获得存在权利，它就应当首先得到"必然性"的垂青。

舍斯托夫看到，康德虽然在《纯粹理性批判》第二版序言中认为"我应当否定知识，以便给信仰留下余地"。但在同一序言中，康德又认为，"下述情况对哲学乃至对人的理性来说将永远是丢人的事：在我们之外的存在对我们来说仍然是信仰之对象，倘若有谁对此陷入怀疑，则我们也不能够为他证明这种存在"①。换言之，如果得不到关于外物存在的知识，无论是哲学还是理性，都要永远蒙羞——"丢脸"。康德关心的不是上帝而是外物的命运，甚至认为"在确定我们的知识的起源和意义的时候，求助于解围之神（上帝）乃是一个最荒谬的选择"②。因此，舍斯托夫说："不错，康德确认，他限制理性的权利是为了给信仰开辟道路。但康德的信仰是在理性界限内的信仰，也就是理性本身，只不过换了一个名字。"③康德所说的信仰或他们称之为信仰的东西，其实是处在理性的永恒监护之下。

（二）"道德公设"否定了上帝

学术界对康德的评价有两种不同的态度：一些人认为，康德对理性神学批判的目的只是限制理性，给信仰留下地盘；另一些人认为，康德是杀害上帝的刽子手。舍斯托夫赞同第二种观点，在他看来，康德"留给人们的是先天综合判断、先验哲学和三个干巴巴的'公设'。他完全执行了斯宾诺莎的纲领：他捍卫笃信宗教和道德，却出卖了上帝，用他按数学真理之最高标准创造出来的概念取代了上帝"④。如前所述，康德把"解围之神"看作是最荒谬的假设。舍斯托夫质问：为什么，

① 康德：《纯粹理性批判》，蓝公武译，商务印书馆1960年版，第21页。
② 舍斯托夫：《雅典和耶路撒冷》，徐凤林译，浙江人民出版社2000年版，前言，第7页。
③ 舍斯托夫：《雅典和耶路撒冷》，徐凤林译，浙江人民出版社2000年版，第83页。
④ 舍斯托夫：《在约伯的天平上》，董友、徐荣庆、刘继岳译，三联书店1989年版，第17页。

凭什么把"解围之神"看作是最荒谬的假设,把"最高存在物"宣布为哲学探索的敌人?无论如何也不应当"先验地"认为"解围之神"是最荒谬的假设。然而,如果承认了它有任何权利,即便是最小的权利,那么全部"批判"都将坍塌。那时就会看清:康德哲学及其以后的哲学的"生死攸关的信条",都是与虚幻的、在现实中无任何根据的思想相联系的。或者说得更好些:关于"解围之神"(或"最高存在物")是可能的假设中最荒谬的假设的思想,也都是那个"必然性"劝导康德和步康德后尘之人相信的。①

舍斯托夫指出,康德其实不能真正地区分理论理性与实践理性,因为他在承认理论理性的同时还容许实践理性。如前所述,在理论理性领域,上帝、灵魂和自由都不能被证明。但当我们把上述问题诉诸实践理性时,一切都变了:上帝、灵魂不死和自由都完全被转移到超感性的理智世界,上帝是存在,灵魂也是不死,意志也是自由的。而且理性得到了几乎完全的补偿:虽然消除了理性的必然性思想,却又给理性提供了应该、义务和无上命令思想,它们的绝对性能够补偿人的沉重损失。也就是说,康德把实践理性和理论理性融合在一起,在世界上建立了不可动摇的秩序,它为"知识"及其永恒不变的真理提供了"永久无穷"的保证。因此,舍斯托夫强调,康德在实践理性领域所设定的上帝、灵魂不灭、意志自由,只是系于我们人世间短暂的生存利益。但是当我们面临最后的审判,面临绝望的深渊,面临伟大的斗争,生与死、现实与理想的斗争时,所谓的意志自由就与我们毫不相关了。

第四节 对哲学体系的批判

"哲学是系统化、理论化的世界观。"在传统教科书中,我们经常看到这样的界定。换言之,哲学应该有自己的体系。确实,几千年来,理

① 参见舍斯托夫:《雅典和耶路撒冷》,徐凤林译,浙江人民出版社2000年版,第59页。

性一直在追求哲学体系化,体系化哲学在黑格尔那里达到了顶峰。任何一种深刻的、成熟的哲学思想,都要有其确定的研究对象,要提出其基本的理论前提和基础,要运用严密的逻辑结构、规则、方法,有层次地阐释其内容,表达其价值取向和现实意义。这似乎已成为了人们的理性共识。但舍斯托夫对这种体系却深恶痛绝,他从悲剧哲学的立场出发,高扬"无根据性",对哲学的体系化进行了猛烈的抨击,并以《无根据颂》为书名发表了一部专著,在西方思想界引起了强烈的反响。

一、哲学的体系化

哲学的出现是人类理性思维发展到一定阶段的产物。当泰勒斯提出"水是世界的本原"这一著名的哲学命题时,哲学的体系化就已开始了,因为"哲学是从纷繁复杂的物质经验世界中找到一个永恒的自在自为东西,作为其起点和归宿,作为普遍的本质被认定为'实在'"①。这种本原的东西成为了后来本体论的核心,成为哲学体系的逻辑出发点。即使是在中世纪,人们追求理论的严密逻辑和知识的绝对完善的体系化倾向也没有丧失。经院哲学家坚信,只有用理性来对宗教信条进行严密的逻辑论证和建立理性化的庞大的宗教哲学体系,才能使人们合理地接受基本教义。

哲学体系真正成为体系是由以笛卡儿为首的近代唯理主义者确立的,他们试图纯先天地构筑他们的哲学体系。笛卡儿认为,存在于人类心灵范围中的一切知识,都是由一个巨大的链条连接在一起的,它们可以借助必要的推论相互派生出来。是"几何学家长长的推理链条"激发了他产生相互连接知识体系的这种思想。同样的思想也强烈地体现在斯宾诺莎的思想中。他的巨著《伦理学》有意使用几何学模式,试图全面地理解实体的性质、身心关系、完善生活的公式以及单个

① 王战牛:《哲学体系信念的确立及其崩溃》,载《渭南师范学院学报》2005 年第 1 期,第 25 页。

严密体系结构中的一切。① 总的来看,近代理性主义者把宇宙看作一种有序的体系,其中的每一方面原则上都能为人类理智所理解。进一步的信念是被数学固有的清晰性和确定性所吸引,因而它同样被看作是建立完善的统一知识体系的模式。

康德继承了近代理性的传统,把哲学发展到了体系的时代。他认为,体系的东西是一种科学的科学性东西,它并不是按部分和章节作一种随意排列而形成的外在东西。理性就是那种使我们一切理智行动"体系化"的东西。"理性统一性任何时候都以一种理念为前提,即以有关认识的某一整体形式的理念为前提,这一整体先于各部分特定的认识,并包含着先验地给每个部分规定其与其余部分的地位与关系的条件。因此这些理念设定理知认识的完全统一性,由于这一统一性,理知认识就不是单纯形成一种偶然的集合体,而是一种按必然法则联系起来的体系。"②哲学体系在黑格尔哲学中发展到了顶峰,最终走向了体系哲学。他说:"哲学若没有体系,就不能成为科学。没有体系的哲学理论,只能表示个人主观的特殊心情,它的内容必定是带偶然性的。哲学的内容,只有作为全体中的有机环节,才能得到正确的证明,否则便只能是无根据的假设或个人主观的确信而已。许多哲学著作大都不外是这种表示著作者个人的意见与情绪的一些方式。"③也就是说,哲学家必须以科学的、客观的和完全超然的态度去营造关于存在的体系,否则哲学就只能成为个人意见和情感的主观宣泄,而不是普遍真理的体系。因此,黑格尔致力于建立一个思辨的体系,并以一种客观的和非个人的方式寻求终极性的普遍真理,个人的和情感的因素在这里不仅毫无地位可言,而且是必须予以摒弃的东西。

---

① 参见约翰·科廷汉:《理性主义者》,江怡译,辽宁教育出版社、牛津大学出版社1998年版,第7页。

② 马丁·海德格:《谢林论人类自由的本质》,薛华译,辽宁教育出版社1999年版,第57页。

③ 黑格尔:《小逻辑》,贺麟译,商务印书馆1980年版,第56页。

二、舍斯托夫的批判

对以黑格尔为首的哲学体系,舍斯托夫并不认同;相反,他从诸多方面对哲学的体系化进行了批判。在他看来,真正的哲学其实与所谓的体系化的哲学是完全不同的。

(一)哲学不是章节的编排,而是在灵魂中的漫游

克尔凯郭尔在批评黑格尔的哲学体系时曾指出,"他营造了一个无所不包的体系,但他并没有居住在自己营造的宏伟大厦之中,因为这个无所不包的体系遗忘了个人的存在,或者充其量也只是把个人变成了附属于体系的碎片,变成了体系中的一个片断"①。因此,克尔凯郭尔断言,体系只能是一种骗局,因为不可能存在一个关于存在的体系。"对上帝来说,存在本身就是一个体系;但对任何存在的人来说,它不可能是一个体系。"②在舍斯托夫看来,克尔凯郭尔的指责不无道理,对思辨哲学家精心打造宏伟大厦而付出的不懈努力,他嘲笑说:"可要知道,要想在此尘世间达到某个目的,就必须善于把整个自我、自己的整个一生,统统奉献给某个目标。要想在自己所从事的事业上达到登峰造极、表演大师和一代宗师的地步,就必须以一种天使般的或是蠢驴般的耐心,数十次、数百次,甚至上千次尝试表达自己思想情绪的各种手段,并且丝毫不吝啬自己所付出的劳动、时间和健康。"③舍斯托夫指出,克尔凯郭尔对思辨哲学家们的努力已经感到忍无可忍,当他想到哲学家们在其死后会把他的哲学按篇、章、节组成完整的思想体系,而对哲学体系怀有兴趣的爱好者们在顺着他的思路发展时,他会感到多么恐惧和狂怒啊!因此,克尔凯郭尔反复强调,要人们

---

① 王平:《生的抉择》,商务印书馆 2000 年版,第 23 页。
② 王平:《生的抉择》,商务印书馆 2000 年版,第 23 页。
③ 舍斯托夫:《无根据颂》,张冰译,华夏出版社 1999 年版,第 37 页。

提防"教授们"，因为"他们把上帝的话变成按篇、章、段形式编排的体系严谨的原理"①。

对于克尔凯郭尔的提醒，舍斯托夫深有同感，他多次强调，哲学不是按章节编排的体系哲学。然而，现实并没有迎合舍斯托夫的呼吁。现实中的人们相信，一本书应当是一个有着逻辑关联的成熟的体系，由统一的思想把它贯穿起来，否则就会有负于它的使命。舍斯托夫自嘲说："如果一本书不具有任何别的使命的话，那么，说它是格言体通常就是对它最严厉的批评了。"②确实，舍斯托夫的作品主要是以文学批评、格言、散文的形式来体现其哲学思想的。在写作伊始，舍斯托夫也曾尝试用体系来进行创作，他说："本来，我并不想赋予本书以现在所具有的这种形式。连贯和系统的阐述习惯即使在我身上也已根深蒂固。在我这本书甚至已经写了有一半时，我的工作大致就是按照既有的提纲进行的。但随着工作的进展，我越来越感到继续写下去令我无法忍受、令我痛苦。有一段时间连我自己也搞不清问题究竟出在哪里。材料早已准备就绪，剩下的差不多只有外部结构问题了。可我所理解的外部加工，原来比我感觉到的东西更加重要得多。"③在这时，舍斯托夫突然发现，哲学其实并不需要所谓的章、节等形式，哲学是而且应当是"在灵魂中的漫游"。在灵魂的漫游中，人们会体验到思想家的喜、怒、悲伤、痛苦，人们会发现孤独的个体存在，甚至会洞察上帝的无限可能。在灵魂中的漫游就意味着，我们可以抛弃僵死的章节、规律性、连贯性、原因和结果等，就意味着可以敢想敢为，一句话"没有任何根据"。舍斯托夫解释说："当一位作家需要阐述自己的某种最缺乏根据而偏偏不知何故又最为他所珍爱的，同时又想要使之获得普遍承认的思想时，通常他会暂时打断自己的叙述，好像是为了喘口气似的，

① 舍斯托夫：《开端与终结》，方珊译，云南人民出版社1998年版，第258页。
② 舍斯托夫：《无根据颂》，张冰译，华夏出版社1999年版，序，第3页。
③ 舍斯托夫：《无根据颂》，张冰译，华夏出版社1999年版，序，第3～4页。

来一小段,有时是一大段插笔,证明各种观点、而且往往是与其本质毫无关联的观点的无根据性。"①舍斯托夫强调,在这样一种无根据性下,还有什么必要再去构想什么新的体系呢?"我们蒙上眼睛、捂住耳朵,我们建构了庞大的哲学体系。可现而今呢——现而今我们觉得,无论是席勒、伟大的体系还是过去的信仰,往往一无足惜……黑夜、漆黑、无声无息、伸手不见五指、充满恐惧的黑夜,它是否一度曾令你感到无限美妙了呢?"②

(二)哲学不是追求完整性,而是追求贴近心灵

舍斯托夫认为,哲学体系化的一个重要特征就是追求完整性。在俄罗斯宗教哲学里,索洛维约夫就追求所谓的完整知识。按照索洛维约夫的观点,完整知识从内在本质上来看,是经验主义、理性主义和神秘主义的统一,从更广的外延上来看,是科学、哲学和神学的统一。③舍斯托夫并不赞同索洛维约夫的观点,他更倾向于陀思妥耶夫斯基的反理性主义,更关注人的心灵现实。舍斯托夫看到,对于普通的日常生活实践来说,完整性依旧是不可变更的教条,正如没有屋顶的房子是百无一用的。对于哲学来说,完整性似乎是它存在的前提,没有完整性的知识能是哲学吗?能成为科学的科学吗?舍斯托夫认为,完整性在思辨哲学看来其实就是要具有开端与终结,他也以《开端与终结》为书名撰写了批判思辨哲学的作品,以此表明自己的立场。

黑格尔认为,哲学要有体系,就必然要有一个经过全面思考和规划的开端,并且只能有一个开端,而整个体系就是按照某种必然性由这个开端生发开来,推演出来的。"开端是黑格尔哲学的缩影、细胞、雏形、模板和基本公式,也是他的方法(辩证法)的原型构架。"④在黑

---

① 舍斯托夫:《无根据颂》,张冰译,华夏出版社1999年版,第45~46页。
② 舍斯托夫:《无根据颂》,张冰译,华夏出版社1999年版,第97页。
③ 参见徐凤林:《俄罗斯宗教哲学》,北京大学出版社2006年版,第112页。
④ 邓晓芒:《思辨的张力》,湖南教育出版社1998年版,第61页。

格尔看来,开端必须是绝对的,不以任何东西为前提。"有"就是适于作为逻辑学开端的唯一范畴,因为"有"潜在地包含发展出后来一切范畴的可能性,它不需要借助某种外来的东西以发挥它的构成作用。黑格尔强调,开端与终结是联系在一起的,应把开端理解为向其最后的根据"绝对理念"的倒退或回溯。"开端在表述上是'有',在理解上却是'绝对理念',这两者的汇合形成了整个逻辑学的大圆圈。因此,'前进就是回溯到根据,回溯到原始的和真正的东西'。"①也就是说,黑格尔的完整体系是一个首尾相接的圆圈。

对黑格尔这种具有开端与终结的完整体系,罗素进行了冷嘲热讽:完整体系就像一个倒立的金字塔,它的全部庞大的建筑都是从一个唯一的点出发的,只要将这一点摧垮,整个金字塔就会坍塌。舍斯托夫也表达了同样的意思,他用"流血的头"去反击用以支撑黑格尔完整体系的"有",也就是根据。在他看来,形而上学体系往往具有使人非常信服的外观,它们喜欢的假设是:一种概念的辩证发展可以导致一个完整体系的建构。舍斯托夫断言,实际上仅就这个结论而言,往往就是假的。当然,这种假只是偶尔才会被揭示:"当一个人对思维辩证法游戏的兴趣减低时,他会和屠格涅夫一样,在生命的暮年,突如其来地相信所有哲学都是不必要的。……对于那些对辩证法不感兴趣的人来说,形而上学同样也什么都无法证实。"②也就是说,当人们不相信所谓的辩证法,推翻了所谓的"有"(即根据)时,完整体系还会有用吗? 舍斯托夫指出:"无根据,甚至是无根据颂,当我的全部任务恰恰在于要一劳永逸地摆脱伟大及不伟大的哲学体系的奠基者们以可以理解的顽固强加给我的各类开端与终结的时候,还谈什么外在完整性呢? 现代思想的立法者所确立的不可动摇的原则是:学会终结。可你不妨试着去问问他:是什么赋予他权力去如此自信地宣布自己的法

---

① 邓晓芒:《思辨的张力》,湖南教育出版社 1998 年版,第 89 页。
② 舍斯托夫:《无根据颂》,张冰译,华夏出版社 1999 年版,第 33 页。

则——你就会发现,在他那里,实际上除了'按照类推法证明'外,没有灵魂。"①因此,舍斯托夫强调,哲学不应把精力放在僵死的具有开端与终结的完整体系身上,而应该关注人的存在及其心灵。"在人和存在本身里,思想启开了某种不应当、恶习、疾病、罪孽,也就是弃绝具有开端并注定拥有不可避免的终结的存在。"②那种未完结性、无序、混沌、无法导致被理性预先设定的目标如生活本身一样充满了矛盾的思维,难道不比那些体系,即便是伟大的体系,更贴近我们的心灵吗?

(三)哲学不是关注世界观,而是关注生活

在人们日常的写作或创作中,"中心思想"或"世界观"是不可或缺的东西。当我们说一篇文章或一部著作没有"中心思想"或"世界观"时,无疑是对它们的彻底否定。这似乎已经成了人们的共识。然而,正是在这样的共识中,舍斯托夫却看出了别样的东西。他说:"迄今为止,只要公认的阐述方式得以保留,思想就不光会占据首位,而且会压倒书里的全部内容。"③确实,在黑格尔的思辨哲学里,他的核心概念或中心思想就是"绝对精神","绝对精神"成了他的世界观。

什么是世界观?舍斯托夫认为,作家为了要让其所描绘的图画给人的印象不至于太沉重,就竭力预先储备好世界观,而迄今为止,世界观在文学中的作用,恰如一根魔杖,凭着它,无论什么都可以任意变作任何东西。于是我们看到,屠格涅夫对"多余人"毫无办法,也不知道该拿他们怎么办好。他所能做的就只有一件事:"根据他们的世界观进行杜撰。"④契诃夫也一样,他最善于清晰阐释一种或多种世界观体系,舍斯托夫指责说:"契诃夫却不懂得,除了纯文学以外,体系究竟有何必要、对什么有用。当你写小说时,你就得迫使你笔下的人物,说起

---

① 舍斯托夫:《无根据颂》,张冰译,华夏出版社1999年版,序,第4~5页。
② 舍斯托夫:《无根据颂》,张冰译,华夏出版社1999年版,第119页。
③ 舍斯托夫:《无根据颂》,张冰译,华夏出版社1999年版,序,第4页。
④ 舍斯托夫:《无根据颂》,张冰译,华夏出版社1999年版,第25页。

话来清晰而又连贯,这就用得着体系了。可是,当你独身自处时,难道你也当真会回想起'世界观'来吗?"①舍斯托夫进一步指出,欧洲文明以其数千年来的经验,研究出一套方法,借助于这些方法,人类学会如何从一切之中,甚至从自己亲人的鲜血里,汲取利益。屠格涅夫就是这样,他从黑格尔那里懂得,一个有教养的人,如何必须具有完整的、完善的,而且必定是完善的"世界观"。也就是说,在"中心思想"或"世界观"中,舍斯托夫看到了它们对人的压制,它们成了可怕的霸权,就像理性必然性一样。

因此,舍斯托夫极力反对哲学中所谓的"中心思想"或"世界观"。他发现,有一样东西最终成了"思想"和"连贯性"的牺牲品,那就是文学创作中最应受到保护的东西——自由思想。他说:"随着人们对连贯性越来越不信任,随着对任何统一思想的可适用性怀疑的增强,一个人难道不应该对最适合现有偏见的阐述方式产生厌恶吗?"②舍斯托夫反复强调,一本书中最沉重最累赘的就是中心思想。你只要不愿成为书的纳贡者和驯顺的奴隶,你就该设法根除它。"让著作以一种无任何外在关联的一系列思想的形式出现……没有思想、没有概念、没有连贯性,有的只是矛盾,然而这恰恰正是我所要达到的目的。"③他甚至断言,最使人软弱和令人麻痹的东西就是思想,也就是那种通常被人们同自己获得自由的全部希望联系在一起的东西。在舍斯托夫看来,哲学在沉醉于"中心思想"或"世界观"时似乎忘记了一样东西:生活。

确实,人们有充分的理由不信任生活,多少次生活使我们朝思暮想的理想落了空。但是,舍斯托夫认为,我们更有理由不信任理性及其所谓的内在体系,"要知道,如果说生活有可能把我们欺骗的话,那

① 舍斯托夫:《无根据颂》,张冰译,华夏出版社1999年版,第82页。
② 舍斯托夫:《无根据颂》,张冰译,华夏出版社1999年版,序,第3页。
③ 舍斯托夫:《无根据颂》,张冰译,华夏出版社1999年版,序,第4页。

也只是因为软弱无力的理性结果成了一场骗局的缘故。……最终,在生活与理性之间从事选择时,人们一般会宁愿选择前者"①。在现实中,任何一种哲学"世界观",都想要根据其对人类生存普遍问题的某一种解决方案来指导我们的生活。然而它们却做不到,"一个饥肠辘辘的人得到一块面包和几句温存体贴的话,他会感到温存的话语比面包更贵重。可是,假使人们仅仅用温存的话语抚慰他,却不给他食物,那他也许就会憎恨温存的话语了"②。因此,舍斯托夫一再强调,理性哲学家很难把握骚动不安、恣意任性的生活。所以他就断言,这不是生活而是幻觉。

(四)哲学无须借助逻辑,而是无根据

黑格尔哲学体系的一个重要特征就是运用逻辑的手段来对概念进行演绎和推理,并形成了一个强大的严密的哲学体系,堪称体系哲学的顶峰。尼采就对这种逻辑体系十分反感,"学术体系的清晰性和完善性只会令他感到屈辱。他无法理解,人们怎么会对逻辑体系和直观外部世界感兴趣,却对他们为之而饱受痛苦和折磨的一切一无所感,对导致他们恐惧的事物十分冷漠呢?"③同样,舍斯托夫极力反对体系逻辑思维,在他看来,从柏拉图和苏格拉底时代开始,获得巨大成功的恰好就正是那样一些哲学家,他们教会人们如何只注重那些不变的与可变相比永远都只与自身等同的常在不变的东西。哲学家只看重逻辑思维,这也就是一种方向一经确定便只需要无忧无虑地循此走下去的思维,因为如此行进,惯性力便不会被消耗在无穷的回顾、找路及与"自由意志"及其形影不离的伙伴——怀疑——作斗争上了。"人都深信通向真理的道路只有一条,那就是经由逻辑,一旦偏离这条

① 舍斯托夫:《无根据颂》,张冰译,华夏出版社1999年版,第73页。
② 舍斯托夫:《无根据颂》,张冰译,华夏出版社1999年版,第83页。
③ 舍斯托夫:《无根据颂》,张冰译,华夏出版社1999年版,第266~267页。

道路，也就意味着走向荒诞。一切的一切，一旦抛开逻辑，便会导致迷误，而且，我们离存在的终极问题越近，这迷误也就越是不可救药。"①然而，舍斯托夫认为，我们是不可能靠逻辑推理使自己摆脱逻辑体系这一魔圈的，逻辑思维的习惯只能杀灭幻想。哲学不应与逻辑有任何共同之处。哲学是一门艺术，它力求挣脱思辨逻辑的锁链，把人带到幻想性的无边大海之上，在那里，一切的一切，都同样既可能又不可能。"所有的'因为'，以及用作结论的'所以'，甚至包括普通的'和'字，及其他一些无辜的、借其之助能把零星得到的判断联结成为一条'缜密严谨'的思维链的关联词——上帝，它们原来竟是一些多么残酷无情的暴君呀！"②

因此，舍斯托夫追求无根据性、无逻辑性，如前所述，"让著作以一种无任何外在联系的一系列思想的形式出现……没有思想、没有概念、没有连贯性，有的只是矛盾，然而这恰恰正是我所要达到的目的"③。在这里必须注意的是，舍斯托夫强调无根据性，但他否认自己是别尔嘉耶夫所说的怀疑主义者。他说："当我第一次荣幸地被称为怀疑主义者和悲观主义者时，我简直是目瞪口呆。……如果不相信现存的任何一个伟大哲学体系，就是怀疑主义者吗？……我认为与此完全相反。按照我的看法，怀疑主义者恰恰是那些深深坚信没有必要去探索的人。因为反正什么也找不到，这些人更乐于狂热地拥护一次就会的体系。"④舍斯托夫强调，要寻找完全适合的表达是不可能的，"因为语言和思想只是交流的不完善的手段"⑤。因此，在舍斯托夫的视野里，像证明三角形的内角之和等于两个直角的逻辑手段其实是最软弱无力的，它只对相信它的人有用，它能证明三角形内角之和等于两

① 舍斯托夫：《无根据颂》，张冰译，华夏出版社 1999 年版，第 31 页。
② 舍斯托夫：《无根据颂》，张冰译，华夏出版社 1999 年版，序，第 4 页。
③ 舍斯托夫：《无根据颂》，张冰译，华夏出版社 1999 年版，序，第 4 页。
④ 舍斯托夫：《开端与终结》，方珊译，云南人民出版社 1998 年版，第 72～73 页。
⑤ 舍斯托夫：《开端与终结》，方珊译，云南人民出版社 1998 年版，第 74 页。

个直角,但不能证明人的苦难和悲伤,不能证明天塌了人不会死。从这里可以看出,舍斯托夫十分强调无根据性,最主要的目的是以此来反对传统哲学体系所依赖的逻辑的霸权。

第五节　对科学理性的批判

自近现代以来,培根的名言"知识就是力量"震响了几个世纪,成为了时代精神的号角。人们热衷于追求知识,绘制包罗万象的人类知识图景。哲学家们尊崇理性,相信科学造福人类的力量。然而,随着社会的发展,科学万能、理性至上的信念被动摇了,反映在哲学上就是非理性主义思潮的崛起(详见第一章第一节)。科学理性越来越受到人们的抨击和挑战,尼采就把苏格拉底看作欧洲两千年来的"乐观主义科学精神"的原型和始祖,并对他进行了猛烈的批判。在尼采看来,所谓的"科学精神"就是"指最先在苏格拉底身上显现的那种信仰——对自然界可知和知识万能的信仰"①。苏格拉底"美德即知识"的伦理思想,实际是用科学理性来扼杀了生命的本能。别尔嘉耶夫也对科学进行了批判,他认为科学在寻找真理,但科学有着确定的界限,有些问题是它不能解决的,因为科学揭示的不是大写的真理,而是一些具体的真理,当代世界观正陷入越来越广的黑暗之中,如科学发现和技术发明引起了新的战争和危险。雅斯贝尔斯也指出了科学在以下三个方面的局界:"一、科学知识关涉一定对象,而不关涉存在本身;二、科学不能为生活提供目标和价值;三、科学不能回答它自身的意义问题,不能解释驱使人从事科学活动的原始冲动。一句话,科学思维同存在无缘。"②与尼采、别尔嘉耶夫和雅斯贝尔斯等一样,舍斯托夫也对科学理性进行了批判。当然,舍斯托夫并非科学的敌人,因为他

---

① 徐崇温:《存在主义哲学》,中国社会科学出版社1986年版,第87页。
② 徐崇温:《存在主义哲学》,中国社会科学出版社1986年版,第90页。

从未低估科学技术的伟大成果，他说："我们拥有科学，甚至可以说，这是不仅每一天，而且每小时都在发展的科学。我们知道许多，我们的知识是清楚明白的知识。科学有权为自己的巨大成就而骄傲，完全有权认为，它的无往不胜的步伐是任何人也无力阻挡的。任何人都不怀疑也不可能怀疑科学的巨大意义。"[1]但对于科学的霸权及其对人的独特本质的忽略，舍斯托夫却深感不满并进行猛烈抨击。

一、哲学不应成为科学

关于哲学与科学的关系问题，其实人们已经讨论了很多。别尔嘉耶夫就认为，"把哲学认识同科学认识区别开来的主要标志应该是这样一点，哲学是从人出发并通过人而认识存在，在人身上看到对存在意义之谜的解答，而科学仿佛是在人之外，脱离人去认识存在。因此，对于哲学而言，存在是精神，对于科学而言，存在就是自然界"[2]。舍斯托夫认为，其实早在古希腊时期，人们就已发现，哲学的构造不同于其他科学。"巴门尼德早就说过，别的科学有的只是见解，而哲学提供的却是真理，'你应当懂得被磨得浑圆的真理那不会跳动的心脏，和身上不包含真正的真实性的凡人的见解'。"[3]但令舍斯托夫不满的是，即使这样，即使是在那时，人们仍然千方百计竭力证实，哲学与其他科学的构造绝没有什么不同。舍斯托夫看到，斯宾诺莎用几何学定律来阐明伦理学，康德寻找能够使科学的形而上学成为可能的途径，实证主义以科学取代形而上学，在20世纪，胡塞尔甚至试图把哲学作为严格的科学。

对胡塞尔的观点，舍斯托夫进行了批评。舍斯托夫认为，在使哲学成为一种绝对真理的科学方面，胡塞尔的努力是无止境的。在《作为精确科学的哲学》中，胡塞尔写道："哲学……是一种真正原则的科

① 舍斯托夫：《雅典和耶路撒冷》，徐凤林译，浙江人民出版社2000年版，第2页。
② 别尔嘉耶夫：《论人的使命》，张百春译，学林出版社2000年版，第9页。
③ 《舍斯托夫集》，方珊编选，上海远东出版社2004年版，第140页。

学,是一切源泉的科学,是'根源'","在整个现代生活中或许没有一种思想比科学思想在它的前进的道路上更加有力,更加不可抗拒了。没有什么东西能阻止它胜利前进。在追求它的正当目标时,它的确是无所不包的。如果就它的理想完美而设想的话,科学思想就是理性本身,它不允许其他权威和它并驾齐驱或者驾临其上……科学已经说了话,智慧今后就必须向它学习"。① 舍斯托夫指出,胡塞尔的这篇文章不光是对哲学的任务和方法的一个阐述,而且也是一首以激情洋溢的、生机勃发的先知式语气写成的庄严的哲学赞美诗。胡塞尔最珍爱的基本思想就是科学不愿承认任何权威是与自己平等并列的,科学是用理性来指挥历史的。舍斯托夫断言,胡塞尔的这种理性主义有三个赖以支撑的主要论点:一是允许有排除任何理论的论断存在的理论,是没有意义的;二是把认识论观点与心理学观点对立起来;三是取消任何认识论。② 舍斯托夫强调,这种论点对于理性主义来说,当然是一个伟大的胜利。因为这样,理性就不需要被加以论证,而能论证一切。科学就有权平平安安地向前进,不必担心来自后方的任何打击。舍斯托夫嘲笑说:"无怪乎雅典哲学会在数千年中如此牢固地统治着人类的大脑,而且,除此之外,还有胡塞尔引发为据的自明性。"③

与胡塞尔相反,舍斯托夫强调哲学与科学是根本不同的,甚至是彼此敌对的。他说:"我们为病人请医生,给死人找祭士。医生竭尽全力使人起死回生,祭士则祝福长眠。像哲学和科学一样,医生和祭士之间也没有共同点。他们不仅不互相帮助和互为补充,而且如常言所说,他们永远彼此为敌。况且敌视紧张到了不得不用个人的爱和信来加以掩盖的地步。"④ 舍斯托夫指出,要弄清哲学与科学的关系,首先

① 舍斯托夫:《开端与终结》,方珊译,云南人民出版社 1998 年版,第 337 页。
② 参见《舍斯托夫集》,方珊编选,上海远东出版社 2004 年版,第 166 页。
③ 《舍斯托夫集》,方珊编选,上海远东出版社 2004 年版,第 168 页。
④ 舍斯托夫:《在约伯的天平上》,董友、徐荣庆、刘继岳译,三联书店 1989 年版,第 157 页。

要弄清哲学是什么,科学是什么。在普罗提诺看来,没有必要谈论哲学是不是科学,"哲学是最重要的、最必要的、最有意义的——至于说它是科学还是艺术,抑或是距离艺术和科学都同样遥远的某种东西,全都一样"①。亚里士多德也说:"没有什么比科学重要、更有意义的了。哲学是最神圣、最有意义的。但这种说法具有双重含义。因为哲学比任何科学都更为上帝所具有,因此,作为一切科学中具有神性的科学,它以上帝作为自己的对象。无论是前者还是后者,都只为哲学这一门科学所具有。因为,上帝是基础,是开端——这是没有疑问的。因此,只有上帝掌握哲学,至少在最高层次上是这样。也许,其他科学比它更需要,但却没有任何一种科学比它更好。"②舍斯托夫认为,普罗提诺和亚里士多德的话完全表达了胡塞尔对待哲学的态度,因此,胡塞尔强调"哲学应当是科学","科学是一种对基础和原理的认识,是对最高存在物的认识"。③ 舍斯托夫指出,其实每个人都知道什么是科学,那就是几何学、天文学、物理学,还有历史学。科学的观念可以归结为一点:理性和科学给予人们的是人人必须遵守的判断。当然,舍斯托夫是不会同意胡塞尔等人的观点的。他坦言:"我希望,与科学不同,哲学迟早总会得到这种定义:哲学是关于无论对谁都不是必然的真理的学说。哲学本身归结于一系列互相驳斥的意见这样一种经常的责难,将会由此而一劳永逸地被消除。这是对的,对此应称赞它,而不应该去责难,这没有什么不好,而有许多好的东西,多多益善。而科学具有普遍必然的判断是不好的,极其不好的。要知道任何必然只会限制自由。暂且可以赞同限制自由,穿着紧身,负重,暂且可能乐于同意。不过,谁乐意承认永恒规律在自己之上? 就连在安详和清醒的斯宾诺莎那儿,我也听到了不时的长叹。我想,这是他在为自

① 《舍斯托夫集》,方珊编选,上海远东出版社2004年版,第147页。
② 《舍斯托夫集》,方珊编选,上海远东出版社2004年版,第147页。
③ 《舍斯托夫集》,方珊编选,上海远东出版社2004年版,第147页。

由而伤感——他在颂扬必然性中把自己的整个生命、自己的全部才华都消耗殆尽。"①因此,舍斯托夫反复强调,哲学并不同于科学,哲学也不应当成为科学。

二、科学理性没有可靠的根据

舍斯托夫认为,哲学家们企图使哲学变成科学,以科学作为评判一切的标准,但他们却不关心这样一个问题:科学自身有可靠的根据吗?"康德的认识论所要解决的主要是数学命题和自然科学基本原理的形成和根据问题,亦即给科学以哲学证明。那么,他就不应当事先承认科学的可靠性,因为问题正在于如何为它们的可靠性提供证明。事实上,康德却是从深信自然科学的可靠性出发的。在康德看来,数学和自然科学是纯理性的重要成果,是人类认识的完满典型,它们具有普遍性和必然性。康德提出,数学命题和自然科学基本原理都既是先天的又是综合的,形而上学要成为一门可靠的学问,其论断也必须是先天综合性质的。"②舍斯托夫指出,康德之所以深信自然科学的可靠性,其实是在于科学有公认的判断。有公认的判断,具有巨大的超自然优点:只有它们才被称为真理。"这就是为什么科学和常识如此追赶一般必然判断的原因。科学不需要单个事实,它需要的是把事实奇迹般地变成经验,这时我们就有权说,太阳永远能使石头发热,木头在水中从不沉底,水一向能解渴等等,只有此时才获得科学知识。换句话说,科学所以成其为知识,是以我们在事实中发现'纯粹'原则、眼睛永远看不见的东西为准。"③舍斯托夫反复强调,科学不是表明,而是判断,它不描述现实,而是按照自己的规律创造真理,它深信自己的

① 舍斯托夫:《开端与终结》,方珊译,云南人民出版社 1998 年版,第 77 ~ 78 页。
② 徐凤林:《舍斯托夫的圣经哲学》,博士论文,北京大学图书馆 023/D2001(22),第 31 页。
③ 舍斯托夫:《在约伯的天平上》,董友、徐荣庆、刘继岳译,三联书店 1989 年版,中译序,第 5 页。

可靠性,即自己立论的普遍性和必然性。也就是说,科学需要的是理论,即以奇特的方式把已经产生的通常称之为"偶然"变成必然的那个东西。康德的科学之所以称为科学,是因为它拥有一系列"原则"、"规律"——先天的综合判断。这样看来,科学乃是理性审判的生命。舍斯托夫讽刺说:"理性把人带到高山上并指着整个世界说,把这一切都还给你,如果你能看得见,就加以崇拜吧。"①实际上,人们也果真崇拜起来,崇拜理性成了人的最伟大的义务。舍斯托夫指出,人们只是颂扬理论,但谁也没有下决心去问问它,更没有决心对它的主权提出异议。出现这种现象的原因在于:人们虽然承认理性在审判,但不知理性是否有权独立自主地进行审判。

　　舍斯托夫认为,康德只是用一般人的眼睛来观察世界。但陀思妥耶夫斯基却不同,他用的是"自己的"眼睛,也就是用第二视力(详见第四章第二节)。陀思妥耶夫斯基用第二视力很快就发现:"理性的确是个好东西,这是无可争议的,但是理性不过是理性罢了,它只能满足人的理性思维能力,可是愿望却是整个生命的表现,即人的整个生命的表现,包括理性与一切搔耳挠腮。……也就是说,理性思维能力只是我的整个生命官能的区区二十分之一。理性知道什么呢? 理性仅仅知道它已经知道的东西(除此以外,大概它永远也不会知道别的东西了;这虽然不足以令人感到快慰,但是为什么不把它如实说出来呢?),可是人的天性却在整个地起作用,天性中所有的一切,有意识和无意识,哪怕它在胡作非为,但它毕竟活着。"②舍斯托夫十分赞赏陀思妥耶夫斯基的发现,坚决否认理性有权独立自主地进行审判。同时,他还进一步指出,科学理性不但没有可靠的根据,而且它还服从于必然性并与道德结交。他说:"你想拥有基础牢固的科学,就要使科学

---

　　① 舍斯托夫:《在约伯的天平上》,董友、徐荣庆、刘继岳译,三联书店1989年版,第52页。

　　② 陀思妥耶夫斯基:《双重人格:地下室手记》,臧仲伦译,译林出版社2004年版,第201~202页。

服从必然性思想的权力,而且要承认这种权力是原初就有的,不是在任何时候产生的,因而也是不会灭亡的,也就是说,要赋予这种必然性的权力以人们通常赋予最高存在物的那些优越性和品质。"①也就是说,知识与科学是从"必然性"诞生的。然而,如前所述(详见本章第二节),必然性的权力本身就来源于强制,并不能令人信服,更谈不上可靠性。舍斯托夫甚至断言:"道德和科学是人称为法则或规范的同一个父亲所生的孪生姊妹,她们有时会相互敌对甚至仇恨,就像亲人之间常常会有的那样,但或迟或早血缘会起作用,她们必定会和解。"②换言之,"道德是科学的,科学是道德的"③。舍斯托夫形容说,科学和道德就像形形色色的警察局密探,不但对路上的行人纠缠不休,而且还渴望占有统治人类灵魂的至高无上的主权。因此,作家就必须把一定的论据时刻准备好,以便能让自己摆脱那令人厌烦的警卫们。舍斯托夫认为,尼采就很好地做到了这一点,他道出了一个出人意料的判断:道德本身尚需证实,即付款是用伪币支付的。因此,道德不可能代替科学。

三、科学不关心人的心灵

舍斯托夫指出,科学理性不但没有可靠的根据,更重要的是它不能解决生活中的主要问题,它不关心人的心灵。用存在主义通常的说法就是,"科学不能把握存在"。因此,舍斯托夫呼吁,现在就需要摆脱、抛弃它。面对舍斯托夫的呼吁,许多哲学家都有同感。别尔嘉耶夫就指出,哲学是从人出发看世界,而科学则在人之外看世界。因此,"科学和科学的预见能使人的生活有保障并给人以力量,但它们也能毁坏人的意识,使人与存在脱离和使存在与人脱离。甚至可以说,科

---

① 舍斯托夫:《雅典和耶路撒冷》,徐凤林译,浙江人民出版社2000年版,第7页。
② 舍斯托夫:《无根据颂》,张冰译,华夏出版社1999年版,第10页。
③ 舍斯托夫:《无根据颂》,张冰译,华夏出版社1999年版,第10页。

学就是建立在人与存在的异化和存在与人的异化的基础上的。在这里，认识着的人在存在之外，被认识的存在则在人之外。一切都成为客体，即成为被异化的和对立的客体。这样，哲学理念的世界不再是我的世界，不再是在我之中被揭示的世界，而是与我对立的，格格不入的世界，客体世界。这就是为什么连对哲学史的研究也不再是哲学的认识，而成为科学的认识"①。别尔嘉耶夫看到，这就是哲学相对科学的地位，这就是科学的恐怖行为。而在尼采看来，科学是有它的极限的，它不能达到存在的深渊，它也不能为人生提供目标和意义。他说："（科学）是冷漠的和枯燥的，没有爱，也不懂得任何'不满'和'渴望'的深情"，"科学只看见知识问题，受苦对于它的世界只是漠不关心，不可理解的事情，至多又是一个问题罢了"②。因此，尼采强调，科学不关心人，人倘若以这种冷漠无情的科学为最高目的，就是丧失了自身，而理性主义偏偏本末倒置地把科学当成了最高目的。

像尼采一样，舍斯托夫也站在极端的非理性主义立场上来反对科学理性对人的无视。他对尼采的反科学理性精神大加赞赏，并引用尼采的话说："你想一下，在一切时代，任何优秀的东西在自己一方都有良心吗？科学，它已无疑是一种优秀的东西，但它长期以来都没有良心，它运用到生活中来，没有任何激情，总是秘密地、转弯抹角地、隐藏在假面具和外罩之下，就像一个罪犯，或者说得好一点，带着一种走私贩应该有的那种感情。"③因此，舍斯托夫指出，科学虽然取得了辉煌的实际成果，但是在理论思维领域里却几乎没有任何建树。"科学之所以能够征服人的心灵，不是因为它能解决心灵的所有疑问，甚至也不像大多数有教养的人所以为的那样。科学证实要使这些疑问获得令人满意的解决是不可能的。科学之所以能吸引人，不是因为它无所

---

① 别尔嘉耶夫：《论人的使命》，张百春译，学林出版社 2000 年版，第 10 页。
② 徐崇温：《存在主义哲学》，中国社会科学出版社 1986 年版，第 89 页。
③ 舍斯托夫：《思辨与启示》，方珊、张百春、张杰等译，上海人民出版社 2005 年版，第 308 页。

不知,而是为了生活福利,长期受穷的人类曾经如此迫切地追求它,犹如一个饱受长期斋戒之苦的乞丐,扑向丢给他的一块面包。社会学被认为是实用科学的桂冠,它许诺要创造公共生活的若干条件,以把悲伤、贫困以及痛苦,永远从地球上消灭。这难道还不够有诱惑力吗?难道为了这一诱人的前景不值得放弃人类历来怀有的虚幻的希望吗?于是乎,取代旧的 credo, guio absurdum(我相信,因为它荒谬),出现了新的 credo, ut intelligam(我相信,为的是理解),需要的仅仅是理解周围世界,使人类幻想所曾描绘过的最伟大的理想实现。高兴之余,谁都没有发现,这次以体现了小心谨慎和怀疑一切精神的科学本身为指导的贫乏的人类理性又一次陷入了窘境。"[①]也就是说,人们没有注意到,科学实际上扼杀了信仰,"在严格的科学研究占主导地位的领域,'信仰'靠近其射程是被严厉禁止的"[②]。于是,在科学精神的教化下,如今连小孩子也知道"信仰是非科学的"。舍斯托夫感叹说:"显然,任何信仰也无法穿透由它们布置的稠密的、岗哨林立的保护网而抵达现代人的灵魂,哪怕信仰并不比一枚大头针更醒目。任何人也不会怀疑当代知识的有益性,即使是最多疑最老练的人,也不会怀疑。"[③]当然,舍斯托夫也并不为此而感到绝望,他甚至断言,科学对人心灵的漠不关心,它隐藏着的不幸,正是悲剧哲学的基础。因为"在生活的可怕之处,则预示着未来"[④]。

---

① 舍斯托夫:《无根据颂》,张冰译,华夏出版社 1999 年版,序,第 7 页。

② 舍斯托夫:《无根据颂》,张冰译,华夏出版社 1999 年版,序,第 6 页。

③ 舍斯托夫:《无根据颂》,张冰译,华夏出版社 1999 年版,序,第 6~7 页。

④ 舍斯托夫:《思辨与启示》,方珊、张百春、张杰等译,上海人民出版社 2005 年版,第339 页。

第三章 悲剧哲学的领域:心灵体验

自苏格拉底以来,哲学家们总是这样教导人们:哲学注定要受自己时代精神的限制,人们没有办法逃脱这种限制。哲学家们也总是有意识地将必然性与自由统一起来,要求人们在生活中让自己的自由意志服从必然性。任何一个人只要想用与当代世界观不同的方法来看待生活,就可能并且应该等待被划入反常人之列。在舍斯托夫看来,这样的哲学无疑是枯燥乏味的,哲学史的任务绝不仅仅在于描述所谓绝对精神的"发展过程"。人类精神还存在无意识的领域,也就是悲剧的领域。在悲剧领域中,一般民众"不愿为了理论和观念而牺牲自己的意志自由,但又不愿公开与理论和正统观念闹翻,而是以阳奉阴违的办法求得自身的安全与良心的宁静"①。只有为数不多的思想家、哲学家,如陀思妥耶夫斯基、托尔斯泰、尼采和克尔凯郭尔等,在与传统分裂的探索中苦苦挣扎,陷入了孤独、绝望、恐惧和苦恼的困境,用自己的生命进行了激烈甚至疯狂的斗争,这其实是一种心灵体验的过程。

第一节 信念的蜕化

在悲剧哲学的领域,人们陷入了绝望和恐惧,甚至用自己的生命

---

① 雷永生:《东西文化碰撞中的人 东正教与俄罗斯人道主义》,华夏出版社 2007 年版,第 355 页。

进行了激烈的、疯狂的斗争。这种过程,更多的是一种内心的斗争、精神的折磨。人们在面对可怕的现状时,总是有一种惯性,即回到自己"平静的过去",恢复"孩提时代的信念",这种信念自苏格拉底以来已经根深蒂固。"它的力量和魅力会消失吗?"舍斯托夫似乎也迷惑了。因为伟大如陀思妥耶夫斯基、托尔斯泰、尼采也在彷徨,只有当他们感到过去的信念是一种廉价的安慰时,才会奋起"撞墙",开始伟大的斗争。在对陀思妥耶夫斯基、托尔斯泰和尼采的剖析中,舍斯托夫领悟到了痛苦的心灵体验。

一、恢复地下室人的权利

如前所述,在所有俄罗斯思想家中,陀思妥耶夫斯基对舍斯托夫的影响最深远。在舍斯托夫的笔下,陀思妥耶夫斯基是一个矛盾的混合体,他心路历程的曲折变化被舍斯托夫无限放大。在《悲剧哲学》一书中,舍斯托夫对陀思妥耶夫斯基信念蜕化的历史进行了详细的描述,并认为这种痛苦历程正是悲剧哲学应有的体验。

(一)希望的哲学

舍斯托夫对陀思妥耶夫斯基前期(主要指《双重人格:地下室手记》以前)的作品评价并不高,甚至有点挖苦。"最受折磨的、最底层的人也是人,并叫作你的兄弟。"[1]这一思想是19世纪50年代以来诸多俄罗斯人的思想。陀思妥耶夫斯基也在多篇作品中进行了引用,"他以新信徒的满腔热忱在自己的言论和作品中常常醉心于'最底层的人'"[2]。在舍斯托夫看来,这种思想是陀思妥耶夫斯基前期作品的主题思想,因为这句话实际上包含着以下两层意思:

---

[1] 舍斯托夫:《思辨与启示》,方珊、张百春、张杰等译,上海人民出版社2005年版,第207页。

[2] 舍斯托夫:《思辨与启示》,方珊、张百春、张杰等译,上海人民出版社2005年版,第209页。

1.它是西方传统人道主义的注脚。西方传统人道主义所构想的人性是仁爱,是善,因而人性的根本应当是爱。"如果说人道主义就是'人之为人之道',那么这个'道'就是爱。爱即善。西方人道主义塑造人,就是要塑造善的人性,就是要让人认识善、拥有善、行善。"①在俄罗斯的思想家中,西方主义者别林斯基无疑深受这种思想的影响,他在《对1847年俄罗斯文学之我见》一文中指出:"人类的救主是为拯救所有的人而来到人世的……他是上帝之子,他以人类的方式爱着人们,对他们的贫穷、肮脏、恶行、倒行逆施、罪孽、丑恶表示同情。"②舍斯托夫认为,别林斯基总是从道德角度来看待所有最出色的文学作品,他关于普希金、果戈理、莱蒙托夫的文章有四分之三是称颂人道思想。别林斯基对陀思妥耶夫斯基的《死屋手记》赞赏有加,认为它是一部"特别"有价值的作品。这部小说在别林斯基小组里被热情传阅,读者由于受到《死屋手记》思想的影响而变得清醒、高尚和容易激动。然而,在别林斯基看到"价值"的时候,舍斯托夫却提醒人们:"哪怕稍微注意一下,少高兴一点,就能发现在《死屋手记》中可以揭示出,在地下室里无法找到的珍珠。"③这种所谓的"珍珠"就在这篇小说的结尾,陀思妥耶夫斯基写道:"在这些墙里白白地葬送了多少青春,多少伟大的力量在这里浪费!要知道已经应该说出一切。要知道这种人是不平凡的人。要知道,也许,这是我们民族中最有才能、最强有力的人。然而强大的力量白白地消耗尽了,不正常地、不合乎规律地、一去不复返地耗尽了……"④陀思妥耶夫斯基因为这段话获得了无限的荣誉,普通民众认为他热爱他人、歌颂最底层的人。这就是陀思妥耶夫斯基崇

---

① 雷永生:《东西文化碰撞中的人　东正教与俄罗斯人道主义》,华夏出版社2007年版,总序,第2页。

② 洛斯基:《俄国哲学史》,贾泽林等译,浙江人民出版社1999年版,第66页。

③ 舍斯托夫:《思辨与启示》,方珊、张百春、张杰等译,上海人民出版社2005年版,第254页。

④ 舍斯托夫:《思辨与启示》,方珊、张百春、张杰等译,上海人民出版社2005年版,第254～255页。

高的人道主义思想的表现。舍斯托夫批评陀思妥耶夫斯基只不过是把这种不成体统的和讨厌的思想伪装起来,因为实际上和陀思妥耶夫斯基一起生活的那些人是被人民抛弃的人和远离祖国的人。陀思妥耶夫斯基关注的不是最底层的人而是自己的道德和良心,在《死屋手记》中充满着善的感化力。在这一点上,陀思妥耶夫斯基和托尔斯泰相同,他们在作品中让破坏道德的人去受惩罚。杰渥什金、里亚德金、娜塔莎、拉斯柯尔尼科夫就是陀思妥耶夫斯基笔下的牺牲品。这样,在舍斯托夫看来,陀思妥耶夫斯基成了以同不道德作斗争为借口而描绘着诱人的有趣图画的说教者。

2. 它是要人们回避苦役的借口。在服苦役之后,陀思妥耶夫斯基写了一系列文章,如《斯捷邦契科伏村和它的村民》、《死屋手记》和《被侮辱与被损害的》等。在这些文章中,舍斯托夫看到了一个铁的事实:陀思妥耶夫斯基在回避苦役。面对苦役,陀思妥耶夫斯基仅仅把它看作是一种临时的考验,把它和新的、伟大的期望结合起来,把整个苦役生活看作是新期望的光芒。苦役不是永远的,而只是暂时的。在一般人看来,这是一种伟大的乐观主义思想和浪漫主义情怀,然而,舍斯托夫却断言,这实际上是要求人们接受现实,顺从命运的安排。在《死屋手记》中,陀思妥耶夫斯基就这样写道:"我不会永远地在这里,而只是待几年,我想重新把头枕在枕头上。"[①]"……我的心那时充满了各种期望。我想过,下过决心,起过誓,在我未来的生活里我不再犯我过去所犯过的错误,不再像过去那样消沉。……我等待着,呼唤自由早点到来。"[②]陀思妥耶夫斯基也确实如自己所说,刑满释放后就只有一个感觉、一个愿望,即自由的感觉和忘掉一切受过的苦痛的愿望。在他创作的第一篇小说《斯捷邦契科伏村和它的村民》中,最敏锐的眼

---

① 舍斯托夫:《思辨与启示》,方珊、张百春、张杰等译,上海人民出版社 2005 年版,第 215 页。

② 舍斯托夫:《思辨与启示》,方珊、张百春、张杰等译,上海人民出版社 2005 年版,第 214 页。

睛也不可能发现作者是个苦役犯的迹象;恰恰相反,你会感到小说家是个无忧无虑、善良而聪明的人。例如,作者给混乱的状况安排了一个幸福的结局,这种大团圆的结局,陀思妥耶夫斯基在任何一部作品中,无论是服苦役前,还是服苦役后,都一次也没写过。无论什么命令落到他的主人公头上,他们总是要自己不使别人痛苦,要别人不使他们痛苦。舍斯托夫感觉到,这种结尾简直就是田园牧歌。他不断地追问:苦役就这样无影无踪了吗? 那些可怕的景象呢? 那些苦难人民的眼泪呢? 陀思妥耶夫斯基有自己的艺术手法,就是将眼泪与幸福联系在一起,他甚至认为自己一生中最幸福的时候是谁也不知道的时刻:他独自一人一边写着稿子,一边由于艺术想象,为胆小如鼠和备受折磨的小官吏马卡尔·杰渥什金的命运而痛哭流涕。在流泪的同时也别忘了高兴。陀思妥耶夫斯基就这样来唤醒人们善良的情感:"心在激烈地跳动,清晰可见,最受折磨的最底层的人也是人,并叫作你的兄弟。"①

舍斯托夫认为,陀思妥耶夫斯基在这一时期并没有抛弃他初入文坛时的信念,即"最受折磨的、最底层的人也是人,并叫作你的兄弟"的思想,仍然深受传统道德法则的影响,对形而上学、自然规律的永恒无限深信不疑。在经历了苦役、流放的痛苦体验后的初始阶段,陀思妥耶夫斯基也仍然坚持自己的理想,相信能把地狱变成天堂。舍斯托夫无奈地表示,这只能说明陀思妥耶夫斯基是一个充满希望的人。所以他认识世界的方法,他的哲学也是希望的哲学。

(二) 绝望的哲学

在悲剧的领域里,陀思妥耶夫斯基的哲学由希望的哲学变成了绝望的哲学,他的信念发生了变化。诚然,这种变化并非一蹴而就。只

---

① 舍斯托夫:《思辨与启示》,方珊、张百春、张杰等译,上海人民出版社 2005 年版,第205 页。

有当人到了具备足够经验和敏锐洞察力的年龄时,在人身上,在他的眼前,才会第二次产生出一些信念,以便追踪自己心灵的这些伟大而深邃的秘密。在舍斯托夫看来,陀思妥耶夫斯基的信念发生变化之前,已经经历了两次严峻的考验。

第一次考验是与别林斯基的决裂。可以说,别林斯基是陀思妥耶夫斯基的文学导师。在结识别林斯基之前,陀思妥耶夫斯基就非常喜欢阅读他的作品,如《巴黎的秘密》、《奥陀耶夫斯基公爵作品集》等,他也常常被别林斯基的爱国热情感动。别林斯基在看了陀思妥耶夫斯基的处女作《穷人》手稿后热情地接待了他,并豪言:"真理已经展现在您的面前,并宣告您是一位有天赋的艺术家,请珍惜您的这份天赋吧! 只要始终不渝地忠实于真理,您就会成为一位伟大的作家!"①虽然陀思妥耶夫斯基和别林斯基的思想有着血源的关系,但两人最终还是决裂了。陀思妥耶夫斯基自己解释说:"我们由于各种不同的原因而分手了,而且是些在各个方面都很不重要的原因。"②这种不重要的原因,在舍斯托夫看来就是"他想倾听老师关于'受折磨的,最底层的人'的主题的评论,老师却在玩朴烈费兰斯,说着不相干的事"③。所以,陀思妥耶夫斯基很正直地经受住了与别林斯基决裂的考验。

第二次考验是由于彼特拉舍夫斯基的事而被逮捕。1849 年 4 月 15 日,陀思妥耶夫斯基在彼特拉舍夫斯基家的集会上朗读了《别林斯基给果戈理的一封信》,信中对当时俄国最迫切的问题——农奴制进行了猛烈抨击。陀思妥耶夫斯基因此而先被判死刑,后又改为流放。沙皇的目的是用死刑来摧毁犯人的意志,使他们彻底放弃原来的追求。但正如舍斯托夫所说,就在这个时候,陀思妥耶夫斯基变得坚强

---

① 格罗斯曼:《陀思妥耶夫斯基传》,王健夫译,外国文学出版社 1987 年版,第 81 页。
② 舍斯托夫:《思辨与启示》,方珊、张百春、张杰等译,上海人民出版社 2005 年版,第 208 页。
③ 舍斯托夫:《思辨与启示》,方珊、张百春、张杰等译,上海人民出版社 2005 年版,第 208 页。

起来,不仅是外表,甚至在他的心灵深处也没有任何动摇。"没有任何东西能毁灭我们,只有我们的信念及责任感来支持我们的精神。"①陀思妥耶夫斯基在当晚写给哥哥的信中这样说:"我的哥哥,我并未感到灰心丧气。生命无处不在。生命在我们自身之中而不是在我们自身之外。在我的旁边还有人们,重要的是,无论多么不幸,都不要绝望,不要倒下——这就是生活的目标,这就是它的目的。"②

陀思妥耶夫斯基在经历了两次严峻的考验后仍然坚持自己的信念,但后来又是什么原因促使他放弃原先的理想而走向绝望哲学呢?舍斯托夫认为,在《被侮辱与被损害的》里,他已经很难坚持这种腔调了。在这本小说里,有些篇幅就披露出新发现的不祥的光芒。在他狂热地推崇现实主义、分析主义、西欧主义的同时,他已经面临伟大的心灵转折的前夜。在他流放的时候,他身上已经产生了一些新的、可怕的因素。这些因素后来发展成另一种哲学,一种真正的苦役哲学,没有希望的哲学,一个地下室人的哲学。陀思妥耶夫斯基的信念发生变化的原因在于,对在苦役中曾幻想的新生活的希望消失了,同时在以前看来是不可动摇的和永远真实的学说的信仰也熄灭了。也就是说,原来的理想崩溃了。显然,"最受折磨的、最底层的人也是人,并叫作你的兄弟",这些话不但没有安慰他,反而变成了一剂毒药。

陀思妥耶夫斯基原来的理想为什么会崩溃呢?舍斯托夫后来在为纪念陀思妥耶夫斯基诞辰一百周年而写的《战胜自明》中进行了更深入的分析:"但是,看来他越是努力,他取得的成功就越少。他开始发觉,自由生活越来越像苦役生活,他在监狱生活之前的'整个天空'本来是无限的,就其无限性而言是有许多许诺的,可是如今却像他那牢房的矮小棚顶一样,令人感到憋闷和窒息。理想,即被算作凶犯的

---

① 舍斯托夫:《思辨与启示》,方珊、张百春、张杰等译,上海人民出版社 2005 年版,第210 页。

② 雷永生:《东西文化碰撞中的人　东正教与俄罗斯人道主义》,华夏出版社 2007 年版,第97 页。

他生活在最渺小人们中间同他们共命运时用以安抚自己疲惫不堪心灵的理想，并没有变得崇高，没有得到解放，而是像囚犯的镣铐一样，受到束缚和蔑视。天空令人窒息，理想遭到禁锢——整个人类生活，如同死屋囚犯生活一样，正在变成一场噩梦……"[1]陀思妥耶夫斯基在这时已经明白，他在监狱生活中和获得自由的最初岁月里所拥有的理想，只是一种靠不住的信念。他曾教导过人们去相信，要用作家与读者的眼泪去洗刷被侮辱和被压迫的人的可怕命运。他的幸福、他的灵感曾来源于"最底层的人"、"兄弟"……只有在那个时候，当人亲眼确信，他多年来一直珍藏在心中并且奉为伟大而神圣的真理却是这种该死的谎言的时候，他才开始明白，不能相信"思想"。陀思妥耶夫斯基的激情耗尽。行善，为思想服务不再能继续鼓舞他了。

于是，舍斯托夫看到，当人们梦寐以求的愿望（农奴制废除）实现的时候，只有陀思妥耶夫斯基一个人没有分享大家的欢乐。不但如此，其竟使陀思妥耶夫斯基本人感到恐惧！因为这种俄罗斯的理想并不是他的理想。舍斯托夫断言，现在已经清楚了，为什么陀思妥耶夫斯基不能够回到过去的那种平静中去，不能够回到对直爽的人来说是精神解脱和彻底完善的那堵墙那里去。那么，当已不可能开始重新生活的时候，当和过去决裂就意味着重新埋葬自己的时候，当一个人在自己本人身上揭示出这种不合情理的讨厌的思想的时候，他该怎么办呢？舍斯托夫说，"他躲进了地下室"。

在地下室里，陀思妥耶夫斯基发现了自己生活的虚伪，感到了恐惧并立即和自己过去的一切决裂。"我不能，不能再继续伪装了，我不能生活在这种思想的谎言之中，而别的真理我又没有；随它怎么样吧。"[2]舍斯托夫感叹：没有一次，没有一个俄罗斯作家会说出这样没

---

① 舍斯托夫：《在约伯的天平上》，董友、徐荣庆、刘继岳译，三联书店1989年版，第28~29页。

② 舍斯托夫：《思辨与启示》，方珊、张百春、张杰等译，上海人民出版社2005年版，第222页。

有希望、这样绝望的"话"。在绝望中，陀思妥耶夫斯基彻底抛弃了原来的信念，"我需要安静。我要别人不来打搅我，整个世界现在为了一个戈比就被出卖了。要不世界完蛋，要不我没茶喝？我说，世界完蛋吧，而我要永远有茶喝"①。舍斯托夫认为，这无疑是撕裂心灵的可怕号叫。这一号叫发自一个曾经使自己和别人深信生活的最高目的就是为最底层的人服务，而现在他突然醒悟自己一生都在撒谎。以前他一直认为是命运安排他来从事伟大的事业的，现在他却突然感到，他一点也不比别人更好，他很少有任何思想，就像一个平常的平凡人一样。

舍斯托夫认为，陀思妥耶夫斯基整个信念变化的历史，是从希望哲学变成绝望哲学，简单地说就是恢复地下室人的权利，即"世界完蛋吧，而我要永远有茶喝"的宣言。这一宣言，标志着陀思妥耶夫斯基真正走进了悲剧哲学的领域。在这个领域中，陀思妥耶夫斯基不希望在未来有普遍的幸福，不希望用未来来抵偿现在。他需要别的补偿，他宁愿在疲惫不堪之时把头撞在墙上，也不满足于以仁爱的理想来安慰自己。因为，真正的哲学是悲剧的哲学、苦役的哲学。

二、与共同世界的决裂

托尔斯泰的小说与陀思妥耶夫斯基的作品一样，是俄罗斯和世界文学史的不朽之作。在50岁那年，托尔斯泰的思想观念发生了重大变化，用舍斯托夫的话来说就是与共同世界进行了决裂。托尔斯泰的伦理思想是以基督教学说为基础的道德哲学，舍斯托夫对此进行了猛烈的抨击（详见第二章第三节），但对于托尔斯泰与共同世界决裂的内心挣扎，舍斯托夫却评价颇高，他认为这种精神危机很好地体现了悲剧哲学领域的信念蜕化。

---

① 舍斯托夫：《思辨与启示》，方珊、张百春、张杰等译，上海人民出版社2005年版，第221页。

（一）共同世界

什么是共同世界？舍斯托夫借用亚里士多德的话说："每一个作梦的人都有自己个人的世界，而所有醒着的人则有一个共同的世界。"①换言之，每一个活着的人、正常的人都必须遵守现行世界的共同规则，"共同世界"就是大家必须遵守其固有规则的世界。这个原理不仅是亚里士多德哲学的基础，而且是在他之前和之后一切科学的实用哲学的基础，这个原理被公认为是无可争辩的真理，是普通的常识。"所有人都深信，他们的睡梦，他们的生活，他们的'共同'世界乃是唯一的、最后的、最终的现实，尽管任何人在任何时候都没有听说过亚里士多德。"②如果有人否认"共同世界"及其坚定的信仰、自明的真理，那么他就会被当作一个病人或疯子而被逐出社会，逐出"共同世界"。托尔斯泰就有这方面的经历，他说："今天，我被带到省公署来作证，结果意见分清了。他们有争论，却决定我不是疯子。但他们之所以这样决定，是因为我在论证时一直竭力保持镇静，而不表示意见。我之所以不表示意见，是因为我怕疯人院，怕在那里妨碍我做我的疯事。他们认为我情感容易激动，可又算得了什么，但头脑健全。可是，我知道，他们认定我是疯子。"③"共同世界"就是具有这样的权力，因为与共同世界相伴的是自明真理。在人们的共同世界里，不能靠信仰获得拯救，珍惜和需要的是事业，用事业来表白自己。

舍斯托夫认为，托尔斯泰在思想发生蜕变前，他是活在"共同世界"里。他本能地害怕"疯人院"，更害怕疯狂。也就是说，害怕不在

---

① 舍斯托夫：《在约伯的天平上》，董友、徐荣庆、刘继岳译，三联书店1989年版，第98页。

② 舍斯托夫：《在约伯的天平上》，董友、徐荣庆、刘继岳译，三联书店1989年版，第107页。

③ 舍斯托夫：《在约伯的天平上》，董友、徐荣庆、刘继岳译，三联书店1989年版，第100～101页。

共同世界中而在自己的个人世界中生活。所以,他作了最大的努力,要"像所有人那样"生活,只看见不把人逐出常规的东西。当他在写作《战争与和平》和《安娜·卡列尼娜》时,亚里士多德的思想还完全控制着他,他害怕疯人院和疯狂,并希望任何时候都不需要在自己的"特殊世界"中生活。为什么这样认为呢?要知道,《战争与和平》和《安娜·卡列尼娜》可是世界文学史上的巨著。屠格涅夫就认为,"由于《战争与和平》的问世,列夫·托尔斯泰已经在我们所有当代作家之中居于首要地位"①。俄国作家列斯科夫认为托尔斯泰以"杰出的技艺和惊人的敏感"描绘出了宏伟的历史画面,以"真实而敏感的艺术家的生花妙笔"刻画出了一系列成功的历史人物。《安娜·卡列尼娜》同样被誉为是一部文学巨著,陀思妥耶夫斯基就说:"这是一部前所未有的作品,第一流的作品……作为一部文艺作品是完美无缺的……当代欧洲文学中没有一部作品可以与之媲美。"②然而,在屠格涅夫、列斯科夫和陀思妥耶夫斯基共同认可的美好之处,舍斯托夫却看到了不一样的东西。

舍斯托夫强调,《战争与和平》中的人物是历史,仅仅是历史。但托尔斯泰却用另一种态度来看待他们,他想在他们身上看到永恒的、不变的东西。娜达莎、罗斯托夫、玛丽亚公爵是些刚刚过时的人物,他们不得不让位于新的"孤独和厌世的人",也就是地下室的人。托尔斯泰却坚持,他们都是当今的主人公。"在陀思妥耶夫斯基那里,地下室人发现了自己生活的虚伪,就感到恐惧并立即和自己过去的一切决裂。在托尔斯泰伯爵那里,他的主人公们从来也未停止相信'美和崇高',即使在那个时刻,当在他们面前充分明显地表现出现实和理想不一致的时候。"③所以,对于俄国军队的失败、莫斯科的沦陷等,都没给

---

① 童一秋:《列夫·托尔斯泰》,吉林文史出版社 2006 年版,第 33 页。
② 童一秋:《列夫·托尔斯泰》,吉林文史出版社 2006 年版,第 41 页。
③ 舍斯托夫:《思辨与启示》,方珊、张百春、张杰等译,上海人民出版社 2005 年版,第 227 页。

《战争与和平》的主人公们以过分忧郁的影响;相反,托尔斯泰却提醒我们,"对于 1812 年的优秀人物来说俄罗斯的不幸要比他们个人的痛苦小得多"①。于是,我们看到托尔斯泰在《战争与和平》的结尾写道:"我拜倒在罗斯托夫的脚下,而不是普希金或者莎士比亚的脚下,这一点我向大家公开声明。"②舍斯托夫讽刺说,这真是一个大胆的、有意识的召唤,是向所有有教养的人发出的召唤。

舍斯托夫认为,托尔斯泰在《安娜·卡列尼娜》中把自己的家庭描绘得像田园一般的美妙,把生活描写得像迷人的舞会。"让莎士比亚们去描写自己的悲剧吧,而我不想知道任何类似的东西。"③于是,托尔斯泰的小说就以音乐、舞蹈、香槟酒、高贵清秀的上层人们,当然还有一个迷人的年轻姑娘和一个迷恋着她的年轻人来展开。托尔斯泰自己也说:"为了作品的美好,就必须喜欢其中的主要的基本思想。因此,在《安娜·卡列尼娜》里,我喜欢家庭的思想。"④托尔斯泰公开地赞扬这种家庭幸福,然而,在这种美好的家庭幸福下却隐藏着农奴制的惨状。托尔斯泰坦言:"我知道,在我的长篇小说中找不到的这种时代性是什么,这就是农奴制的惨状:用妇女打墙基、鞭打成年的儿子、萨耳台奇哈,等等,这种存在于我们观念中的时代性,我不认为是对的,也不想表现它。……在那个时代同样热爱、羡慕、寻找真理,有美德,醉心于激情;同样有复杂的理性道德生活。"⑤舍斯托夫认为,托尔斯泰也知道农奴制的"法律"是什么,在地主的无限权力下的农民生活

---

① 舍斯托夫:《思辨与启示》,方珊、张百春、张杰等译,上海人民出版社 2005 年版,第 227 页。
② 舍斯托夫:《思辨与启示》,方珊、张百春、张杰等译,上海人民出版社 2005 年版,第 240 页。
③ 舍斯托夫:《思辨与启示》,方珊、张百春、张杰等译,上海人民出版社 2005 年版,第 241 页。
④ 童一秋:《列夫·托尔斯泰》,吉林文史出版社 2006 年版,第 31 页。
⑤ 舍斯托夫:《在约伯的天平上》,董友、徐荣庆、刘继岳译,三联书店 1989 年版,第 108 页。

是怎样的,但是他不愿"看到"这些。因为,"这种看到很难破坏历史上形成的 Ordo et connexio rerum(秩序与事物的结合)以及人们的共同世界(超出这个世界便是疯狂和灭亡)"①。因此,托尔斯泰教导我们,"我们大家都完全地属于社会,完全地为社会而活着,因为我们习惯于不仅说的而且想的都只能是社会要求的东西"②。舍斯托夫看到,托尔斯泰在写《战争与和平》、《安娜·卡列尼娜》时,在对地主生活的颂扬时,恰恰是他本人从傻瓜手里极便宜地买到庄园,无情地欺负无地的农夫的时候。这就是一切,这一切都是合法的,甚至是神圣的,因为人们的共同世界就是靠这一点维持的。否认这一点,那你就将必须建立自己的个人世界。

(二)个人世界

在舍斯托夫看来,托尔斯泰思想的激变始于著名的"阿尔扎马斯之夜"③。1869 年 9 月,托尔斯泰去平扎省置买田产,夜宿在小镇阿尔扎马斯的一个旅店。事后,托尔斯泰在给妻子的信中写道:"我在阿尔扎马斯过夜,突然产生了异乎寻常的念头。夜里两点钟,我苦恼、害怕、恐惧起来,这是我从未有过的感受。这种感觉的细情我将来告诉你,但这种令人痛苦的感觉我从未经受过,上帝也没有叫谁经受过。"④后来,托尔斯泰在没有完成的《狂人日记》中详细描述了这种感受:"我曾试想,是什么东西占据了我的心灵:是买到的东西还是妻子。

---

① 舍斯托夫:《在约伯的天平上》,董友、徐荣庆、刘继岳译,三联书店 1989 年版,第 108 页。

② 舍斯托夫:《在约伯的天平上》,董友、徐荣庆、刘继岳译,三联书店 1989 年版,第 110 页。

③ 有学者认为,舍斯托夫的说法有矛盾:阿尔扎马斯之夜发生在托尔斯泰 40 岁时,与公认的托尔斯泰在 50 岁时精神发生剧变,即写出《忏悔录》有十年差距,期间托尔斯泰写了《安娜·卡列尼娜》,而该书的思想被舍斯托夫列为"共同世界"的思想。

④ 舍斯托夫:《在约伯的天平上》,董友、徐荣庆、刘继岳译,三联书店 1989 年版,第 102～103 页。

没有什么值得快活的,这一切都成了虚无。怕死盖住了一切。应该睡了。本来我已躺下,但刚一躺下,突然由于惊骇又坐了起来。苦恼,就像呕吐前常有的苦恼一样,但也只是精神上的苦恼。不得了,真可怕。看来,死是可怕的。如果你想起生,那末快要死的生是可怕的。不知怎么地生和死融为一体。不知是什么要把我的心撕得粉碎,但却不能撕碎。我又看了看睡着的人,再一次试着入睡,可是原来的那种惧怕又成了红的、白的、方的。不知什么东西被撕裂,但却没有撕破。"①对托尔斯泰的这种心理迹象,舍斯托夫表达了异乎寻常的关注,认为这是人们从平常生活的"共同世界"落入"个人世界"的例证,是绝望的人们在悲剧的领域所应有的表现。因此,舍斯托夫认为,"狂人日记"可以看作是托尔斯泰 50 岁以后所写的全部东西的总标题,在某种意义上可以看作是托尔斯泰创作的关键。

在这里,舍斯托夫反复强调阿尔扎马斯之夜降临的突然性:"没有任何明显的外部原因,突然被可怕的难忍的苦恼所惊扰。周围没有发生任何变化,没有发生任何事情,一切照旧。""托尔斯泰突然无缘无由地焦虑不安。"②在舍斯托夫看来,托尔斯泰摆脱"共同世界"进入"个人世界"的心路历程并不平坦。在阿尔扎马斯之夜以前,托尔斯泰就三次突然被恐惧感所控制:第一次发作时,托尔斯泰在几个小男孩的身边突然号啕痛哭起来;第二次,托尔斯泰正躺在床上,但在听到女管家关于愤怒的谈话后,突然感到像遇到恶魔诅咒一样的恐惧和痛苦;第三次,当阿姨不能回答他基督是怎样受到折磨时,托尔斯泰又一次号啕痛哭并以头撞墙。可以看出,托尔斯泰一生在心灵中都觉察到那个把自己逐出"共同世界"的东西。

那么,如何理解这种突然出现的无缘无由的红的、白的、方的恐惧

---

① 舍斯托夫:《在约伯的天平上》,董友、徐荣庆、刘继岳译,三联书店 1989 年版,第99 页。

② 舍斯托夫:《在约伯的天平上》,董友、徐荣庆、刘继岳泽,三联书店 1989 年版,第 99、100 页。

呢？舍斯托夫认为，这种恐惧在"人们的共同世界"中是没有的，也是不应当有的。如果真的接受《狂人日记》中所说的，那就没有别的出路，必须摒弃托尔斯泰，把他同社会隔开；否则，"人们的共同世界"就将土崩瓦解，人们将由不眠之人变成好做梦者，每个人都将不是在睡梦中而是真的有自己个人的世界。"共同世界"的美梦，也正是果戈理的《死魂灵》所要揭发的。舍斯托夫极为推崇果戈理，他甚至认为能理解一切的普希金也没有看出《死魂灵》的真正意义。普希金以为这是无知识的、粗野的、落后的俄国哀歌。但是果戈理并不是在俄国看到了《死魂灵》。在他看来，整个世界是一个中了魔的王国：他们顺从地、自动地执行着从外部授给他们的命令。所有人都深信，他们的睡梦，他们的生活，他们的"共同世界"乃是唯一的、最后的、最终的现实。只有死亡以及死亡的疯狂，才能把人们从生活的噩梦中唤醒。"'疯狂'在于，从前以为是真实的、真正存在的东西，现在看来是虚幻的东西，从前以为是虚幻的东西，现在则以为是唯一真实的东西。"①因此，舍斯托夫断言，当托尔斯泰被迫对自己说"他们认为，而我也知道，我是疯子"时，他就感到自己已从"共同世界"中被驱逐出来。"他们以为我头脑健全，但我知道，我是疯子。"②这个自白为我们打开了通往托尔斯泰最重要的、最有意义的内心感受之路。

舍斯托夫坚信，托尔斯泰在其一生的最后十年中所给予我们的则是真正哲学创作的榜样。"他所做的一切，只有一个意思和一个目的：削弱他同过往的暂时的世界，即'共同世界'的联系，从自己的生命之船上抛掉使它保持平衡，但同时又不让它脱离地球的沉重的压舱

---

① 舍斯托夫：《在约伯的天平上》，董友、徐荣庆、刘继岳译，三联书店1989年版，第107页。

② 舍斯托夫：《在约伯的天平上》，董友、徐荣庆、刘继岳译，三联书店1989年版，第112页。

物。"①然而,托尔斯泰似乎践踏了在人们看来是最贵重的东西,他侮辱了最神圣的东西,动摇了基础,因此,他所带来的和可能带来的只是一些苦难。事实上,"当托尔斯泰不再继续发表反对意见的时候,大家都准备承认他的思想是新奇的、有趣的,都乐意承认他的这些优点。但是,刚一开始'具体化',大家就像一个人一样起来反对托尔斯泰"②。也就是说,自从托尔斯泰开始按新方式生活的时候起,和谐、友谊、爱情都完蛋了。它们不能分开,但共同生活是用一条锁链禁锢起来的苦役犯人的生活。"在托尔斯泰变化之后,与理性直接敌对的因素开始降临到他的家庭。所有的亲人都愤恨他,而且在他所援引的用来保护和表白自己的理由中,任何人都找不到一点令人信服的东西。"③因为,对家庭来说,"共同世界"是唯一实在的世界。只有在这个世界里,才有最初的和最后的真话,才有在不久以前托尔斯泰本人为之辩护的真话。人们不能接受,不久以前在《安娜·卡列尼娜》中,托尔斯泰把自己的家庭描绘得像田园诗一般的美妙,现在他竟不能忍受这个家庭。人们也不能接受,托尔斯泰在青年时代和成年时代把生活描写得像迷人的舞会,到老年时期却把生活描写得像折磨人的列队鞭笞。就如短篇小说《舞会之后的早晨》那样,把自己的新旧"幻想"加以对质。

托尔斯泰切身地感受到,"他如此郑重赞扬的'宗教武器'并没有帮助他走上平坦而宽阔的大道,而是越走就越陷入死胡同"④。他也明显感觉到,自己已是一个软弱无力的老人,"他的声望愈高,他就愈

① 舍斯托夫:《在约伯的天平上》,董友、徐荣庆、刘继岳译,三联书店 1989 年版,第 113 页。
② 舍斯托夫:《在约伯的天平上》,董友、徐荣庆、刘继岳译,三联书店 1989 年版,第 114 页。
③ 舍斯托夫:《在约伯的天平上》,董友、徐荣庆、刘继岳译,三联书店 1989 年版,第 116 页。
④ 舍斯托夫:《在约伯的天平上》,董友、徐荣庆、刘继岳译,三联书店 1989 年版,第 118 页。

因意识到自己的虚弱和渺小而强烈地感到痛苦。他渴求声望，——这是真话。但他需要声望，只是为了获得践踏它的权利和机会。仅仅为了加以抛弃而需要的声望，不是想象的英雄的虚幻声望，而是贤哲和遵守教规者的实在声望"①。他非常可怕地感到，他被迫承认，无论过去还是现在，除了自己的意志之外，他所做的一切都不是为了崇高的真理，而是为了人们的偏见所要求于他的东西。因为理性的崇高任务就在于把人们引到一个神圣的地方，用一个信念和一个事业把他们联合起来。

因此，晚年的托尔斯泰常常自问："我做的事情有多少是为了上帝，有多少是为人？""如果慈善事业不能拯救自己，如果慈善事业不合上帝的心意，那又该怎么办呢？"②舍斯托夫认为，对这些问题作出"令人满意的"回答，也就是说，提出人的个体理性或集体理性可以接受的某种东西，托尔斯泰已经不能了。因为，"在他心中一切都乱了。他越出了人的眼光可以清楚地识别事物的界线。他眼前一片漆黑，迄今生活在光明中并最珍视光明的他，——不仅什么都不能干，而且也不能干人们在光明中所能干的任何事情。甚至也不能'想'。因为人们通常是为了行动才去想的。在这里，事业是没有的，也是不可能有的。因而，就是要想，也应该完全不像人们在'人们的共同世界'中那样去想。一切都必须重建，一切都要从头开始……"③于是，托尔斯泰借谢尔盖神父之口开始向上帝祷告："主啊，上天的主宰，安慰者，真理之灵啊，来吧，进到我们的心中来吧，清洗我们身上的一切污秽肮脏的东

---

①　舍斯托夫：《在约伯的天平上》，董友、徐荣庆、刘继岳译，三联书店1989年版，第118页。

②　舍斯托夫：《在约伯的天平上》，董友、徐荣庆、刘继岳译，三联书店1989年版，第120、121页。

③　舍斯托夫：《在约伯的天平上》，董友、徐荣庆、刘继岳译，三联书店1989年版，第121页。

西,上帝啊,拯救我们的灵魂。"①

舍斯托夫断言,无论是祈祷还是慈善事业,都像托尔斯泰多年前关于妻子、庄园等思想一样,无助于他摆脱"恐惧"。无论是一种活的思想,还是一种活的情感:一切都死了,除了绝望之外。"我们为什么为他而苦恼? 用不着为他而苦恼:谁感到疲乏,谁就有权掉队和走进另一个地方。托尔斯泰的祈祷和善事本来就是落后的。"②为什么呢?舍斯托夫认为,根本原因在于:托尔斯泰差不多从来都没有公开拒绝服从"理性"。"尼古拉·伊万诺维奇说出了托尔斯泰直到临死时还认为是同自己的全部生存有机地联结在一起的思想:理性对一切人只有一个,它本身也永远相同。"③而理性及其必然性却正是舍斯托夫所极力反对的。当然,虽然托尔斯泰并没有如舍斯托夫的意去反对理性,但他从"共同世界"进入"个人世界"的内心体验却是舍斯托夫所肯定的。

三、用自己的眼睛看世界

陀思妥耶夫斯基用地下室人的号叫诋毁了过去曾崇拜的一切,他不仅仅憎恨自己过去的信念,而且唾弃它。舍斯托夫相信,在当代,除了陀思妥耶夫斯基,另一个人就是尼采了。因为"如果使人亲近的不是出生的关系,不是共同的生活或性格的相同,而是内部经验的一致,那么可以毫不夸张地称尼采和陀思妥耶夫斯基为兄弟,甚至是一对孪生兄弟"④。确实,从信念的蜕变来看,尼采也经历了与陀思妥耶夫斯

---

① 舍斯托夫:《在约伯的天平上》,董友、徐荣庆、刘继岳译,三联书店 1989 年版,第 121～122 页。

② 舍斯托夫:《在约伯的天平上》,董友、徐荣庆、刘继岳译,三联书店 1989 年版,第 122 页。

③ 舍斯托夫:《在约伯的天平上》,董友、徐荣庆、刘继岳等译,三联书店 1989 年版,第 115 页。

④ 舍斯托夫:《思辨与启示》,方珊、张百春、张杰等译,上海人民出版社 2005 年版,第 201 页。

基一样的内心痛苦与挣扎。

（一）可怜的仆人

青年尼采曾是一个浪漫主义者，一个脱离现实的幻想家。舍斯托夫认为，这一思想可以从他的第一部作品《悲剧的诞生》，甚至论文《作为教育家的叔本华》和《瓦格纳在拜罗伊特》中看出。在他看来，由于尼采受到特殊的娇惯教育，这种浪漫主义早在少年时代就完全控制了他容易轻信的心灵。像《悲剧的诞生》一样，它们都是最纯洁的浪漫主义，也就是用现成的诗歌形象和哲学概念多多少少地做着妩媚的游戏。对于青年的尼采来说，他把自己仅仅看成是瓦格纳的可怜的仆人，而叔本华的话就是法律。谁在年轻的时候不曾信仰自己的导师和理想呢？舍斯托夫认为，尼采只不过是对其原则的牢不可破性的信仰更加完整、更加彻底，也更加奋不顾身罢了。他扑灭了自己身上的一切，包括所有的自然本能和需求，而那些品德最高尚的人，则往往善于使它们服从自己的意志。尼采直言："我属于叔本华的读者之列。这些读者只要读了一页他的作品，就已经大概知道，他们要读完他写的一切，并且都仔细地注意倾听他的每一句话。他立即赢得了我的信任，即使是现在这种信任也并不比 9 年前弱。我理解他，仿佛他就是故意为我写的一样。"[1]在舍斯托夫看来，这个时候的尼采"不曾料到什么地方会有危险临头，他恰像一个幼小的婴儿，轻信而又安详。他行'善'，他过着一位德国教授所过的纯洁而又诚实的生活，他研究叔本华，与瓦格纳过从甚密，而为了所有这一切——当时他曾把所有这一切当作是最重要和最必要的——他摈弃了现实生活"[2]。舍斯托夫相信，这个时候的尼采同托尔斯泰一样，以为生存的无根性能靠兄弟

---

[1]　舍斯托夫：《思辨与启示》，方珊、张百春、张杰等译，上海人民出版社 2005 年版，第 287～288 页。

[2]　舍斯托夫：《无根据颂》，张冰译，华夏出版社 1999 年版，第 195 页。

之爱与同情(即善)来得到拯救,于是他认可了形而上学的善,把善的观念视为上帝。为什么这样认为呢?

尼采说:"开始一天的最佳方式是:醒来后要想一想,今天我能否无论以什么为由而令哪怕任何一个人欢乐。如果能以此取代旧有的宗教习惯的话,那么人只能从这种替换中获益。""要想赋予幻想中的生物以爱心和善意,则世上业已有的爱心和善意还远远不够。"①舍斯托夫认为,尼采上述所说实际上已经证明"上帝即善"和"上帝死了"表达的是同一个意思。尼采只不过是在寻找另一个避难所,想在那里找到得以令他摆脱如影随形追逐他的那种恐惧感。"他急匆匆地奔向'善',因为他已经习惯地认为,善是全能的,善能取代一切,善即上帝,善高于上帝;假如人类能把自己的全部爱心,不是交给上帝,而是给予邻人的话,那他只能从中获益。正如读者所知,这一思想是纯粹托尔斯泰式的。"②舍斯托夫质疑,善竟能像哲学家们说的那样,代替一个人整个的一生吗?事实上,尼采也在为他的这种行为付出代价。当他"远离生活,躲在寂静的书房里创建新理论(他当时把这当作是行善)时,他还不知道,甚至连想都没想到,为了自己的诚笃,他付出的代价简直可以说是闻所未闻。假如他能在哪怕一分钟时间里,想象一下未来等待他的究竟是什么的话,他毫无疑问也会认真地反思一下自己所选择的道路的"③。

只是到了最后,尼采才终于明白,美德并不能保护他不受任何事的侵扰。科学无法为其提供任何帮助,也无法消除痛苦的心灵的焦渴。科学在他眼中不过是一具骷髅!学术体系的清晰性、完善性只会令他感到屈辱。他无法理解,人们怎么会对逻辑体系和直观外部世界感兴趣,却对他们为之饱受痛苦和折磨的一切一无所感,对导致他们

① 舍斯托夫:《无根据颂》,张冰译,华夏出版社1999年版,第240、241页。
② 舍斯托夫:《无根据颂》,张冰译,华夏出版社1999年版,第241页。
③ 舍斯托夫:《无根据颂》,张冰译,华夏出版社1999年版,第195页。

恐惧的事物十分冷漠呢？总之,尼采对之寄予厚望的科学,本应成为其生活的全部欢乐、宗教的全部安慰的科学,并未给他提供也不可能给他提供什么。他所需要的东西科学里是没有的。"他离开了学术之家,并砰地关上了身后的大门。"①可一个现代人又该往哪儿走呢？何处是拯救之路？但一切似乎已经"太晚了",尼采在将近15年的时间里,一直处于死亡和疯狂的边缘。"'我很难接受生活'他说,'我希望我的痛苦很快就该有个了结了。'"②可以看出,只有达到极点的痛苦,才是最后一位精神解放者;只有达到极点的痛苦,才能迫使这些哲学家下潜到我们心灵的最底层,把我们从前曾经认为使我们人性之所在的一切,统统从身上抛开。舍斯托夫相信,在尼采之前,尚无人敢于公开地以自己的经验,对"善"的众所公认的主权进行检验。在无限悲痛中,尼采从一位可怜的仆人向生活的辩护人转变。

(二)生活的辩护人

舍斯托夫认为,《人性的,太人性的》一书是尼采信念发生蜕变,摆脱瓦格纳与叔本华思想影响的标志。在这本书中,尼采还是有生以来第一次,胆怯而小心地用自己的眼睛来看世界和人们。当然,尼采思想蜕化的过程充满了常人难以想象的痛苦,尼采不愿让人知道也没有人能理解他的痛苦。"毫无疑问,无论尼采还是托尔斯泰伯爵,在与其学生说话时,都采取了中学生的方式,只向他们交代一起现成的'结论',而向他们隐藏了其内心深处不平静而又艰巨的斗争,因为他们觉得这种内心斗争,是专属于'导师'们的事儿。"③舍斯托夫为尼采感到愤愤不平,人们只会喊叫着,他背弃了过去的信念,但对尼采心灵中的突然转折的原因并不感兴趣。

---

① 舍斯托夫:《无根据颂》,张冰译,华夏出版社1999年版,第267页。
② 舍斯托夫:《无根据颂》,张冰译,华夏出版社1999年版,第196页。
③ 舍斯托夫:《无根据颂》,张冰译,华夏出版社1999年版,第235页。

尼采自己承认,《作为教育家的叔本华》和《瓦格纳在拜罗伊特》写成的时候,无论是对叔本华的哲学,还是对瓦格纳的艺术,他都已经不相信了。而同时这些文章还一味地大肆赞扬他们。为什么需要这种虚假呢？他认为,人可能产生的最大恐惧,就是脱离老师,背叛过去的信仰和信念。他恐惧地感到,在他的心灵里一种前所未有的讨厌的和可怕的东西在骚动。他处在痛苦和绝望之中。《瓦格纳在拜罗伊特》和《作为教育家的叔本华》之所以写出来,仅仅是因为尼采仍然一直继续在自己身上感到瓦格纳的观点,并且无力同他的引路人的影响作斗争。尼采是一个高傲的人,他不愿公开自己的伤口,他想掩盖起来,不让外人看见。显然,要做到这一点,就必须为叔本华和瓦格纳写一些狂热吹捧的文章,尽管他在心灵里已经几乎在恨他们,因为他认为他们是自己过去不幸的主要罪人。舍斯托夫认为,这并不是表示感谢的方式,而是有更深层和严肃的原因。也就是说,他不知道他离开他们后应往哪里走！

尼采的朋友没有想到要帮助他,相反,他们变成了他的敌人。瓦格纳在之前还高度评价过尼采的文学活动,但在读了《人性的,太人性的》之后则表示愤慨,以至于不认为至少应该试图来劝劝自己的青年朋友和学生。尼采处于一生中最困难的时刻,当人最需要精神支持的时候,尼采却完全孤独。"他在生活中第一次感到,什么是完全的孤独。整个世界在反对他,因此,他也反对整个世界。妥协、让步、赞同——是不可能的。因为二者必取其一:要不尼采正确,要不他的悲剧真的是那么沉重,那么骇人听闻……在'世界'的一方,有过去的一切悲剧,整个人类世世代代的智慧。……而在尼采的一方,除了只有绝望以外,他这一方还有什么东西呢？"①其实,"在生活中真正困难的时刻,朋友的支持一般没有任何作用,也不可能给人提供什么,而只是

---

① 舍斯托夫:《思辨与启示》,方珊、张百春、张杰等译,上海人民出版社2005年版,第305页。

会用厌烦的要求坦白和承认来使他苦恼。在这种时候最好让他独自一人。有足够的力量忍受自己的不幸,就会成为胜利者"①。舍斯托夫很理解尼采的痛苦,确实,"无论人怎样蔑视自己,在他的心灵深处总还生存着希望,他总还在探索摆脱困境的出路。而人们的判决却是无情的、确定的、彻底的"②。如果尼采还记得叔本华,那么,已经不是为了在他那里寻找安慰或者支持,而是为了咒骂他,因为他扼杀了尼采的少年时代。本来,"尼采想要有机会来运用叔本华哲学实现自己庇护的公共道德的高要求……不是空喊,而是一股伟大的力量,它鼓舞人,并给人以顺从地忍受最痛苦命运的勇气。但是尼采所做的却正好与他从伟大的教育家叔本华那里得到的、他过去的'信念'所要求的一切相反"③。

其实,相信叔本华的学说和迷恋瓦格纳,对他人来说,也不总完全是必然有害的。"浪漫主义并非总会糟蹋和歪曲人的命运。相反,它常常使人们幸福地避免和现实冲突,并且促使长年保持那种纯洁的心地,那种明亮和幸福的观点,那种对生活的信心,而这些又是我们在各种哲学中给予最高评价的东西。……他本来可以教人们同生活的恐惧相妥协,可以像他的前辈那样做,颂扬'哲学家、艺术家和圣徒'。"④然而命运却并非如此,它给尼采提出了一个不大而且又很简单的问题:他自己的未来。"但是这位敏锐的、敢于正视全世界的恐惧的哲学家,在这个不复杂和看起来很容易的任务面前,发窘了并束手无

---

① 舍斯托夫:《思辨与启示》,方珊、张百春、张杰等译,上海人民出版社 2005 年版,第 282 页。

② 舍斯托夫:《思辨与启示》,方珊、张百春、张杰等译,上海人民出版社 2005 年版,第 282 页。

③ 舍斯托夫:《思辨与启示》,方珊、张百春、张杰等译,上海人民出版社 2005 年版,第 286~287 页。

④ 舍斯托夫:《思辨与启示》,方珊、张百春、张杰等译,上海人民出版社 2005 年版,第 288 页。

策。"①有的时候,尼采努力使自己新的现实和旧的现实的"信念"协调起来。然而,这种希望是错误的,他已经发现,按旧的方式生活是不可能的。"他否定了原来的上帝,沿着新的道路走下去,尽管新的道路除了危险、折磨人的猜疑和永恒的孤独以外,决不会给予他任何其他的东西……"②舍斯托夫强调,尼采不是顺从,不是在不幸之中为人类过去的成就和新的希望而感到高兴,不是最能和《悲剧的诞生》中所说的信念相一致,他决心用自己的命运来检查千百年来遗留给我们的,人类最优秀的智慧多次出色地证实了的理想的真实性和正确性。

那么,尼采用什么东西来取代旧的信念呢? 舍斯托夫认为,他的回答其实只有一个:没有任何东西。"除了现在讨厌的肉体的痛苦,除了对过去的可耻的被侮辱的回忆和对未来的疯狂的恐惧,没有任何东西。他不可能有任何希望,因为是一个精神崩溃的病人,他把生活中最好的年华花在了无益的、不需要的、对他没有任何用处的事业上,又能够希望什么呢?"③在这种绝望的困境中,尼采是如何写出自己的著作的呢? 他说:"谁了解任何一种与流行观点迥然不同的看法所必然会给我们带来的孤独的恐惧和寒冷,他同样就会知道,我常常是怎样不得不为了医治好自己,为了哪怕是暂时打个盹儿,在对任何的虔敬之中,在仇恨之中,在科学基础中,在浮躁和愚蠢中为自己寻找避难所。这就是为什么当我找不到我所需要的现成的东西时,当我在人为地为自己获得避难时,我要杜撰和虚构。"④在舍斯托夫看来,这其实是表明:"他一边以'生活的辩护人'的新姿态来说话,一边又重新压

---

① 舍斯托夫:《思辨与启示》,方珊、张百春、张杰等译,上海人民出版社 2005 年版,第 289 页。

② 舍斯托夫:《思辨与启示》,方珊、张百春、张杰等译,上海人民出版社 2005 年版,第 289 页。

③ 舍斯托夫:《思辨与启示》,方珊、张百春、张杰等译,上海人民出版社 2005 年版,第 290 页。

④ 舍斯托夫:《思辨与启示》,方珊、张百春、张杰等译,上海人民出版社 2005 年版,第 291 页。

抑自己的一切反抗、整个的个性、自己的一切,以便来赞美自己新的顾主。他又变得虚伪、重又起着作用,但这次已经不是无意识的了,不是问心无愧的,就像年轻时代那样。现在他认清了自己的行为。现在他知道,不这样是不行的。当他完全应肯定地说'不'时,他却不得不大声地说'是'。"①这种方法,与陀思妥耶夫斯基的地下室人的呼叫是一致的。

尼采是如何肩负"生活的辩护人"的重任的呢?舍斯托夫认为,尼采以一个最坚定的非道德主义者和无神论者的面目出现,他的座右铭是:"没有任何东西是合理的,一切都允许做。"这正如陀思妥耶夫斯基用嘲讽的话最出色地概括出的:"一切都允许做,够了!……只是如果想要骗人,那么为什么,我认为,还要赞同真理呢?"②但尼采是否寻找过上帝呢?在舍斯托夫看来,尼采对基督教的猛烈抨击就已经足以证实这一点。尼采认为基督教的一大罪过就在于广泛宣扬现代的人人平等观念。基督教之所以引起他的关注,正因为它是一种宗教,一种应能为他解答所有的疑惑,把他从对生活的厌恶感中解放出来的学说。然而,令尼采失望的是,基督教不曾为他和处于他那种境遇中的人预备下任何责任,对被侮辱、不幸者和病人而言,人人都是平等的。舍斯托夫认为,尼采是那些为数不多的几位居然敢于在他们需要福音书的安慰甚于世上的一切之时,起而否定福音书的抚慰的人之一。借用疯子之口,尼采说:"上帝在哪儿?我告诉你们吧,我们把他给杀死了……上帝死了!上帝不会复活了!"③尼采就是用此类及诸如此类的话来讲述其无神论的意义的。显然,涌现在他头脑里的所有比喻,在他看来,都不足以向人传达当他"看见和听到"上帝被杀死了时,他

---

① 舍斯托夫:《思辨与启示》,方珊、张百春、张杰等译,上海人民出版社2005年版,第292页。

② 舍斯托夫:《思辨与启示》,方珊、张百春、张杰等译,上海人民出版社2005年版,第292~293页。

③ 舍斯托夫:《无根据颂》,张冰译,华夏出版社1999年版,第252页。

所体验的空虚的可怕印象。舍斯托夫强调,我们应当理解尼采通过疯子之口所说的那种处境的全部可怕之处,正如托尔斯泰的小说《伊万·伊里奇之死》的主人公伊里奇的临终体验:"他感到自己的痛苦还在于,自己被吸进了一个黑乎乎的大洞里了,而他无法穿过这一眼大洞,这使他更加痛苦。"①

当然,尼采所说的死了的上帝并不是神性的上帝,而是理性化了的上帝,而理性化了的上帝正是舍斯托夫所极力反对的(详见第五章第二节)。因此,舍斯托夫对尼采放弃并批判道德形而上学的做法十分赞赏,这也是为什么他认为《人性的,太人性的》一书是尼采信念发生蜕变的标志的重要原因。尼采在《人性的,太人性的》里给自己提出的任务是"使生活免于痛苦,拒绝一切像毒海绵一样,在任何多沼泽地上繁殖痛苦、绝望、厌烦和孤独的意见"②。舍斯托夫认为,这已经无疑是寻找真理的一种方法。更重要的是,尼采批评苏格拉底是一个颓废分子,"哲学家和道德家在欺骗自己,以为,在向颓废宣战之后,就能摆脱它。他们无力自拔,他们选择的作为挽救手段的一切方法,本身将仅仅是颓废的表现……所有这一切只是一种病症,一种新的病症,而决不是恢复'道德',恢复'健康'、'幸福'……"③舍斯托夫坚信,《人性的,太人性的》已经说出了尼采关于道德的见解,"后来这一切使得尼采得出'善与恶的彼岸'的公式,使得他赞扬残酷,歌颂利己主义,确立了永远轮回的学说、权力意志(wille zur macht),甚至超人的理想"④。

在悲剧哲学的领域里,在"新"的道路上,尼采经受了无数次的斗

---

① 舍斯托夫:《无根据颂》,张冰译,华夏出版社1999年版,第259页。

② 舍斯托夫:《思辨与启示》,方珊、张百春、张杰等译,上海人民出版社2005年版,第297页。

③ 舍斯托夫:《思辨与启示》,方珊、张百春、张杰等译,上海人民出版社2005年版,第297页。

④ 舍斯托夫:《思辨与启示》,方珊、张百春、张杰等译,上海人民出版社2005年版,第296页。

争、动摇和怀疑。他开始从事自己的地下工作，在回顾《曙光》的创作时，尼采说："在这部书中，您看到地下人是怎样工作的——他怎样掘、挖、钻的。……他需要长期的黑暗，他需要自己不理解的、秘密的、猜疑的东西，因为他知道，什么在等待着他：自己的早晨、自己的解救、自己的曙光。"①舍斯托夫断言，尼采也有过回到他青年时代一直生活的世界中去的念头，然而，他的所有"回头"的道路都被堵死了。正如他自己所说："道德的存在，就像每一个政权的存在那样，不敢去想或者去议论：这里需要的是——服从！自从世界开始以来，任何一个政权也还没有自愿不同意成为批判的对象：批判道德，把它作为一个问题，作为某一种疑问，难道这意味着本身就没道德了吗？然而，道德不仅拥有各种恐吓的方法，以便吓跑无情的批评；而且它的力量和强度还更多地根植于迷惑人的、它所特有的、独特的艺术之中。因为艺术善于鼓动。道德的一个观点就足以削弱批判的意志，把它吸引到自己这边来，甚至让它来反对它自己。"②难道生活的一切就只是"人性的，太人性的"——拯救、希望、新曙光就在于此吗？

尼采没有妥协，他一直在顽固地坚持自己的一套，只是在等待机会，以便从他的紊乱的理论中解脱出来，并且大胆地说自己的话。他的生活任务也正在于超越科学和道德传统所局限他的那个区域，因此，"他仇恨科学，这表现在同各个哲学体系的斗争之中；他厌恶道德，提出了'善与恶站在同一方'的公式。对于尼采来说，只存在着一个问题：'先生，你为什么抛弃我？'……对这个问题只能有一个回答：无论是习惯于平均和普通生活的人类科学，还是证明无过的、神化的、赞美的、受到间接的法律支持的人类道德（《十分虔诚地纪念罗斯托夫》、《善就是上帝》）都是虚伪的。尼采用自己的话说：不存在任何真理的

---

①　舍斯托夫：《思辨与启示》，方珊、张百春、张杰等译，上海人民出版社2005年版，第307～308页。

②　舍斯托夫：《思辨与启示》，方珊、张百春、张杰等译，上海人民出版社2005年版，第308～309页。

东西,一切都允许,或者要重新评价一切价值"①。舍斯托夫认为,当尼采否认现存真理,提出重估一切价值时,他已经完全成了"生活的辩护人",已经昭示了悲剧哲学的基础,真正迈进了悲剧哲学的领域。

第二节　悲剧领域的重要范畴

绝望、虚无和荒谬等哲学范畴是存在主义哲学家在分析人生在世基本处境时经常使用的范畴,作为独特的宗教存在哲学家、悲剧哲学家,舍斯托夫对这些范畴有其独特的理解。

一、绝望

克尔凯郭尔在《致死的疾病》一书中曾系统地论述了"绝望"这个概念。在他看来,绝望是"致死的疾病",它是比焦虑更强烈的一种状态,在这种状态中,人的病态激情使内心更加不安,个体也因而更需要正视痛苦的选择。同时,克尔凯郭尔还对绝望的层次进行了各种区分。舍斯托夫并没有这方面的专著,但透过他的著作,本书以为,舍斯托夫的"绝望"概念主要包含以下三种意思。

(一)绝望是一种"病态"

克尔凯郭尔在《致死的疾病》中认为,绝望是一种疾病,而且是一种精神疾病,是自我的病。这表明它不是精神,而是精神的沉沦,至少不是真正意义上的精神。舍斯托夫也有类似的论述。在对俄罗斯著名作家契诃夫的评论中,舍斯托夫认为,契诃夫创作的倾向可以确定为"绝望的歌唱家",在他整个25年的漫长文学生涯中,他只是百折不

---

① 舍斯托夫:《思辨与启示》,方珊、张百春、张杰等译,上海人民出版社2005年版,第316~317页。

挠地做一件事："那就是不惜用任何方式去扼杀人类的希望。"①因为从契诃夫的全部作品来看,都说明契诃夫在隐蔽的地方窥视着人类的希望。他不漏掉人类的任何一个希望,而任何希望也难逃自己的厄运。契诃夫在自己的作品里,故意使自己的主人公陷入无路可走的绝境,唯一的出路只是倒在地板上,以头撞墙,没有任何其他方式可以拯救他们。如在《没有意思的故事》里,老教授曾长期过着有意义的生活,后来却变得像是疯人,为自己濒临死境而惊恐万状,惶惶不可终日,似乎生活变成了噩梦一般的地狱,似乎当人面临不可避免的死亡时,不是安宁、庄重地与世界告别,而是要以撕裂灵魂的喊声向全世界呼喊自己的权利,似乎应该让整个宇宙出庭为之受审。② 老教授的这种绝望,常常被人们冠之以"病态"和"反常"。舍斯托夫认为,契诃夫已经深刻地揭示了人的生存的可怕处境,人类在面对它时已不能抱各种虚幻的希望,而只能是绝望,尽管冒着被人们说是"病态"的风险。可以看出,舍斯托夫对契诃夫的"病态"的绝望持认同态度。老教授的"病态"似乎在莱蒙托夫的小说《当代英雄》的主人公毕巧林身上再次出现,的确,莱蒙托夫也声称想在毕巧林身上表现出一代人的缺点。但舍斯托夫却看到,"如果说毕巧林的肖像是病态的话,那么这是一种在作者看来比任何健康都更珍贵的病"③。因为在长篇小说中,毕巧林被写成一个胜利者。"他除了残酷以外,没有任何缺点。"④舍斯托夫坚信,艺术的任务绝不在于听命于由各种人依据这种或那种基础想象出来的规则和标准,而在于冲破那桎梏追求自由的人类智慧的锁链。舍斯托夫批评莱蒙托夫在揭露生活之丑恶的同时却杀死了希望

---

① 舍斯托夫:《开端与终结》,方珊译,云南人民出版社1998年版,第8页。
② 参见舍斯托夫:《开端与终结》,方珊译,云南人民出版社1998年版,第9页。
③ 舍斯托夫:《思辨与启示》,方珊、张百春、张杰等译,上海人民出版社2005年版,第194页。
④ 舍斯托夫:《思辨与启示》,方珊、张百春、张杰等译,上海人民出版社2005年版,第194页。

和信仰,他只是对社会的病态很感兴趣,但却几乎没有医治它的愿望,也根本没有任何办法来医治。

(二)绝望是反抗必然性的呐喊

舍斯托夫认为,自苏格拉底以来,人类"自然的"思维就渴求自明性。也就是说,它想达到这种知识,它能看到什么存在,并且看到它不仅存在,而且根据必然性存在。正如康德一直向我们解释的那样,也正如蛇所说的,吃了知善恶树上的果实,你将如上帝一样聪颖。舍斯托夫断言,从那时起,人类的自然的思维就不是自愿而是被迫去保护必然性理论,就像自己的最宝贵的奇珍异宝一样。因为,无论康德们的理性如何赞美自由,它仍想,仍应该把自由限于必然性的框架之中。然而,在这样的必然性框架中,人们到底得到了什么呢? 舍斯托夫说:"虽然任何地方也没有它,并且也不能找到它,但是,它却以神秘莫测的方式深入人类生活,摧残和扭曲生活,就像劫运、命运、天数、天命一样,无处躲避它,并且也无法摆脱它。"①即使是克尔凯郭尔也拿它无可奈何,甚至一度转向了它。"当克尔凯郭尔感到(用他的话说)'不能使信仰最后移动'时,他转向伦理严厉地说:'你应该。'这样,他的存在哲学就获得了完全另外的意义。这不是争取可能的疯狂斗争,而是可能战胜不同政见者的有计划的(或好或坏)的斗争。他不去攻击可怕的敌人'必然',却攻击虽也可怕,但毕竟只是像人那样武装的敌人。"②舍斯托夫对克尔凯郭尔的这种"不彻底性"非常不满,他一再强调:"只有当他遵循命运的支配,感到自己完全处于他的理性如此渴求的那种必然性支配之下时,他才理解了《圣经》有关人类堕落故事的深奥和使人类震惊的意义。"③也只有这时,克尔凯郭尔才会发出"哲学

---

① 舍斯托夫:《开端与终结》,方珊译,云南人民出版社 1998 年版,第 193 页。
② 舍斯托夫:《开端与终结》,方珊译,云南人民出版社 1998 年版,第 211 页。
③ 舍斯托夫:《开端与终结》,方珊译,云南人民出版社 1998 年版,第 128 页。

的基础不是像希腊人教诲的那样是惊奇,而是绝望"这样的呼叫。换言之,只有当克尔凯郭尔拒绝了柏拉图的《会饮篇》之后,他的绝望才是真正的绝望。因为,绝望不是人们屈服于"不听劝说的必然性",它不仅仅是人在无助时的"病态",也不仅仅是人在痛苦万分时的焦虑。绝望,它更多的像上帝的雷霆和闪电,是人在深渊中向上帝求救的呼叫。绝望,并不是受必然性所迫的人的绝望,而是"希望",是深渊中的重生。绝望,它吹响了人们向必然性斗争的号角,虽然这仅仅是一种旷野呼告。这时,"他还是几乎赤手空拳地向武装到牙齿的敌人发起冲锋。他像约伯一样呐喊、诅咒,以亚伯拉罕'无根基'的信仰向思辨哲学的论证、论据和显明性斗争"①。因为,当一切有限、万物皆空时,必然性的证明还有什么用呢? 可以说,舍斯托夫将绝望的"启示意义"发挥到了极致。

(三) 绝望是哲学的基础

哲学始于惊奇,这是我们耳熟能详的说法,它最初始于柏拉图,在《泰阿泰德篇》中,他说:"惊奇是哲学家的标志,此外哲学别无开端。"后来,亚里士多德进行了更详细的阐述:"古往今来人们开始哲理探索,都应起于对自然万物的惊奇;他们先是惊异于种种迷惑的现象,逐渐积累一点一滴的解释,对一些较重大的问题,例如日月与星的运行以及宇宙之创生,作成说明。一个有所迷惑与惊奇的人,每自愧愚蠢(因此神话所编录的全是怪异,凡爱好神话的人也是爱好智慧的人);他们探索哲理只是为想脱出愚蠢,显然,他们为求知而从事学术,并无任何实用的目的。"②显然,柏拉图和亚里士多德把惊奇作为哲学思考的开端,这种惊奇不是日常事物的惊奇,也不是对事物的新奇感到惊奇,而是一种真正思想性的力量,它促使人们摆脱无知而寻找知识。

---

① 舍斯托夫:《开端与终结》,方珊译,云南人民出版社1998年版,第179页。
② 亚里士多德:《形而上学》,吴寿彭译,商务印书馆1995年版,第5页。

正如亚里士多德在《形而上学》开篇所强调的"求知是人类的本性"①。

舍斯托夫看到,克尔凯郭尔与柏拉图和亚里士多德有着决然不同的感受,他业已感到,哲学的基础不是像希腊人教诲的那样是惊奇,而是绝望。"对于克尔凯郭尔来说,哲学绝不是心灵的纯智力活动。哲学的基础不是像柏拉图和亚里士多德教诲的惊奇,而是绝望。人的思想在绝望和恐惧中得到再生,并且获得新的力量,这种力量把人的思想引到对于其他人来说不存在的真理本原。"②因为,当人惊奇时,他尚未涉及存在的秘密。只有绝望,才使他走向存在的世界。"只要哲学以惊奇为基础,它就结束于'理解'之中。然而,当绝望向哲学提出由'悲哀与诅咒'得出的问题时,'理解'能给人什么呢?理性通常炫耀'天赋'——智慧、正义感、口才,都毫无力量去反对标志着所有可能性的终结和毫无出路的绝望。"③舍斯托夫十分赞同克尔凯郭尔的观点,认为绝望是哲学的基础。如前所述,舍斯托夫认为,悲剧哲学是一种绝望的、悲观的、疯狂的,甚至是死亡的哲学。哲学绝不是始于惊奇,而是始于绝望,因为真正的哲学并不寻找知识。也正是始于绝望,才让我们发现,其实人类的本性并不仅仅是求知,在求知之外,在绝望中,人们蓦然发现:在我们的周围,存在着各种没有希望的人、绝望的人,以及因对生活的恐惧而变得疯狂的人。这些难道不是更值得哲学感到不安吗?

二、虚无

"虚无"这个范畴在西方哲学的开端就颇受争议,在"神"创造的实有宇宙里,是否存在"无"——虚空呢?巴门尼德坚决否定存在虚空,因为当你说有虚空时,虚空就不是无物,因此它就不是虚空。德谟

---

① 亚里士多德:《形而上学》,吴寿彭译,商务印书馆1995年版,第1页。
② 舍斯托夫:《开端与终结》,方珊译,云南人民出版社1998年版,第139页。
③ 舍斯托夫:《开端与终结》,方珊译,云南人民出版社1998年版,第294页。

克里特则肯定虚空是宇宙本原的组成部分,因为原子永远在运动,由于在充满中不可能运动,因此原子之间必定有虚空。自此开始的两千多年里,"虚无"的深渊就被实体的理念世界和实体的最高代表上帝填充遮盖着。直到 19 世纪,存在主义的先驱克尔凯郭尔终于打开了"虚无"深渊的遮盖物。克尔凯郭尔的存在哲学在把作为"主体"的人置于内在的和自身的存在之上时,也将人置于虚无之前,因为他惊慌地发现,虚无是上帝的强有力的对手。与此同时,"虚无主义"也随着屠格涅夫的小说《父与子》而广泛流行起来。"虚无主义"最突出的特征是"否定现有的一切信念",尼采就自称是欧洲第一位彻底的虚无主义者。尼采预言上帝死后,西方人将置身并可能迷失在"无际的虚无"之中。在此背景下,舍斯托夫在《旷野呼告》和《雅典和耶路撒冷》两书中,通过对克尔凯郭尔"虚无"概念的分析,阐述了自己对"虚无"概念的理解。

(一)原初的虚无是人的伟大优越性

在《圣经》中,上帝之外的东西还有两个:一个是蛇,另一个是虚无。虚无本是一无所有,也没有任何意义,是上帝以自己的创造行为从这个虚无中创造了美好的世界和与自己相像的人。同时,蛇也利用这个虚无传授给人恐惧。[①] 也就是说,在人类始祖偷吃知善恶之树的果实之前,原初的虚无没有善恶之别,是一种无知的状态。那么,人在这种无知的状态下会有一种什么样的表现呢? 克尔凯郭尔在《恐惧概念》一书中提出了自己的看法,他说:"无罪即无知。人在无罪状态中不是在灵(精神)的方面被规定的,而是在心灵方面,在同自己天性的直接统一中被规定的。灵在人身上还在沉睡。这样的理解完全符合

---

① 参见徐凤林:《舍斯托夫的圣经哲学》,博士论文,北京大学图书馆,023/D2001(22),第 36 页。

《圣经》,《圣经》否认人在无罪状态有善恶之别的知识。"①"在无罪状态有和平和安宁,同时还有某种东西——当然不是不安,也不是斗争:因为没有斗争的理由。那么这是什么?——是虚无!这个虚无能产生什么作用?它产生恐惧。无罪状态的最深奥秘就在于,它同时也是恐惧。"②简言之,在无知状态下人的精神在沉睡,无知的状态是以对虚无的恐惧为前提。对克尔凯郭尔的看法,舍斯托夫进行了反驳。

舍斯托夫认为,人的精神并不是在无知状态下沉睡,而是知识使人的精神沉睡。在《雅典和耶路撒冷》一书中,舍斯托夫写道:"我们(指克尔凯郭尔)依据自己理性的正确无误而'渴望'确认,在不知善恶之别的人身上,灵还在沉睡。但在《圣经》里没有这样认为。在《圣经》里所说的是相反的东西——人的一切不幸皆由知识而生。……按照《圣经》,知识在本性上排除信仰,知识在本质上也是罪孽,或原罪。和克尔凯郭尔相反,应当说,正是知识树的果实使人的灵(精神)沉睡了。正因为如此上帝禁止亚当吃这些果实。上帝对亚当说:'只是分别善恶树上的果子,你不可吃,因为你吃的日子必定死',——这话完全不适合我们的知识观和善恶观,但其含义是完全明确的,不容许作任何解释。我再说一次,在这句话里,只有在这句话里,才在人类历史上唯一一次响起了称得上是对纯粹理性的批判的声音。"③在《旷野呼告》一书中,舍斯托夫也写道:"他(克尔凯郭尔)把纯真的状态看成恐惧和精神睡眠都是不正确的。按照《圣经》的说法,精神睡眠和恐惧都是堕落之后才来的。显然,把蛇作为某种外在但又是积极的基础,就是因此而引入《圣经》故事的。蛇使第一对人恐惧,尽管是虚假的恐惧——对虚无的恐惧——但这是令人沮丧和不可克服的恐惧。这种恐惧使人的精神昏迷沉睡,使人的意志麻木不仁。"④"克尔凯郭尔凭

① 舍斯托夫:《雅典和耶路撒冷》,徐凤林译,浙江人民出版社2000年版,第169页。
② 舍斯托夫:《雅典和耶路撒冷》,徐凤林译,浙江人民出版社2000年版,第171页。
③ 舍斯托夫:《雅典和耶路撒冷》,徐凤林译,浙江人民出版社2000年版,第169页。
④ 舍斯托夫:《开端与终结》,方珊译,云南人民出版社1998年版,第191页。

什么假设纯真,即人直接面对天主的状态是以对虚无的恐惧为前提的,并以此使自己成为充斥人生的东西,而且,他还无与伦比、撼人肺腑地在自己的《日记》、著作中描述恐惧的基础和潜能? ……约伯、亚伯拉罕以及任何先知和圣徒都从未想到纯真。……这种想法只会产生于丧失纯真并获得"知识"的人类灵魂之中。"①因此,舍斯托夫反复强调,对虚无的恐惧不是纯真和无知所特有的状态,而是罪和知识所特有的状态。《圣经》虽然否认人在无罪状态有善恶之别的知识,但这不是人的弱点和缺陷;相反,是人的力量和伟大优越性。

(二)虚无变成必然性

舍斯托夫认为,自从人类知善恶之后,虚无就从一无所有、无知识的状态变成了强制的必然性。"虚无只是虚无。虚无怎么会变成了某物? 它在变成某物后,又是如何得到了这种支配人类甚至一切存在的无限制的权力?"②在舍斯托夫看来,其实从德谟克里特开始,虚无就变成了必然性。因为德谟克里特的原子是按一定的规律和必然性在运动着的,他们"把虚无与虚空,某物与物质都混为一谈",更重要的是,"古希腊哲学以这种或那种形式假设了虚无的存在,甚至视之为思维的条件"。③ 因此,柏拉图和亚里士多德的"必然性不听劝说",只不过是更鲜明地表达了德谟克里特的观点:虚无变成了必然性。对这些,克尔凯郭尔感受颇深,他认为,"上帝从虚无中用创造行为创造了宇宙和人类,但是虚无没有上帝,就不能超越自己微不足道的界线,并且在存在中也不能具有任何意义。不过,如果上帝的万能能从虚无中创造世界,那么,人类的有限性就和由蛇传授的恐惧把虚无变成了无所不毁、无所不灭的巨大力量。虚无不再是子虚乌有,也不复是不存

---

① 舍斯托夫:《开端与终结》,方珊译,云南人民出版社 1998 年版,第 193 ~ 194 页。
② 舍斯托夫:《开端与终结》,方珊译,云南人民出版社 1998 年版,第 192 页。
③ 舍斯托夫:《开端与终结》,方珊译,云南人民出版社 1998 年版,第 192 页。

在,它变成了存在,它耸立着,它以其微不足道深入一切存在之中——尽管它的存在是毫无必要的。虚无原来是神秘莫测的循环往复。我们亲眼目睹它首先变成必然性,然后是伦理,最后是永恒。它不仅钳制住人类,而且还钳制住造物主本身"①。舍斯托夫认同克尔凯郭尔的看法,确实,虚无这个可怕的怪物控制了我们。我们切身地感到这是虚无,即子虚乌有的东西,但终究不能与它进行斗争,仿佛这不是软弱无力的虚无,而是万能的虚无。

舍斯托夫强调,虚无变成必然性、伦理、永恒性和无限性,关键的因素是蛇用以诱惑人类始祖的东西,也就是知识。因为"在诱惑者的诅咒 'eritis sicut dei scientes bonum et malum' (将像上帝一样知道善和恶)中,隐藏着虚无不可战胜的力量,它宰割了人十分自由的意志"②。克尔凯郭尔似乎也谙熟这一点,"原罪,第一对人的堕落——作为面临虚无的恐惧结果,是克尔凯郭尔上述之书(即《恐惧的概念》)的基本思想。应该认为,这是他在其独特的精神历程里所体验到的最宝贵、最必需、最隐秘和最深刻的思想"③。然而,舍斯托夫看到,克尔凯郭尔的思想在不断变化,在下列的断言中则臻至顶峰:"恐惧虚无导致自由的昏厥,人失去命运就软弱无能,并因此视虚无为不可战胜的天命和万能的必然,越是对此深信不疑,他的智慧就越深睿,禀赋就越强大。"④这实际上是表明,他完全回到了关于始祖堕落的《圣经》故事上,人们尝到了知识的果实,于是空泛的虚无变成了必然,像墨杜萨的头一样,能使任何瞧它一眼的人石化。虚无使一切都在流动,一切都在离去,一切都在消逝那样,俯首听命于古代"知识"早已阐发的"生与死"的法则。"受虚无支配的人认为,自己是知道善恶的人,是虔诚忠实的,甚至也不怀疑,他愈是坚信自己的知识和虔诚,虚无因禁他的

---

① 舍斯托夫:《开端与终结》,方珊译,云南人民出版社1998年版,第286页。
② 舍斯托夫:《开端与终结》,方珊译,云南人民出版社1998年版,第199页。
③ 舍斯托夫:《开端与终结》,方珊译,云南人民出版社1998年版,第190页。
④ 舍斯托夫:《开端与终结》,方珊译,云南人民出版社1998年版,第199页。

锁链就愈是牢不可破。"①舍斯托夫一再强调，是我们自己把虚无变成了必然性、伦理、永恒性和无限性，是我们自己根据"辩证法"全力以赴地巩固虚无的统治和强大。这时，我们的良心不是外在，而是内在地被虚无迷惑了。我们大家在接受虚无的同时，也接受了虚无的统治，以及对虚无的本能和无法遏止的恐惧。

三、荒谬

什么是荒谬？在一般字典中，荒谬被解释为不合逻辑、不合情理、悖谬、无意义和不可理喻。可以说，19 世纪到 20 世纪的存在主义哲学，几乎没有一位哲学家不论及荒谬。其中，真正专门论述荒谬问题的当属法国哲学家加缪。加缪的思想在一定程度上受到舍斯托夫的影响，他自己也认为存在主义哲学的先驱有两个重要人物：一个是克尔凯郭尔，另一个就是舍斯托夫。当然，舍斯托夫对"荒谬"问题的论述与加缪也有不同之处。

（一）荒谬彻底否定理性

在舍斯托夫看来，荒谬与悖论其实是同一个意思，他说："应该离开理性，回避理性，不管走到哪里。这就是悖论，这就是荒谬，它是苏格拉底所不知道的，但在《圣经》中却得到阐发：使徒保罗写道，当需要亚伯拉罕到迦南去时，他就不假思索地去了。"②也就是说，荒谬与理性完全相反。事实上，舍斯托夫完全否认荒谬中存在理性的成分，"荒谬之所以是荒谬，是因为它想摆脱所有的'法则'，不与'法则'妥协，而是与之斗争"③。因为，当悖论和荒谬有机会实现自己的统治权力，并且同自明性进行伟大的最后斗争时，它们就会疲惫不堪，被某种神

---

① 舍斯托夫：《开端与终结》，方珊译，云南人民出版社 1998 年版，第 288 页。
② 舍斯托夫：《开端与终结》，方珊译，云南人民出版社 1998 年版，第 185 页。
③ 舍斯托夫：《开端与终结》，方珊译，云南人民出版社 1998 年版，第 201 页。

秘莫测的力量弄得软弱无力。舍斯托夫坚信,荒谬其实也是一种思维,而不是思维的终结。"如果认为荒谬表示思维的终极,那就大错特错了。……'荒谬'中的思维不仅保留着,而且近乎极端,达到了黑格尔及其思辨哲学完全陌生的一个新的境界,这也是存在哲学的一个独特的特征。"①在对理性的态度上,舍斯托夫与克尔凯郭尔、加缪都有所区别。克尔凯郭尔摒弃黑格尔转向约伯,但舍斯托夫批评克尔凯郭尔仍然不够彻底,留恋苏格拉底的"知识",甚至看理性的脸色行事,"在他以全部灵魂气愤若狂地奔向荒谬的时候,他也在看'知识'的神色行事,要求荒谬行使监督职责,并询问道(当然,是询问理性,还可能问别人吗?):'cuiest credendum'(为何信仰)?"②他甚至指责,克尔凯郭尔不断"用理性替换荒谬"③。也就是说,理性是完全无用的,现实中存在某种超出理性之外的东西。

对于舍斯托夫的反理性,加缪评价说:"至于舍斯托夫,他的全部作品都是那样出奇的单调、沉闷,都在不厌其烦地论述同样的事实。他在作品中坚持不懈地揭露那个天衣无缝的体系——这世界上最普遍的理性主义,他认为它最终要与人类思想的非理性因素相遇。他不放过任何机会利用讥讽的明证、利用理性主义中可笑的矛盾以贬低理性。……他否认理性的合理性,而且他只是在这黯然无色的荒漠之中才开始他的行程,在这片荒漠里,一切信念都已化为僵石。"④可以看出,加缪只是在部分地肯定舍斯托夫的反理性。事实上,他本身也是批判理性的,他认为理性主义夸大了理性的作用,理性只不过是人类经验的一部分,它是思想工具而非思想本身。但是加缪并不赞同舍斯托夫那种歇斯底里的反理性。因为"绝对地否认理性是徒劳无益的。

---

① 舍斯托夫:《开端与终结》,方珊译,云南人民出版社 1998 年版,第 179 页。
② 舍斯托夫:《开端与终结》,方珊译,云南人民出版社 1998 年版,第 189 页。
③ 舍斯托夫:《开端与终结》,方珊译,云南人民出版社 1998 年版,第 164 页。
④ 加缪:《西西弗的神话》,杜小真译,西苑出版社 2003 年版,第 30 页。

理性有其范畴,它在其范畴内是有效的。这就是人类的经验"①。加缪批评舍斯托夫反理性的极端性,力图在荒谬的性质中找到某种平衡。他说:"在知的范围内,我也能够说,荒谬既不存在于人之中,也不存在于世界之中,而是存在于二者共同的表现之中。荒谬是现在能联结二者的惟一纽带。"②因此,"荒谬只有在一种平衡之中才有价值,它首先是在比较过程之中产生,而不是产生于这比较过程的各项之中"③。所以加缪认为,舍斯托夫恰恰是把重点偏向其中的一项并且打破了平衡。如果把一切都奉献给非理性,荒谬就随着比较之中一项的消失而消失了。

(二)荒谬引出对上帝的信仰

舍斯托夫的荒谬思想,可以上溯到德尔图良的名言:"因其荒谬而可信。"(详见第五章第二节)舍斯托夫对它的解读是:在理性宣布"荒谬"的地方,我们要说,这是可信的;在理性说"不可能"的地方,我们要说,这是"无可置疑的"。换言之,荒谬总是与信仰联系在一起。舍斯托夫断言,信仰靠荒谬支撑,任何人对这个赤裸裸的论断都不会感到惊讶。荒谬为什么具有如此大的力量? 舍斯托夫多次引用克尔凯郭尔的话说:"信仰,多么难以置信的荒谬! 荒谬能使杀人成为神圣的、有利于上帝的事业。"④后来,他进一步解释说:"确切地讲,真正的出路只有一个,那就是世人眼光看不到的出路。若非如此,我们何以还需要上帝呢? 只有在要求得到不可能得到的东西的时候,人们才转向上帝。至于可能得到的东西,人们对之业已满足。"⑤加缪认为,这段话实际上是舍斯托夫哲学的全部概括。因为舍斯托夫在进行了一

---

① 加缪:《西西弗的神话》,杜小真译,西苑出版社2003年版,第42页。
② 加缪:《西西弗的神话》,杜小真译,西苑出版社2003年版,第36页。
③ 加缪:《西西弗的神话》,杜小真译,西苑出版社2003年版,第42页。
④ 舍斯托夫:《开端与终结》,方珊译,云南人民出版社1998年版,第182页。
⑤ 加缪:《西西弗的神话》,杜小真译,西苑出版社2003年版,第40页。

系列引人入胜的分析后,揭示了任何存在都具有的荒谬性。他并没有说:"这就是荒谬。"而是说:"这就是上帝:我们应该信赖他,即使他并不符合我们的任何理性范畴。"①随后,加缪对舍斯托夫的这种思想进行了更详细的分析:"舍斯托夫的伟大之处,就在于这种不合逻辑的特点。他论证的正是上帝的非人性。应该飞跃到上帝那里去,并且凭借这种飞跃摆脱诸种理性的幻想。这样,在舍斯托夫看来,承认荒谬的同时本身就意味着荒谬。评论荒谬,就是承认荒谬。而且从逻辑上讲,舍斯托夫的整个思想都致力于揭示这种荒谬并使荒谬引发的无限希望同时迸发出来。"②简言之,从荒谬中我们可以引出希望,引出上帝。

舍斯托夫的这种观点显然并不符合加缪的想法,对加缪而言,荒谬的根本特征就是排斥希望。而"对舍斯托夫来讲,存在的思想预先设定了荒谬,但只是为了消除它才揭露它的。……当舍斯托夫把荒谬与通常的道德和理性对立起来的时候,就把荒谬称作真理和救世主"③。也就是说,舍斯托夫预设荒谬的目标其实是为了导出上帝这一希望,在加缪看来,这无疑已经取消了荒谬本身。因此,加缪批评说:"如果承认这个概念的全部权力都寓于它用以冲击我们最原始的希望的方法之中,如果人们感到荒谬为了维持下去而要人们不要同意它的话,人们就会清楚地看到它已经失去自己的真实面目,失去其人道的和相对的特性,为的是进入一个既是不可理解的又是令人满意的永恒之中。如果说存在着荒谬的话,那它就是在人的世界中。一旦荒谬的概念改变成为通向永恒的跳板,这个概念就不再与人类的明晰性相关联。"④加缪认为,舍斯托夫显然没有在不断否定中让荒谬明晰起来,然而必须明白的是,事实上,舍斯托夫始终反对诸如笛卡儿的清楚

---

① 加缪:《西西弗的神话》,杜小真译,西苑出版社2003年版,第40页。
② 加缪:《西西弗的神话》,杜小真译,西苑出版社2003年版,第40~41页。
③ 加缪:《西西弗的神话》,杜小真译,西苑出版社2003年版,第41页。
④ 加缪:《西西弗的神话》,杜小真译,西苑出版社2003年版,第41页。

明白的概念,在他看来,让荒谬像理性的概念一般清楚明白,无疑也是杀死了荒谬,杀死了上帝。由是观之,加缪与舍斯托夫对荒谬有着不同的态度。加缪认为,对于荒谬应该进行反抗,反抗就是人不断地自我面呈。它不是向往,而是无希望地存在着。这种反抗实际上不过是确信命运是一种彻底的惨败,而不是应与命运相随的屈从。也就是说,尽管没有希望,尽管毫无意义,仍需咬紧牙关反抗。而舍斯托夫认为,应该反对的并不是荒谬本身而是理性自明,是理性必然性使人陷入失望;相反,借助荒谬,我们就能像亚伯拉罕一样,最终得到万能上帝的赐福。当然,加缪与舍斯托夫的最终目标指向是一致的,都是处于苦难深渊的无根基的活生生的个体。

第四章　悲剧哲学的主题：深渊与主

当个体面临存在的恐惧深渊，陷入无根基的内心挣扎时，我们应该跟着继承了希腊思维的亚里士多德、笛卡儿、康德、黑格尔和胡塞尔们走，还是跟着代表圣经思维的亚伯拉罕、约伯和以撒们走？为此，舍斯托夫让哲学家们和先知、使徒们在存在的深渊中进行了一系列的对质。

第一节　哲学：反思与斗争

什么是哲学？这是一个老而弥新的问题。人们通常认为，哲学是关于世界观的学问；哲学是对自然科学的概括和总结；哲学是对自然、社会和人类思维最一般规律的反映；等等。但是，在俄罗斯宗教哲学家舍斯托夫那里，我们却看到了完全不同的答案：在与胡塞尔关于哲学是什么的争论中，舍斯托夫借用普罗提诺的话说："哲学是伟大的和最后的斗争"。胡塞尔立即尖锐地反驳道："不，哲学是反思。"①哲学是一种斗争，如何理解？徐凤林认为，"胡塞尔和舍斯托夫的上述定义不是非此即彼，而是都有各自的真理性，这种分歧背后是两种世界观的根本分歧，实际上他们所说的是两种不同的哲学"②。也就是说，胡塞尔和舍斯托夫对哲学的理解代表了两种不同的思维，即理性哲学思

---

① 参见徐凤林：《俄罗斯宗教哲学》，北京大学出版社 2006 年版，第 281 页。

② 徐凤林：《俄罗斯宗教哲学》，北京大学出版社 2006 年版，第 281 页。

维和圣经思维。这两种思维,"一方是躲避于自己的理想世界之中的苏格拉底和他的'知识',另一方是关于第一人堕落的故事和使徒保罗,他对此故事的解释是'凡不出自信的都是罪'"①。在舍斯托夫的哲学里,这两种思维根本不可调和,也无共生之处。在"反思与斗争"中,舍斯托夫让哲学家们和先知们进行了对质。

一、"理性的人"与"神性的人"

舍斯托夫与胡塞尔代表的两种思维对哲学的理解截然不同,这种反差实际上首先根源于他们对人的本质的理解。人是什么? 在古希腊哲学家普罗泰戈拉看来,"人是万物的尺度",世界的存在、真理、规律,皆以人的感觉为标准。但这种以纯粹主观性来度量客观事物的方法,就意味着人可以在社会中不遵从普遍的道德规范和法律制度,因而遭到人们的质疑。为此,苏格拉底把道德归结为哲学的核心范畴,认为在人类理性的心灵中先天存在着普遍的道德观念,如勇敢、正义、节制等,人应是具有德行的人。亚里士多德则更进一步,他明确提出了"人是理性的动物"的著名论断,认为人与动物的区别在于人有特殊功能,根据理性原则来生活。也就是说,人的本质在于理性,人能用理性来支配自己的行为,控制自己的欲望,使行为合乎道德。"近代哲学之父"笛卡儿以"我思故我在"的原则提出,理性作为一种"判断和辨别真假的能力",是每个人生而具有的,是人的本质。康德将这种思想发挥到了极致,他认为,作为一种自然存在物,人受自然法则的支配而没有自由。作为理性存在,人同样受理性法则支配,人"应该"遵守道德法则。但由于作为理性的人是自己立法自己遵守,是出于自身的内在必然性,因而他是自由的。所以,人是"有理性的存在"。

显而易见,西方哲学传统把人规定为理性的动物,把人首先看成

---

① 舍斯托夫:《雅典和耶路撒冷》,徐凤林译,浙江人民出版社 2000 年版,前言,第 18 页。

是会思考的动物。然而,"俄罗斯宗教哲学家对人的看法,不是从人现有的自然处境、自然状态来看的,不是站在经验现实的此时此地,转回头去向后看他'是什么',而是从他所追求的目标的观点,或者说是站在理想的未来,从终极的观点来看人'应是什么'"①。因此,舍斯托夫经常引用《圣经》中的话来表达自己对人的看法。据《创世记》所说,太初时候,上帝用六天时间创造了天地、日月星辰、花草树木、鸟兽虫鱼等万物,并在最后照着自己的形象创造了人,到了第七天,上帝造物的工作已经完成。人从上帝那里得到了生命的呼吸。舍斯托夫一再引用《圣经》的话,人是创世主的产物,是上帝创造了人。在他看来,人有的不仅仅是理性,甚至应该拒绝理性,在人的内心还有另一需要。就像克尔凯郭尔所说的,在人的生命历程中,"恐惧、厌烦、忧郁、孤独、沮丧、焦虑、绝望、疯狂"这些情绪经常会困扰我们。所以,我们不应只是"唯理性是从",而应该倾听人的自由呼声,关注人的生存状态。更重要的是,人之所以不是"理性的人"、"唯理性是从的人",是因为人内心有一种强烈的愿望:按自己的意志生活。他说:"人在世间最需要的是按照自己的意志生活,哪怕是愚蠢的意志,只要是自己的意志。最雄辩的、最令人信服的证据也仍然是徒劳的。"②在这里,舍斯托夫对人的理解实际上与俄罗斯宗教哲学的人学传统是一致的。基督教精神包含着一个矛盾统一:"基督教一方面讲人与神的相似性,使人具有神性,超越感,另一方面又讲神与人的根本差异,使人有罪孽感,卑微感。"③也就是说,俄罗斯宗教哲学家所理解的人首先是具有神性的人。在俄罗斯宗教哲学家中,对神性的人的解释最有代表性的是索洛维约夫,他认为,人走向最后的归宿就是"神人类"。换言之,人类是个双重的存在物,"它在自身里包含了神的原则和被造物的存在,但却不

---

① 徐凤林:《俄罗斯宗教哲学》,北京大学出版社 2006 年版,前言,第 4 页。

② 舍斯托夫:《雅典和耶路撒冷》,徐凤林译,浙江人民出版社 2000 年版,第 282 页。

③ 徐凤林:《舍斯托夫的圣经哲学》,博士论文,北京大学图书馆,023/D2001(22),第 26 页。

被这个或那个所完全确定,因此是自由地存在的;它所固有的神的原则使它从自己的被造本质里解放出来,而它的被造本质使它相对于上帝成为自由的"①。人不仅由上帝决定,像由生存的规律决定那样,而且在自己内心的真实存在中感觉到上帝。也就是说,人总是和上帝联系在一起。

二、"爱智慧"与"生死事业"

基于对人的不同理解,理性哲学思维和圣经思维对哲学的理解也是截然不同的,甚至是针锋相对的。哲学这个概念源于希腊语"philo-sophia",由"philo"和"sophia"组合而成,意为"爱智慧"。当然,真正意义上的智慧与通常所说的知识是不同的:知识或者科学知识是我们认识世界、改造世界的工具和手段,它们通常都具有功利性或有用性,人追求和热爱智慧却没有别的目的,而只是为了智慧本身。② 然而,哲学家们并不甘心于只是爱智慧,而是企图使"智慧之爱"变成"智慧之学"。于是,我们看到,哲学家们为了"智慧之学"而前赴后继,如:泰勒斯提出"水是世界的本原";苏格拉底坚信"美德即知识";柏拉图强调"理念"是存在之根;亚里士多德把哲学变成了研究事物初始原因的科学;笛卡儿认为用理性之光发现的清楚明白的真理才是最可靠的;康德追求"具有普遍性和必然性的知识";黑格尔把哲学看作是阐述理性连续不断地获得明确的自我意识,进而达到概念形式的那种无限发展的过程。

综上所述,理性哲学追求的是事物背后的规律性、普遍性和必然性。他们把人与世界的关系建立在认识的基础上,其动机和目的就是要获得知识,是求知。但在舍斯托夫看来,哲学家所追求的"智慧"无论大小,都是一种理性,"我根本不喜欢像大智、形而上学、超感觉、神

---

① 张百春:《当代东正教神学思想》,上海三联书店2000年版,第87页。
② 参见张志伟、欧阳谦:《西方哲学智慧》,中国人民大学出版社2000年版,第4页。

秘主义这样的大字眼"①。为此,舍斯托夫对理性主义哲学这种思维进行了猛然抨击。

首先,舍斯托夫认为,理性主义哲学思维的出发点是错误的。在他看来,哲学自泰勒斯和阿那克西曼德开始就陷入了歧途,"哲学陷于罪恶始于泰勒斯和阿那克西曼德。泰勒斯宣布说:万物是一,阿那克西曼德把渎神和不应有视为多,即永恒的可疑。他们之后的哲学便开始系统地驱避多而颂扬一。易懂的和统一的东西成了现实的和应有的东西的象征。个体的、孤独的、不同的东西,必定是不现实的和敢想敢为的东西。当然,这需要加以限制",然而,"生命的基本特点就是敢想敢为(τδλμα),整个生命就是创造性的敢想敢为,因而是永恒的,不是准备好了的和易懂的宗教神秘剧"。② 因此,理性主义哲学所规定的寻求万物背后的原则、本原和规律,实际上是迫使哲学家抛开现实的、变化多端的现象,抛开个体的、孤独的存在,去追求迫人相信的真理。舍斯托夫相信,理性主义哲学所追求的、所研习的只是对某些人有意思和重要的事,但对大多数人来说,特别是处于昏睡中的人来说,只能是枯燥乏味而又不必要的。也就是说,理性主义哲学从一开始就远离了人们的生活,远离了人们的内心真实需求。在舍斯托夫看来,这样的哲学只能说已误入歧途。

其次,舍斯托夫认为,理性主义哲学思维的评断标准出现了偏差。因为在哲学家的判断中,起决定作用的因素永远是枯燥而客观的理由,如矛盾律、同一律。他们深信,在探索世界之前,应该仔细看清楚自己脚下有什么东西。在舍斯托夫看来,这就是说,哲学非要成为科学不可。它力求把自己的知识建立在牢固的基础之上,建立在磐石之上。所以,"哲学家比任何人都更害怕模糊和不确定性,为了一个明确

---

① 舍斯托夫:《开端与终结》,方珊译,云南人民出版社 1998 年版,第 62 页。

② 舍斯托夫:《在约伯的天平上》,董友、徐荣庆、刘继岳译,三联书店 1989 年版,第 172 页。

的失误,他会给你整整一系列超验的、摇摆不定的真理。而如果根基摇摇晃晃、一点儿都不踏实,那会令他多么害怕呀!"①但是,哲学并不是科学,科学也不是最终的根据,科学也不关心人(详见第二章第五节)。舍斯托夫断言,"哲学的基本前提和公理,绝对不能被当作是客观论断。沉着、冷静、平庸、淡漠,也是属于人的一些特征,它们既可以帮助人接近真理,也可能产生笨拙感和负重感,将人永远固定在一个人他所习惯的地点,并预先决定他只能得出虽然牢固而受尊敬,但却短视而又错误的判断"②。这样,在舍斯托夫看来,具有必然性的原理其实是对活生生的现实的扼杀。这样的哲学,并不敢超越前人给我们制定的自律知识和自律伦理。因此,"哲学只是无能为力地听命于理性所揭示的物质现实和观念现实,并使这些现实对'唯一需要'进行大肆抢劫——这样的哲学不能把人引向真理,而是使人永远脱离真理"③。

最后,舍斯托夫认为,理性主义哲学思维的任务并不是我们所追求的。在他看来,理性哲学的任务就在于使人习惯于快乐地服从这个听不见任何声音的、对所有人都无动于衷的必然性。不仅要听从,而且要崇拜。"无论斯宾诺莎,还是库萨的尼古拉,都不可动摇地相信,凡人是不能越过由矛盾律所设立的界限之外的。那么,凡人也就没有也不可能从现实的噩梦中得救。哲学家也和所有人一样不得不接受现实,在现实面前,哲学家也像常人一样无助;哲学所能够、因而也应当做的唯一事情,就是教会人怎样在这个无处可醒的噩梦现实中生活。这就意味着,哲学的任务不是真理,而是说教,换言之,不是生命

---

① 舍斯托夫:《无根据颂》,张冰译,华夏出版社1999年版,第13页。
② 舍斯托夫:《无根据颂》,张冰译,华夏出版社1999年版,第14页。
③ 舍斯托夫:《雅典和耶路撒冷》,徐凤林译,浙江人民出版社2000年版,前言,第23页。

树的果实,而是知善恶树的果实。"①所以,苏格拉底把知识和说教交织在一起,把"好的"和"善的"对立起来,把"坏的"和"恶的"对立起来。他教导说,美德即知识,有知识的人不能不成为有美德的人。舍斯托夫认为,这样的哲学不是安慰人,而是使人窘困。不仅没有使我们得到真理,反而使我们离开了真理。"哲学史的任务绝不在于描述哲学体系的'发展过程',尽管有这个过程,但这个过程不仅不会使我们成为神圣哲学家的圣徒,亦即把我们引入他们珍贵的思想和感受中,而且会使我们无法同以往最优秀的人们进行精神上的接触。哲学史以及哲学本身,应当是,也常常仅仅是'在人类灵魂中漫游',最伟大的哲学家也从来就是灵魂漫游者。"②

在批判了理性主义哲学思维后,舍斯托夫认为,哲学应该回到它所应关注的地方,也就是人的生活、人的生死问题。他说:"古代人要从生中醒来,走向死亡。今人却不要醒来,逃避死亡,尽力不想到死亡。谁'更实际些'呢?是把人世间的生同梦等量齐观以及等待觉醒奇迹出现的人,还是把死看作没有梦景的梦,美梦以及用'理性'和'自然'的解释安慰自己的人?哲学的基本问题——谁回避它,谁就回避哲学本身。"③哲学家因为很难把握骚动不安、恣意任性的生活,所以他就断言,这不是生活而是幻觉。实际上,"哲学是为了唤起人的精神觉醒,而非让人的意志麻木不仁、昏迷不醒。它要与人类的存在和生活休戚相关,要与每个人的体验、经历息息相通……它不是高高在上,研究那些与人毫不相干的永恒法则……而是关注着人的最有意义,最重要的东西。因为,人的生命中有某些比理性更高的东西,生命

---

① 舍斯托夫:《雅典和耶路撒冷》,徐凤林译,浙江人民出版社 2000 年版,第 100 ~ 101 页。

② 舍斯托夫:《在约伯的天平上》,董友、徐荣庆、刘继岳译,三联书店 1989 年版,第 267 页。

③ 舍斯托夫:《在约伯的天平上》,董友、徐荣庆、刘继岳译,三联书店 1989 年版,第 166 页。

本身来自比理性更高的源泉"①。所以,哲学应该关注生命,关注人的生与死。柏拉图就曾经说过哲学是练习死亡,"哲学是灵魂为得救而进行的探索。对柏拉图来说,这意味着从自然界的苦难和邪恶中解脱出来"②。舍斯托夫很赞同柏拉图的这种说法,即哲学是生与死的事业。他说:"哲学的任务在于摆脱,哪怕是部分地摆脱在世时的生活。这犹如人带着哭声出世或者带着喊声从噩梦中惊醒,也像从生到死的转变一样,大概带着不可理解的绝望的努力,而与这种努力相一致的表现同样是不可理解的绝望的喊叫或疯狂的大哭。"③因此,俄罗斯宗教哲学家别尔嘉耶夫认为,哲学对舍斯托夫而言不是学院专业,而是生死事业。

三、"矛盾律"与"雷霆"

如前所述,理性哲学追求的是事物背后的规律性的东西,是求知,因而他们的思维手段主要靠"逻辑"来完成,在亚里士多德看来,主要就是矛盾律、同一律等。矛盾律是亚里士多德逻辑学的核心范畴,所谓的矛盾律就是"互相对立的命题不可能同时都是真实的","肯定和否定不可能同时都真"。④ 亚里士多德认为,矛盾律是存在的普遍原理,他说:"在存在的领域,有一个原理我们不可以弄错……这就是:同一事物不能在同一时间里既是而又不是。"⑤在这里,亚里士多德把形式逻辑的矛盾律看成是在任何条件下都适用的绝对规律。因此,他竭力反对普罗泰戈拉的"每一种观点都可以有对立的观点"的论断,也反

---

① 舍斯托夫:《开端与终结》,方珊译,云南人民出版社 1998 年版,第 379 页。
② 威廉·巴雷特:《非理性的人》,杨照明、艾平译,商务印书馆 1995 年版,第 5 页。
③ 舍斯托夫:《在约伯的天平上》,董友、徐荣庆、刘继岳译,三联书店 1989 年版,第 218 页。
④ 阿赫曼诺夫:《亚里士多德逻辑学说》,马兵译,上海译文出版社 1980 年版,第 151 页。
⑤ 阿赫曼诺夫:《亚里士多德逻辑学说》,马兵译,上海译文出版社 1980 年版,第 151 页。

对赫拉克利特的"我们踏进又踏不进同一条河,我们存在又不存在"的观点。

亚里士多德的矛盾律自然遭到了舍斯托夫的极力批评。当然,舍斯托夫反对的并不是亚里士多德的矛盾律自身所具有的缺陷(罗素在《西方哲学史》中详细指出了亚里士多德的逻辑的错误),而是反对矛盾律的霸权。因为亚里士多德的矛盾律不仅是原则,而且是整个哲学的基本原理。为什么这样说呢?舍斯托夫指出,还是让我们先看看继承了亚里士多德主义的中世纪哲学家们是如何把矛盾律作为圣物来保护的。托马斯·阿奎那写道:"一切包含着矛盾的东西都不归上帝全能的管辖。"①邓斯·司各脱说:"应当遵守这样的观点,即对上帝来说一切都是可能的,除了明显不可能的东西,或显然会产生不可能性或矛盾的东西之外。"②在这里,哲学家们只是用矛盾律作为借口来限制了上帝的全能。为此,舍斯托夫在多个不同场合对矛盾律的霸权进行了质疑。他说:"当我们断言声音有重量的时候,同一律和矛盾律就会出来干涉,并提出自己的(veto)(否决):它们说,这是不可能的。但当我们断言苏格拉底被毒死的时候,这两个定律却毫无反应。试问,是否可能有这样一种'现实',在这种现实下,同一律和矛盾律在声音有了重量的时候无动于衷,而当义人要被处死的时候则坚决反对呢?"③然而,令舍斯托夫失望的是,在理性思维中,矛盾律似乎是最牢不可破的定律。因此,舍斯托夫只能求助于与矛盾律截然不同的另一种思维手段:雷霆和闪电。

舍斯托夫认为,上帝的雷霆是人类的智慧,是我们的逻辑和真理的回答。其粉碎的不是人,而是人类智慧用来隔开自己和上帝的"不可能"。《圣经》本身就是一切律的源泉(而且是唯一源泉)和主宰,它

---

① 舍斯托夫:《雅典和耶路撒冷》,徐凤林译,浙江人民出版社 2000 年版,第 210 页。
② 舍斯托夫:《雅典和耶路撒冷》,徐凤林译,浙江人民出版社 2000 年版,第 211 页。
③ 舍斯托夫:《雅典和耶路撒冷》,徐凤林译,浙江人民出版社 2000 年版,第 310 页。

是不顾及矛盾律的,正如它全然不顾及任何律一样。《圣经》的上帝也丝毫不像亚里士多德:他不用合理的理由教导人,而是通过号角声、雷霆和闪电来作用于人。正如克尔凯郭尔所说:"抱怨吧,呼吁吧。上帝不会害怕。说吧,拉开嗓门呐喊吧。但上帝的话更洪亮,因为他拥有所有的雷霆。雷霆就是回答,就是解释,正确的、肯定的、一成不变的解释。甚至上帝把人打得粉碎时,他的回答也比全部人类的智慧及对上帝公正的担心要更漂亮。"[1]舍斯托夫坚信,不可能有什么比用雷霆回答逻辑更无意义的了。因为沉睡的人自觉不自觉地力图把他在梦中的条件看作是唯一可能的存在条件。因此,他把这些条件叫作自明性,竭力保护这些条件(逻辑、认识论,即理性天赋),而当清楚的时刻来临(传来隆隆的雷声,即启示)的时候,就必须怀疑自明性,开始同自明性展开毫无根据的斗争。[2] 舍斯托夫强调,通向生活的原则、源泉和根本的途径是通过人们向创世主呼吁时的眼泪,而不是通过讯问"现存"事物的理性。我们思维的最大弊病在于它失去了"呼吁"的能力,因为,这样一来,它失去了自己的一维,即唯一能使思维达到真理的一维——信仰。借助启示信仰,我们可以穿透由矛盾律所建造的可能性的长城。

四、"回顾"与"向前"

综上所述,理性哲学家们通过逻辑的手段来寻找事物背后的根据,在他们看来这是"反思",而在舍斯托夫看来这是"回顾"。胡塞尔在与舍斯托夫的争论中坚信"哲学是反思",那么,胡塞尔所理解的"反思"是什么呢?他说:"反思现象实际上是一种纯粹的和完全明晰的所与物领域。它是一个由于是直接的所以是永远可达到的本质洞

---

[1]　舍斯托夫:《开端与终结》,方珊译,云南人民出版社1998年版,第241页。

[2]　参见舍斯托夫:《雅典和耶路撒冷》,徐凤林译,浙江人民出版社2000年版,第333页。

见,它从作为对象的所与物开始……因此上帝也受到这种绝对的和洞见中的必然性的制约,正如 2 + 1 = 1 + 2 这种洞见要受到这种制约一样。上帝也只能通过反思获得对其意识和意识内容的认识。"①在胡塞尔这里,上帝也受制于必然性,上帝并不是万能的。

对胡塞尔的反驳,舍斯托夫进行了辩解。他认为,人有时会处于这样一种状况,"在梦中梦见有妖魔追逐他,威胁着要毁灭他本人和全世界,并使之都化为灰烬,而这人却光是感到浑身无力,不仅不能防卫自己,而且连手足也不能动一下"②。这时,人应怎么办呢? 理性自明会告诉你:梦魔不是真的,"着魔"是暂时"着魔"。这难道不等于说:做梦的人知道自己在做梦? 因此,舍斯托夫说,这样的自明连矛盾律也不能挽救。实际上,舍斯托夫在这里要指出的是,哲学家总是否认这样一个事实:"人们是处于黑暗的、谜一般的、不能理解的力量的威力之下,这种力量迫使他们接受理性的判断,即使这些判断侵犯他们一切最宝贵的东西,侵犯他们所视为神圣的一切东西。人们遵循亚里士多德的劝告,保持中庸之道,而不敢冒险走向任何一个极端。"③所以,舍斯托夫极力反对胡塞尔的"反思",认为"哲学不是反省,不是一种加深睡眠到不醒程度的反思或解释,而是一种斗争"④。"反思"的哲学只能使人长眠不醒,屈服于理性的威胁之下,人们必须作极大的斗争努力,只有这样,噩梦中的人才会醒过来。

实际上,在舍斯托夫的视野中,"反思"哲学的主要代表是黑格尔。在舍斯托夫看来,全部黑格尔哲学的直接中介就是反思。在《小逻辑》中,黑格尔认为:"反映或反思(Reflexion)这个词本来是用来讲光学

---

① 胡塞尔:《纯粹现象学通论》,李幼蒸译,商务印书馆 1995 年版,第 198~199 页。
② 舍斯托夫:《思辨与启示》,方珊、张百春、张杰等译,上海人民出版社 2005 年版,第 371 页。
③ 舍斯托夫:《思辨与启示》,方珊、张百春、张杰等译,上海人民出版社 2005 年版,第 363 页。
④ 舍斯托夫:《思辨与启示》,方珊、张百春、张杰等译,上海人民出版社 2005 年版,第 371 页。

的，当光直线式地射出，碰在一个镜面上时，又从这镜面上射回来，便叫做反映。"①但是，本质的东西并不因为我们只看到它的影像而被遮蔽，而是可以凭借这些影像对它加以"反思"，即用思维去追溯它后面的那个根据或本质。因此，黑格尔强调："哲学的事实已经是一种现成的知识，而哲学的认识方式只是一种反思，——意指跟随在事实后面的反复思考。"②在这里必须指出的是，黑格尔的"反复思考"并不是翻来覆去地在事实与它的根据之间循环往复，而是由事实返回到它的根据，即指向、追问它的根据；不是消极地"尾随"在现成的经验事实之后，而是对本质、根据的一种主动的、有目地追索。③ 这种哲学反思并不是一般意义的"反复思考"，而是以一种特殊的思维（思辨思维）进行的"对思想的思想"。

对黑格尔的"反思"思想，舍斯托夫深感不满，因为"哲学总是想成为反思，Besinnung，回顾。现在需要补充说，就其本质而言，回顾排除了斗争的可能性，甚至排除了斗争思想。回顾使人瘫痪。谁在回顾，谁回顾了，他就会看到已经存在的东西，也就是墨杜萨（蛇发女妖之一）的头，而谁要是看到了墨杜萨的头，正如古人就已知道的，他就必然变成石头。于是，他的思维，石头的思维，当然就将与石头的存在相符合了"④。在这里，舍斯托夫所反对的并不是黑格尔一般意义上的"反思"，而是反思这种思维置人的"心灵存在"于不顾，注重的是"原则"和"定律"，把人当作了石头。人的思维不应只回顾、寻找前人给我们制定的永恒真理。这样的真理犹如墨杜萨的头一样可怕，使我们丧失了战胜人类苦难的胆量。他说："我们对自己说我们在思维——这并不意味着回顾，像我们已习惯于认为的那样，而是意味着向前看。甚至就完全不要看，闭上眼睛，走你必须走的路，什么也别猜

---

① 黑格尔：《小逻辑》，贺麟译，商务印书馆1980年版，第242页。
② 黑格尔：《小逻辑》，贺麟译，商务印书馆1980年版，序言，第7页。
③ 参见邓晓芒：《思辨的张力》，湖南教育出版社1998年版，第267页。
④ 舍斯托夫：《雅典和耶路撒冷》，徐凤林译，浙江人民出版社2000年版，第15页。

测,谁也别问,什么也别担忧,甚至不要担忧走路时你可能不适应那些大大小小的'定律',虽然人们把遵循这些定律看作是真理之可能性和由真理所发现的现实的条件。总之是忘记恐惧、担忧和顾虑……"①因此,在舍斯托夫看来,哲学不是反思、回顾,而是向前,向前就意味着要与理性自明进行殊死的斗争。

实际上,舍斯托夫对哲学定义的理解是基于宗教存在哲学的立场。"舍斯托夫所看重的哲学思考,不是在幸福或顺境中的人所进行的,而是处于痛苦乃至绝望状态下的人所进行的抗争;不单凭智力,而是通过情感、意志等全部生命存在;不是为求知,而是为得救。我们看到,这正是现代哲学流派——存在主义哲学的诉求。"②俄罗斯宗教哲学也与西方理性哲学注重思辨不同,它本来就强调生命体验高于理性认识,注重的是人的心灵体验、人与神的内在关系等。在俄罗斯宗教哲学史上,舍斯托夫的观点并不是孤立无援的。索洛维约夫也有类似的观点,他说:"人的心灵具有不甘受外部强制和追求内在精神完满的本性,而哲学正是通过批判和创造的双重作用,把人的人格从外在强制下解放出来,赋予它以内在的内容。"③别尔嘉耶夫在他的《自我认识》中更是直言:"哲学认识是生命的功能,是精神体验和精神道路的象征。生活的所有矛盾都在哲学上打上烙印,而且也不需要哲学弄平它们,哲学是斗争。"④只有认识这些,才能理解为什么舍斯托夫会说"哲学是伟大的斗争"。

第二节 生死:肉体与精神

"生与死"的问题是哲学家们始终关注的重点话题。舍斯托夫对

---

① 舍斯托夫:《雅典和耶路撒冷》,徐凤林译,浙江人民出版社2000年版,第16页。
② 徐凤林:《俄罗斯宗教哲学》,北京大学出版社2006年版,第283页。
③ 徐凤林:《俄罗斯宗教哲学》,北京大学出版社2006年版,前言,第1页。
④ 别尔嘉耶夫:《自我认识》,雷永生译,上海三联书店1997年版,第96页。

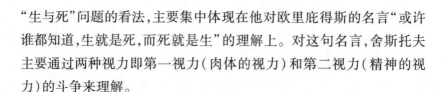

"生与死"问题的看法,主要集中体现在他对欧里庇得斯的名言"或许谁都知道,生就是死,而死就是生"的理解上。对这句名言,舍斯托夫主要通过两种视力即第一视力(肉体的视力)和第二视力(精神的视力)的斗争来理解。

一、"双重视力"

舍斯托夫看到,在每个人身上其实有两种视力,第一视力来自天然的眼睛,是肉体的视力;第二视力来自精神的眼睛,是精神的视力。人的第一视力是同其他一切知觉能力同时产生的,第二视力的产生则晚得多。"死亡天使降临于人,为的是把人的灵魂和肉体分开,而使他全身长满眼睛。……在离开之前,悄悄地把自己无数眼睛中的一双眼睛留给了人。"[①]也就是说,只有当人面临死亡的考验时,第二视力即精神的视力才会到来。陀思妥耶夫斯基和柏拉图都是具有双重视力的典范。

陀思妥耶夫斯基的双重视力不但在他的作品中,而且在他的亲身经历中都得到体现。舍斯托夫认为,《死屋手记》和《双重人格:地下室手记》是陀思妥耶夫斯基后来全部作品的滋养源。他的长篇小说《罪与罚》、《白痴》,都是对早期作品《死屋手记》的广泛注释。因为,在这些作品中,我们随处可见"天然视力"和蒙上眼睛的天使赋予他的超天然视力之间的连续不断的对质。所以,舍斯托夫断言:"陀思妥耶夫斯基全部创作的意义就在这里……或许谁都知道,生就是死,而死就是生。"[②]在现实中,陀思妥耶夫斯基曾经历过漫长的苦役生活,但在那时,"他始终记得,在这所监狱的墙外是另一种生活。从监狱高墙也能看得见的天堂,引起他对未来,已非遥远的未来的向往。……他

---

①　舍斯托夫:《在约伯的天平上》,董友、徐荣庆、刘继岳译,三联书店 1989 年版,第25 页。

②　舍斯托夫:《在约伯的天平上》,董友、徐荣庆、刘继岳译,三联书店 1989 年版,第97 页。

是多么渴望结束苦役生活和开始新生活的那一天！……在这里，即在人世间就可以找到人所需要的一切"①。但是当苦役生活结束，以为是新的高尚生活将要开始的时候，他却发觉"他越是努力，他取得的成功就越少。……自由生活越来越像苦役生活，他在监狱生活之前的'整个天空'本来是无限的，就其无限性而言是有许多许诺的，可是如今却像他那牢房的矮小棚顶一样，令人感到憋闷和窒息。……他们共命运时用以安抚自己疲惫不堪心灵的理想，并没有变得崇高，没有得到解放，而是像囚犯的镣铐一样，受到束缚和蔑视。天空令人窒息，理想遭到禁锢——整个人类生活，如同死屋囚犯生活一样，正在变成一场噩梦……"②于是，陀思妥耶夫斯基愈发觉得，"生不是人的创造，死也不是人的创造。生死，虽说是相互排斥的，但毕竟同时存在于世，使人的思想达到绝望的地步，迫使人的思想承认不知生终于何处，死始于何地"③。陀思妥耶夫斯基"看到"，天空和监狱高墙、理想和镣铐，绝不像他和常人以前想象的那样是对立的，它们不是对立的，而是一致的。因此，舍斯托夫断言："可怕的死亡天使不是在陀思妥耶夫斯基站在断头台上等待处死的时候，也不是在他过苦役生活，生活在无一幸免于死的人们中间的时候降临在他头上的。"④陀思妥耶夫斯基的这个新的"视力"就构成了《双重人格：地下室手记》的主题。

在舍斯托夫看来，陀思妥耶夫斯基在"地下室"的境遇和柏拉图在"洞穴"中的境遇是一样的。在柏拉图的"洞穴"中，"关在洞穴里的囚犯，他们只能朝一个方向看，因为他们是被锁着的；他们的背后燃烧着

---

① 舍斯托夫：《在约伯的天平上》，董友、徐荣庆、刘继岳译，三联书店1989年版，第26~27页。

② 舍斯托夫：《在约伯的天平上》，董友、徐荣庆、刘继岳译，三联书店1989年版，第28~29页。

③ 舍斯托夫：《在约伯的天平上》，董友、徐荣庆、刘继岳译，三联书店1989年版，第29~30页。

④ 舍斯托夫：《在约伯的天平上》，董友、徐荣庆、刘继岳译，三联书店1989年版，第26页。

一堆火，他们的面前是一座墙。在他们与墙之间什么东西都没有；他们所看见的只有他们自己和他们背后的东西的影子，这些都是由火光投射到墙上来的。他们不可避免地把这些影子看成是实在的，而对于造成这些影子的东西却毫无观念。最后有一个人逃出了洞穴来到光天化日之下，他第一次看到了实在的事物，才察觉到他此前一直是为影象所欺骗的"①。舍斯托夫认为，陀思妥耶夫斯基的"地下室人"和柏拉图的"洞穴人"都在一个人只看到幽灵和怪影的地方却出现了"新视力"。柏拉图在《会饮篇》中写道："当肉体的眼睛不灵的时候，精神的眼睛将更加敏锐。"②但问题在于，如果真有两双眼睛，那么谁来决定哪双看见的是真理，哪双看见的是谬误呢？

二、"肉体的视力"

舍斯托夫认为，第一视力来自天然的眼睛，是肉体的视力，在一般人看来，它是生命的象征，是生。但是，活着的人总有一种对死亡的恐惧感，有时候人们宁可承担可怕的痛苦来躲避死亡。那么，死亡的恐惧是何以产生的呢？叔本华认为，"我们所以怕死，事实上是怕个体的毁灭，死也毫无隐讳地把自己表现为这种毁灭"③。印度当代哲学家乔德哈里认为，对死亡的恐惧大致基于以下三个原因："首先，死亡是种痛苦的经验，一个垂死的人，通常要经历巨大的苦痛。其次，死去之后万事皆空，我们生前孜孜以求的享受、荣誉、名位、财富等等，一切将化为乌有。第三，我们将被周围的人忘却，因此失去我们的骨肉和亲朋挚友。"④所以，乔德哈里得出结论："对死亡的恐惧，在于人错误地陷入了官能欲望的包围而不能自拔，是因为对物质世界形色声貌的追求遮蔽了人的本性，束缚住了人的心灵，从而使人堕入对生死焦虑的

---

① 罗素：《西方哲学史》上卷，何兆武、李约瑟译，商务印书馆1963年版，第168页。
② 舍斯托夫：《雅典和耶路撒冷》，徐凤林译，浙江人民出版社2000年版，第24页。
③ 叔本华：《作为意志和表象的世界》，石冲白译，商务印书馆1982年版，第388页。
④ 陆扬：《死亡美学》，北京大学出版社2006年版，第8页。

恶性循环。"①乔德哈里的观点其实与陀思妥耶夫斯基的一致。陀思妥耶夫斯基在现实中,也经历过"死亡"的体验。如前所述(详见第三章第一节),陀思妥耶夫斯基因参加彼得拉舍夫斯基小组并在聚会朗读《别林斯基给果戈理的一封信》而被捕,经过审讯,陀思妥耶夫斯基被判处死刑。但在行刑士兵举起枪瞄准他的那一刻,陀思妥耶夫斯基得到了沙皇的赦免。在小说《白痴》中,陀思妥耶夫斯基详细地描述了自己的死亡体验:"他目前还活着,活着,而三分钟以后便将成为某个……某人还是某物? 到底是某个什么? 究竟在什么地方? 这一切他打算在那两分钟内想出个名堂来! 不远处有座教堂,它那金色的圆顶在灿烂的阳光下熠熠闪亮。他记得当时十分固执地望着这教堂的屋顶以及从上面反射出来的光辉;他无法移开视线不去看那光华,他觉得这光芒是他新的血肉,三分钟以后他就将通过某种方式与之化为一体……"②"彼时对他来说最难受的莫过于这样一个持续不断的念头:'如果不死该多好哇! 如果能把生命追回来,——那将是无穷不尽的永恒! 而这个永恒将全部属于我! 那时我会把每一分钟都变成一辈子,一丁点儿也不浪费,每一分钟都精打细算,决不让光阴虚度!'"③也就是说,人们之所以怕死,是因为他们总是留恋着"教堂的光辉"。既然人怕死,那么我们就可以威胁他,当人可能害怕的时候,就可以恐吓他,把他恐吓住以后,就可以强迫他服从。舍斯托夫认为,"肉体的眼睛"和所有同肉体相关的东西,都服从必然性,都惧怕它的威胁。他说:"肉体视力的真理是靠强力、威胁——有时是靠诱惑来维持的。它迫使不服从者喝醋,割他们的鼻子,挖他们的眼睛等等。它不知晓其他取得人们承认的办法。如果在这样的真理身上去掉它所喜欢的恐吓方法,那么谁还会跟随它呢? 谁自己喜欢承认苏格拉底被

---

① 陆扬:《死亡美学》,北京大学出版社2006年版,第8~9页。
② 陀思妥耶夫斯基:《白痴》,荣如德译,上海译文出版社1991年版,第53页。
③ 陀思妥耶夫斯基:《白痴》,荣如德译,上海译文出版社1991年版,第53页。

毒死呢?"①总而言之,人们的"生"也就是要服从必然性。只要我们以肉体方式生存,我们就在必然性的权柄之下,我们可能受折磨,被迫承认某种东西。在《旷野呼告》一书中,舍斯托夫断言:"生与死的观念是古代哲学的出发点。在各个时代和不同的民族里,人的唯一思想似乎在决定命运的必然性面前着魔而徘徊不前,而必然性给世界带来的是与人的诞生紧密相联的可怕的死亡法则,并力图毁灭已经产生与正在产生的一切法则。"②所以,舍斯托夫认为,这样的"生"不如说是"死"。他质问:如果人们不怕死,"必然性"还能拿人们怎么办? 对那些已失去了肉体的眼睛,并且肉体的视力被代之以精神的视力的人来说,"必然性"还有统治他们的权力吗?

三、"精神的视力"

舍斯托夫认为,第二视力来自精神的眼睛,是精神的视力,它的最大特点是直面"死",不受"必然性"的威胁。因为只要"必然性"还在掌权,那么,"苏格拉底被毒死"的判断就和"疯狗被毒死"的判断一样,是永恒真理。爱比克泰德和亚里士多德都没有支配精神眼睛的权力,因为他们两人都依据"必然性",都"为真理本身所迫"并愿意和善于"强迫"他人,屈从和"妥协"于"必然性"。柏拉图则不迁就这种"必然性","精神的视力"在他那里不是别的,正是企图摆脱"必然性"统治的一次勇敢尝试,"精神的视力"已不是原本意义上的视力了,不再是对现成的或设定的真理的消极观照和接受了。在舍斯托夫看来,真正的"哲学家"到过生命的边缘,经历过死亡学校,他们把死亡过程看作现实,把死同样当作未来的现实,对于这样的哲学家来说,死亡的可怕痛苦已经不再可怕了。也许,在死亡的艰难和恐怖的背后,还隐藏着某种比平凡的生命的轻松和愉快更为我们所需要的东西?"而如果

---

① 舍斯托夫:《雅典和耶路撒冷》,徐凤林译,浙江人民出版社2000年版,第26页。

② 舍斯托夫:《开端与终结》,方珊译,云南人民出版社1998年版,第118页。

和死亡结交,如果穿过最后的可怕的孤独、被遗弃和绝望的针眼——那么,也许能够找回'照我的意志'的誓约,找回那个古老的、原初的jubere(命令),它已被我们换成了软弱的、机械的,但又是平静的pare-re(服从)。应当克服恐惧,应当鼓足勇气去迎接死亡,在死亡那里体验幸福。"①"因为死亡使肉体视力减弱,它能在根本上摧毁什么也不听不见的'必然性'和'必然性'赖以维持的全部自明真理。灵魂开始感到,它可以不再服从和听命,而是能够指挥和命令,灵魂在争取自己的这个权利的斗争中,不再惧怕越过那条致命的边界,此界是一切清楚明白性的终结,是永恒奥秘之所。灵魂的智慧已不是meditatio vitae(生命的练习),而是meditatio mortis(死亡的练习)。"②在柏拉图看来,"死亡练习"正是哲学的事业,因为这样的哲学能够给人的不是自然视力,而是超自然的视力:它不是只看见现有的存在而已,而是能使他"照他的意志"所看见的东西成为现有的存在。

柏拉图在"死亡练习",陀思妥耶夫斯基却经历了死亡体验。在《白痴》中,陀思妥耶夫斯基这样写道:"你们有没有过这样的感觉:在惊恐之中,或在十分可怕的时刻,神志完全清醒,可是已经丝毫作不了主?我觉得,要是面临无法避免的毁灭……那时会突然产生一种强烈的愿望,只想坐下来,闭上眼睛,听天由命!"③"说也奇怪,在临死前这真正的最后几秒钟,很少有人晕厥!相反,头脑十分活跃地运行着、工作着,想必工作得非常紧张,非常非常紧张,像一台开足马力的机器。"④陀思妥耶夫斯基看到,直面"死亡"的人往往是最清醒的,就像一台"开足马力的机器",死亡的力量是最可怕的。因此,舍斯托夫说:"死亡有自己的真理,自己的明显性,自己的可能性和不可能性。它们不容忍我们的寻常观念,我们也不能理解它们。只有特殊的人,在精

---

① 舍斯托夫:《雅典和耶路撒冷》,徐凤林译,浙江人民出版社2000年版,第36页。
② 舍斯托夫:《雅典和耶路撒冷》,徐凤林译,浙江人民出版社2000年版,第37页。
③ 陀思妥耶夫斯基:《白痴》,荣如德译,上海译文出版社1991年版,第57～58页。
④ 陀思妥耶夫斯基:《白痴》,荣如德译,上海译文出版社1991年版,第58页。

神极度兴奋的罕见时刻,才会听见和理解神秘的死亡语言。"①在舍斯托夫看来,这种与"死亡结交"的第二视力不如说是"生"。

四、"生"与"死"的抉择

舍斯托夫认为,一旦人身上有了两种视力,它们就时刻在进行着尖锐的斗争。陀思妥耶夫斯基和斯宾诺莎以及几乎所有人类伟大的唤醒者一样,是个两面性人物。所以,他们有时势必要闭上作为第二视力的眼睛,而用普通的失明眼睛观察世界。躲到自己痛斥的敌人的火堆旁取暖。在舍斯托夫看来,在《白痴》中,陀思妥耶夫斯基的两种"视力"进行了和解,但确切些说,第二视力服从第一视力的趋势越来越明显。他时时刻刻感到自己的第二视力和心灵恒久地慌恐是个累赘。于是,他感到十分犹豫和困惑:"假使死是这样可怕,自然法则是这样有力,怎样才能克服它们呢? 基督在生前战胜过自然……而现在连他都不能战胜自然法则,这些法则又怎样去克服呢? ……它好象一台最新型的巨大机器,它没有意义地、漠不关心地、毫无怜悯地抓住一个伟大的、珍贵的生物,把他揉得粉碎,吞了下去。"②舍斯托夫认为,陀思妥耶夫斯基虽然有过犹豫,但最终他的第二视力还是战胜了第一视力。但柏拉图则不同,如前所述,柏拉图的"精神的视力"是企图摆脱"必然性"统治的一次勇敢尝试。但在舍斯托夫看来,柏拉图只是尝试,他没有成功,他虽然曾通过对死亡的思考和死亡练习达到了一定的高度,但最终柏拉图忘不了"快乐",为了得到和大家在一起思考的"快乐",就不得不付出一切。因为,在他的内心深处,还存活着一个信念:"必然性不听劝说。"为此,舍斯托夫对柏拉图的"死亡"进行了抨击。他说:"和柏拉图的说法不同,死亡是我们周围事物中最自然的、

---

① 舍斯托夫:《在约伯的天平上》,董友、徐荣庆、刘继岳译,三联书店1989年版,第98页。

② 舍斯托夫:《在约伯的天平上》,董友、徐荣庆、刘继岳译,三联书店1989年版,第71~72页。

神秘的和不可理解的东西。它充满恐怖并非偶然,大概是因为强调它的莫名其妙。所以,决没有必要来美化死亡,把它说成不那么可怕和没有疑问。对死的惧怕亦非偶然,是和死的本质有关:应当这样来看。……只有面对最大的恐惧,灵魂才决定全力以赴,否则它永远也摆脱不了平庸;死亡的痛苦和难看迫使我们忘掉一切,甚至忘掉我们的'自明真理',而跟在现实后面,走向从前满是幽灵的领域去。"①在舍斯托夫看来,之所以陀思妥耶夫斯基的第二视力成功而柏拉图的第二视力失败,是因为他们的第二视力看到了不同的东西。柏拉图的"洞穴人"的第二视力看到:人如果没有理性之光的指引,只能在黑暗的洞穴里见到事物的不真实、虚幻阴影,并为这些虚幻阴影所迷惑。只有当人受理性之光的指引,走出洞穴,摆脱迷惑,才能得到真理。但陀思妥耶夫斯基"地下室人"的第二视力却看到:地下室视为唯一现实的,甚至是唯一可能的世界,却是由理性所辩护的世界。康德一听到"规律"一词,就把帽子脱掉,规则、原则、规律凌驾于现有的一切之上。这种理性不是靠自身力量,而是靠我们对它的力量的相信来支持的,也许理性只是一种"魔力",就像公鸡可以用白粉画的线加以欺骗那样,是一种自我暗示或外来的暗示。理性及其全部自明不想允许权力之争,它们不敢也不想进行争辩,因为允许对于它们来说,就意味着必定要毁灭自己的事业。它们不想受审判,而想成为法官和立法者。但是,理性是否有权独立自主地进行审判? 如前所述,理性也没有独立权,它也依赖于必然性。于是,揭开"人喜爱苦难"的第二视力大喊"二二得四"已经不是生,而是死的开始。让我们结束一切可能的争论,开始严重的绝望斗争,为生和为死的斗争。

---

① 舍斯托夫:《在约伯的天平上》,董友、徐荣庆、刘继岳译,三联书店 1989 年版,第 250 ~ 251 页。

五、为"死"的斗争

"生死问题"也是存在主义哲学讨论的重点问题。在雅斯贝尔斯看来，"死亡是一种一直渗透到当前现在里来的势力"；海德格尔认为，"死亡是此在的最本己的可能性"；萨特说："死永远不是自为存在固有的可能性，而是一个偶然性的事实。"作为宗教存在哲学家，舍斯托夫的"生死"观与海德格尔的"向死而生"更接近，但也有不同的地方。

海德格尔认为，首先，死是生的一种"可能性"。人生是实现"可能性"的过程，在这些可能性没有实现之前，人生是不完整的，而"死"作为"生"的一种"悬欠"，也和其他可能性一样，有待"生"去终结。其次，死是命中注定的，人无法改变、超越。"死亡总只是自己的死亡"[1]，谁也绝对代替不了，是一种绝对的可能性。更重要的是，人是"向死而生"，也就是"向死的存在"。人固有一死，但不是坐着等死。它有更深的含义："向死的存在"不是对死亡的必然性采取回避态度，而是直面死亡。当人领悟到自己终有一死时，他会猛然超出日常的沉沦，思索人生的真谛，体会到自己才是真实的。

如前所述，舍斯托夫和海德格尔所要强调的"向死"都不是日常的死亡。海德格尔区分了"日常的向死而在"和"本真的向死而在"，但他认为，日常的向死而在由于其在死面前躲避而是一种"非本真的向死而在"。本真的向死而在"不能闪避最本己的无所关联的可能性"[2]。因此，他们都强调要有直面死亡的勇气，通过死来寻求生的意义。但他们也有明显不同的地方。海德格尔所说的死是肉体的死，人总有一死，只不过他强调向死的意义。但在舍斯托夫那里，并没有强调肉体的死亡，而是强调精神上的死。这种死是指活着的人由于过分依赖必然性而变得像石头一样，这种活着其实是死，一种精神上的死。

---

① 海德格尔：《存在与时间》，陈嘉映、王庆节译，三联书店 1999 年版，第 317 页。

② 海德格尔：《存在与时间》，陈嘉映、王庆节译，三联书店 1999 年版，第 312 页。

因此,舍斯托夫的"向死斗争"是向理性必然性的斗争,是在与理性必然性的殊死斗争中获得生的意义。而海德格尔的向死是人只有真正领会了自己的死,肉体的死,才能真正领会生的意义。实际上,舍斯托夫探讨的"生死问题"与其他哲学家探讨的"生死问题"并不在同一个层面上。也可以说,舍斯托夫只不过是借用了"生与死"的思维来达到他对理性必然性、理性自明批判的目的。在他看来,如果人们能够放弃生(被理性真理所迫,不如说是死),而借助死(临死人的最清醒勇气,不如说是生)就可以与理性必然性进行殊死的疯狂斗争。认识到这点,我们就可以理解为什么舍斯托夫会一再引用欧里庇得斯的话:"或许谁都知道,生就是死,而死就是生。"

第三节　知识:拯救与堕落

如本章第一节所述,理性哲学是求知,圣经哲学是求救,求知与求救能否同存,也就是知识和信仰能否共生? 舍斯托夫让哲学家们和先知们在"知识问题"上进行对质。

一、"蛇"与"上帝"

据《创世记》记载:上帝在伊甸园栽下了生命树和能分辨善恶的智慧树。他对人说:"你可以随意吃园里各种树上的果子,唯独知善恶树的果子你不能吃,你吃了就会死的。"上帝所造的万物中最狡猾的东西——蛇对女人说:"上帝是不是不让你吃园子里的任何果子?"女人说:"不是这样的。上帝说了,园子里的果子我们都可以吃,除了当中那棵树上的果子不能吃,甚至连摸都不能摸,否则我们就会死的。"蛇说:"不对,吃了那果子你并不会死。上帝不让你吃那果子,是因为上帝知道一旦你们吃了那树上的果子,你们的心智就会开窍了,就会变得跟上帝一样聪明,然后即能知善恶了。"受蛇的诱惑,人偷吃了禁果,知道了善恶,被上帝逐出伊甸园。

蛇与上帝,谁对谁错？显然,人偷吃了禁果,但没有死。因此,通常的观点认为,人犯罪是因为他们违反了勿食禁果的上帝之命,但与知善恶树本身无关。正如《德意志神学》所说:"亚当即使吃了七个苹果也不会有任何不幸。不幸在于他不听上帝的话。"①奥古斯丁也认为,吃了知识树的果实并不包含任何不好的东西。既然人的犯罪与知善恶树本身无关,也就是知识并没有不对,人们就可以去追求那"具有普遍必然性"的知识。于是,以苏格拉底、柏拉图和亚里士多德为代表的古希腊贤哲,为我们建构了一座知识的大厦。自此以后的思想家和贤哲们,大都是在对这座大厦进行修修补补,就连斯宾诺莎、康德、黑格尔直到胡塞尔等都莫不如此。苏格拉底对"意见"和"真理"进行了区分,认为意见可以有各种各样,真理却只能有一个。意见可以随人以及其他条件而变化,真理却是永恒不变的。他说的"真理"就是有关事物的普遍定义。苏格拉底寻求事物的普遍定义,认为这就是知识。这样,他发现了认知,并把全部希望寄托在所发现的认知上,认知对他既是真理,也是善的唯一源泉,善即是知识。柏拉图认为存在两个世界:一个是感觉世界,这是可见世界,但它是不真实的;另一个是理念世界,这是理智才能把握的可知世界,它才是真实的。关于理念世界的知识,才是真正的知识。这种知识分为"理智"和"理性","理性"是关于纯粹理念的知识,它不借助任何感性的东西,仅凭推理,从理念到理念,从而认识理念本身,所以它是最高级的认识,是"真正的知识"。亚里士多德将哲学与其他科学分开,认为哲学不是研究自然界的特殊的东西,而是研究"存在"本身,研究"作为存在的存在"(即普遍存在)。他认为,归纳法和演绎法是达到真理性认识的两种手段。"亚里士多德一再告诫我们,理性是神圣的,人有理性活动才是最高尚的幸福。因为,合乎理性的生活才是人类应当如此的生活,也才是神圣的幸福生活。哲学包括一切经过理性思考的知识,它就是要帮助人们去

---

① 舍斯托夫:《雅典和耶路撒冷》,徐凤林译,浙江人民出版社 2000 年版,第 193 页。

正确地思维,去过正当的生活。"①对亚里士多德来说,知识是普遍必然的知识。而黑格尔则毫不动摇地深信:"令人识别善恶的知识之树上的果实,是来自自身的知识,也就是理性,——这是往后一切时代的哲学的普遍原则。"②

这样看来,似乎是上帝错了。但是舍斯托夫认为,上帝并没有错,而是人们误解了上帝。因为"唯独知善恶树的果子你不能吃,你吃了就会死的",这句话实际上确立了知善恶树的果子与死亡之间的内在联系。"上帝之言的含义不在于,人若不听诫命就会受罚,而在于,在知识中隐藏着死。"③可以看出,舍斯托夫对这句话的理解与他一贯的思维方式是一致的,他本身也不认为人吃了禁果马上就会死,而是重点指出理性知识这种思维的危害性。这样就面临一个问题:"如果上帝说的是真理,那么知识带来死亡,如果蛇说的是真理,那么知识使人等同于神。"④那么,谁来裁决呢? 令舍斯托夫失望的是,自苏格拉底以来,理性就是法庭的终审者。如果我们提前同意,我们的理性是解决蛇与上帝之争的终极裁判,那么只能得出一个结论:蛇的事业注定取得完全胜利。因为,在舍斯托夫看来,理性就是知识的源泉本身,它能谴责知识吗? 理性不敢谴责知识,但舍斯托夫却进行了谴责,他说:"圣经大声警告反对知识树的果实,而希腊哲学则把 γνωσις(知识)看作是最高的精神食粮,把善于区分善恶看作是人的最高品质。"⑤人们因不能拒绝古希腊的遗产,而被迫在认识的形而上学问题上忽视了《圣经》。按吉尔松的理解,"上帝的这个无缘无故的小小诫命(勿食知善恶树之果)……只是受造物对上帝的依赖性的一个感性符号"⑥。

① 舍斯托夫:《开端与终结》,方珊译,云南人民出版社 1998 年版,第 365~366 页。
② 黑格尔:《哲学史讲演录》第二卷,贺麟、王太庆译,商务印书馆 1983 年版,第 44~45 页。
③ 舍斯托夫:《雅典和耶路撒冷》,徐凤林译,浙江人民出版社 2000 年版,第 190 页。
④ 舍斯托夫:《雅典和耶路撒冷》,徐凤林译,浙江人民出版社 2000 年版,第 190 页。
⑤ 舍斯托夫:《雅典和耶路撒冷》,徐凤林译,浙江人民出版社 2000 年版,第 195 页。
⑥ 舍斯托夫:《雅典和耶路撒冷》,徐凤林译,浙江人民出版社 2000 年版,第 194 页。

舍斯托夫十分赞同吉尔松的观点,"勿食知善恶树之果"只是一个符号,不能因此而认为上帝错了,甚至把"普遍必然性的真理"视为高于上帝。错的是知识,它隐藏着死。但为什么说知识隐藏着死呢?

二、"美德"与"罪孽"

通常的观点认为,苏格拉底的认识论是人类认识发展史上的一个里程碑,他提出:"首先并且主要地要注意到心灵的最大程度的改善。知道你自己。"[①]"知道你自己"标志着古希腊哲学史从自然哲学到人学的转变,也就是把哲学研究的重点转向人事和自己的心灵,注重人的心灵的改善。据此,苏格拉底提出"美德即知识"的基本命题。也就是说,"(人)没有知识,就会听任主观的武断,或者为道听途说,似是而非的意见所左右,当然也就做不出符合道德的行为。相反,有了知识,懂得了道德的本性,掌握了善的概念,就必然能够做出符合善的事情"[②]。对苏格拉底的观点,舍斯托夫甚为不满。在他看来,苏格拉底的"知道你自己"的作用并没有那么大;相反,"知道你自己"出现了,也就开始了"评断"。人往往不想去认识自己,为了知不需要看,只需要"评断",即依据外在特征进行判断,根据远古时代起通用的标准进行衡量。因此,"知道你自己"的意义仅在于,"要使每个人像周围的人评价和评定他那样来评价和评定自己。就是说,要使他自己不感到自己是事实上的自己,而只看到了自己的写照……'认识自己',即只看到自己写照的人,学会看到自己的'本质'了。他在自己身上,也如同在别人身上一样,看到的只是现象,只是显现着的东西"[③]。也就是

---

① 冒从虎、王勤田、张庆荣:《欧洲哲学通史》上卷,南开大学出版社 1985 年版,第98 页。

② 冒从虎、王勤田、张庆荣:《欧洲哲学通史》上卷,南开大学出版社 1985 年版,第99 页。

③ 舍斯托夫:《在约伯的天平上》,董友、徐荣庆、刘继岳译,三联书店 1989 年版,第215 页。

说,"知道你自己"被看作是由于忽视和压制自身一切不固定的自由的东西,而使自己服从于历史上形式的规则和标准。同样,对于苏格拉底来说"美德即知识",但舍斯托夫却认为苏格拉底在公开容许概念混淆,把美德等同于知识,因为"最愚蠢的人都确实知道,可以做一个有知识而无德行的人,正如可以做一个无知的使徒一样"①。

在对苏格拉底提出质疑后,舍斯托夫把知识等同于罪孽,认为知识导致了恶的来临,知识中隐藏着死。在《旷野呼告》一书中,舍斯托夫说:"《圣经》故事是不能'修改'的:陷于罪恶是知识的开端,或者更确切的表述是,罪孽和知识只是表示同一'对象'的不同的词!"②确实,陷于罪孽从极为遥远的年代起就开始烦扰人类思维。但希腊哲学对于这个问题的回答,同我们在"创世记"的叙述里看到的答案截然相反。舍斯托夫认为,上帝创造的原初世界中并不存在善恶问题。"我们在'创世记'的一开首就看到,一切都是造物主创造的,一切都有开端,然而,这不仅不是存在的残缺性、不足性、缺陷性和罪孽性的条件,而相反,却是宇宙里一切可能的善美的保证。换言之,上帝的创造行为是一切善美的唯一源泉。在主创造的每天傍晚,主一边瞧着被创造物,一边说:'至善'。在最后的一天,上帝回顾他所创造的一切,他明白一切都是至善。无论世界还是人类(上帝赐福于他们)都受造于造物主。正因为如此,它们才完美无缺并且毫无瑕疵:在上帝创造的世界里,既不存在恶,也不存在恶之源——罪孽。恶和罪孽是后来出现的。"③舍斯托夫认为,在《圣经》中,"不是亚当'不知道'善恶之差别,而是这种差别不存在。只要亚当还侍奉上帝,对他和上帝来说,就不存在恶。世界上的一切都是至善"④。

但亚当并没有这样做,如前所述,人受蛇的诱惑,偷吃了禁果。

---

① 舍斯托夫:《雅典和耶路撒冷》,徐凤林译,浙江人民出版社 2000 年版,第 78 页。
② 舍斯托夫:《开端与终结》,方珊译,云南人民出版社 1998 年版,第 297 页。
③ 舍斯托夫:《开端与终结》,方珊译,云南人民出版社 1998 年版,第 119 页。
④ 舍斯托夫:《开端与终结》,方珊译,云南人民出版社 1998 年版,第 200 页。

"于是他的眼睛睁开了，并且懂得了善恶。他看到了什么？他又懂得了什么？他看到的正是希腊哲人和印度贤明所看到的：上帝的'至善'不能自圆其说——在被创造的世界里，并非一切都是善；在被创造的世界里，也正因为它是被创造的，不能不存在恶，而且是难以计数的恶和难以忍受的恶。我们周围的一切——意识的直接材料——都以不容争议的明晰性证明了这一点。只要'睁开双眼'，看看世界，只要'知道善恶'，就不会作出相反的判断。从人'知道善恶'的时刻起，罪孽就与'知识'一起进入了世界，而恶是紧随在罪孽之后的。"①舍斯托夫坚信，罪孽不在存在之中，也不在创世主创造的事物之中，罪孽、恶习缺陷就在我们的"知识"之中。按照《圣经》的说法，纯真的人也就是堕落之前的人，他根本没有知识，也不知道区别善与恶。有关陷入罪孽的神秘传说的全部意义，正是在于区别善恶的知识和能力，也就是禁树之果带给人的东西。它并不是唤醒，而是使人的精神沉迷昏睡。"它把人引向虚无，使虚无成为必然性，必然性的真理知识进而又扭曲人的意识，使人的意识屈从于有限的可能性，判定神圣的救赎之爱为不可能。虚无和必然性的真理最终不过要让有限的可能性来决定和支配人的无限性的生活和命运。一旦人们听命于这种不可能性，在舍斯托夫看来，就是沉沦。"②

　　罪孽出现了，它把恶释放到世界中，并且相信知识和理性的人没有能力把恶从生命中驱逐出去。虽然不能驱逐恶，但哲学家们相信能解释恶。然而，舍斯托夫断言："思辨哲学能解释'恶'，但解释之后，恶依然存在，它不仅仍是恶，且证明自己是必然的、可以接受的，并变成永恒的基础。存在哲学则超越了'解释'，把'解释'看成最凶恶的敌人。不能解释恶，不能'接受'恶，也不能同它谈判，就像不能接受

---

①　舍斯托夫：《开端与终结》，方珊译，云南人民出版社 1998 年版，第 119～120 页。

②　刘小枫：《走向十字架上的真》，上海三联书店 1995 年版，第 34～35 页。

罪,也不能同罪谈判一样。恶可以而且应当被驱逐。"①看来,人是彻底地堕落了,堕落了的人只是理性的动物,他们"唯理性是从",遵守那僵死的道德规范。正如苏格拉底所说的,美德即知识。换言之,知识即美德。当一个人由于生命的需要而不能听从理性的命令并做出了越出道德允许的范围的行为时,他便会受到社会道德的谴责。"这人太毛躁,如果我们不用法律约束他,他会害死我们大家"——当有人脱离传统轨道时,这样的念头总是会不期而然地浮现在我们脑海。舍斯托夫看到,这可真是草木皆兵——我们在建设道德,却终生躲在道德身后,像藏在堡垒墙内一样躲避着敌人。正如普罗提诺教导说:"即便我们的女儿被侮辱,我们的儿子被杀害,我们的家园被毁坏,——所有这一切都不能影响智者的幸福。伦理学的全部含义和意义就在这里,伦理学的'善'是自律的,自主的,也就是完全不依赖于 res quae in nostra potestate non sunt(不在我们掌管之下的东西)。"②也就是说,美德的命运由某种对人们需求完全漠不关心的力量决定,它按自己的规律发展,吸引和摧毁宇宙中的一切——生的或死的。"当上帝听到历尽苦难的儿子的喊声时,甚至不能答应一声……统治他的是不闻不问、无动于衷的伦理,及其毫无怜悯之心的'你应该'。"③舍斯托夫质问:伦理这个无上权力来自何处?但同样令舍斯托夫失望,没有人会问这个问题;相反,哲学家总是认为伦理是最高的,自己则是伦理的奴隶。"既然道德已经出场,帽子就该滚蛋了,就不要再说什么了。"④于是,作为忠实的奴隶,他迫使自己生活于思维的范围内,并把这种"哲学"生活作为理性动物所允许的幸福,他甚至还命令别人也这样做。而我们有知识的人总是把自己的希望同自律伦理学联系起来,我们把得到此种伦理学的赞扬看作是自己的得救,把受到它的谴责看作是永恒的

① 舍斯托夫:《开端与终结》,方珊译,云南人民出版社 1998 年版,第 327 页。
② 舍斯托夫:《雅典和耶路撒冷》,徐凤林译,浙江人民出版社 2000 年版,第 93 页。
③ 舍斯托夫:《开端与终结》,方珊译,云南人民出版社 1998 年版,第 243 页。
④ 舍斯托夫:《无根据颂》,张冰译,华夏出版社 1999 年版,第 9 页。

毁灭。在他们看来,知识及其随之而来的伦理会给我们带来希望、自由和幸福。但知识真的会带来自由吗?

三、"自由"与"奴役"

知识是什么? 舍斯托夫认为,"知识就是准备把自明的东西作为真理,也就是堕落之后我们'睁开的'双眼所看到的东西,斯宾诺莎把这称为'oculj mentjs'(聪慧的视觉),黑格尔则称之为'精神'的视觉,知识不可避免地把人引向死亡"[①]。苏格拉底追求知识,甚至为了知识不要性命,因为在他看来,知识可以给我们无限的幸福和自由。但在舍斯托夫看来,"苏格拉底,这个最智慧的、最天才的人,是最大的罪人,他不是他自以为那样的自由的苏格拉底,他是着了魔的、被束缚住的苏格拉底。对虚无诱惑的恐惧使他丧失了意志。而且他甚至不认为自己的意志已丧失殆尽。他确信他的意志是自由的,指导意志的理性是他以及每个人身上最美好的"[②]。于是,受苏格拉底的迷惑,柏拉图和亚里士多德,还有他们之后的近代哲学家,笛卡儿、斯宾诺莎、莱布尼茨以及康德,他们都以人所能有的全部热情去追求普遍和必然真理,也就是追求他们认为唯一称得上知识的东西。这些哲学家相信,知识是世界上最为人所需要的东西,知识是真理的唯一源泉,知识揭示了这样一些普遍和必然真理,这些真理包容了全部存在,人无法逃避这些真理,也许没有必要逃避。"这就是由人类知识带来,并由人类智慧所表现出来的基本和不可动摇的真理。认知启示我们,无处可以逃避虚无。智慧赐福于由知识启示给它的真理:不需要逃避这一真理,也不需要与其进行争辩和斗争,需要的是接受它,喜欢它,推崇它。"[③]因此,黑格尔深信:蛇没有骗人,知识之树的果实是一切未来哲

---

① 舍斯托夫:《开端与终结》,方珊译,云南人民出版社 1998 年版,第 129 页。
② 舍斯托夫:《开端与终结》,方珊译,云南人民出版社 1998 年版,第 200 页。
③ 舍斯托夫:《开端与终结》,方珊译,云南人民出版社 1998 年版,第 290 页。

学的源泉。克雷芒甚至断言:假若能够把知识与永恒的拯救分开,而让他去选择的话,他选择的将不是永恒的拯救,而是知识。

舍斯托夫认为,哲学家们无论如何也没想到,在这里隐藏着可怕的、致命的堕落,"知识"并未把人与上帝等量齐观,而是使人脱离上帝,把他交给僵死的和正在僵死的"真理"支配,《圣经》中上帝的万能已被黑格尔轻蔑地否弃。虽然,苏格拉底确认,完善的知识只归神所有,人的知识是不完善的知识。但在舍斯托夫看来,与其说他以此削弱了知识,不如说抬高了知识。"因为这意味着,诸神的自由也不是无限的:知识也给神的自由设置了界限,不仅指出了可能和不可能的界限,而且指出了容许和不容许的界限。"①结果只能是,知识带来的不是"幸福",而完全是另外的东西,或者确切地说,知识所许诺的幸福比降临于凡人头上的最可怕的不幸更糟。与哲学家贬低甚至否定上帝的万能不同,克尔凯郭尔坚信上帝没有什么不可能。舍斯托夫对此非常赞同,但克尔凯郭尔有一点令舍斯托夫非常不满,就是他对待苏格拉底的态度,准确点说是对待"知识"的态度。他认为,克尔凯郭尔即使在他内心诸力量斗争最尖锐的时候,也从未能坚决地摆脱古希腊的《会饮篇》及其核心人物苏格拉底。"他毕竟仍维护苏格拉底……似乎无意识地保护自己,万一亚伯拉罕和约伯不能使他摆脱困境的话……他把苏格拉底隐藏在自己也看不见的内心深处。他号召荒谬和悖论,但仍紧紧抓住苏格拉底不放。"②舍斯托夫对克尔凯郭尔进行了批评,认为他从陷入罪孽的故事中取消了蛇。但是"删除蛇不仅不意味摆脱它的控制,相反,却意味着受其控制,即拒绝同它作斗争。由于它不为人所见、所承认,它更肆无忌惮地统治着我们:我们不知道,谁是我们的真正敌人,我们在同不存在的敌人斗争"③。事实上,克尔

---

① 舍斯托夫:《开端与终结》,方珊译,云南人民出版社1998年版,第87页。
② 舍斯托夫:《开端与终结》,方珊译,云南人民出版社1998年版,第149页。
③ 舍斯托夫:《开端与终结》,方珊译,云南人民出版社1998年版,第222页。

凯郭尔的一切有教益的话语都信赖苏格拉底及其"知识",每当克尔凯郭尔在读《圣经》时,就有某种力量强制他"不去注意奇迹",而聚精会神于"真理"和"善"。而蛇就是这样在"创世记"里怂恿亚当"不去注意"生活之树,并且把自己的希望寄托在知识之树上。舍斯托夫指责克尔凯郭尔,"就连在内心最紧张的时刻,在他以全部灵魂气愤若狂地奔向荒谬的时候,他也在看'知识'的神色行事,要求荒谬行使监督职责,并询问道(当然,是询问理性,还可能问别人吗?):'cui est credendum'(为何信仰)"[1],舍斯托夫认为,克尔凯郭尔并没有理解《圣经》故事中蛇的作用。这就是说,几乎(或许并非几乎)照搬黑格尔的话:不是蛇欺骗人,而是上帝欺骗人! 他断言,其实克尔凯郭尔并不能与苏格拉底共存,"有一点不容置疑,在苏格拉底的魔力完全笼罩住他的那一瞬间里,从他的灵魂里挣脱出绝望的呼声:'这剥夺我荣誉和骄傲的是什么力量? 难道我失去了法律的庇护?'作为凡人,他只能看到出现在他面前的恐惧而不寒而栗"[2]。

　　在批评克尔凯郭尔后,舍斯托夫认为,"我们的知识所追求的仍然只是现象的规律性","人所找到的最无疑的真理标准之一,就是各种知识之间的一致性,亦即它们之间没有矛盾。人在现象之间寻找并找到了相互联系,并把这种联系的存在看作是真理的保障"。[3] 这样,知识之树就吸取了生活之树的全部浆汁,而存在哲学视"争取可能"的斗争为己任已经变成了训诫,实质上是准备同"理性"和"伦理"控制的有限可能妥协。因此,舍斯托夫坚信,知识没有把人引向自由;相反,知识奴化了我们、束缚我们、奴役我们的意志,并给永恒真理以"任意洗劫"。因为知识是被迫,而被迫就是从属,是丧失,是被剥夺,其中归根到底隐藏着一种可怕的危险。更因为,知识为我们培养了"懒惰的

①　舍斯托夫:《开端与终结》,方珊译,云南人民出版社1998年版,第189页。
②　舍斯托夫:《开端与终结》,方珊译,云南人民出版社1998年版,第291~292页。
③　舍斯托夫:《雅典和耶路撒冷》,徐凤林译,浙江人民出版社2000年版,第287、299页。

理性",把人之外的现实之物变成了必然之物,使我们习惯于平静地接受命运的安排,默许恶现实的存在。我们变成无意志的、顺从的存在物。"人在生活范围中不敢或不能思维,不得不生活于他思维的范围中,同时,甚至也不怀疑这是最大的堕落,这是原罪。"①在生活中,人们只能寻求、发现、评价"秩序"和由"秩序"所设立的定律与规范。这样,知识只能教人服从,默许恶的存在。当我们面临深渊的时候,《圣经》告诉我们应从深处向上帝呼告。但有知识的"唯理性是从"的人却强调,求告不会有任何结果,人应努力往上爬。正如斯宾诺莎所说:"勿哭、勿笑、勿诅咒,只要理解。"为了"理解"就要拒绝一切同我们的喜与悲、希望与绝望等相关的东西。然而,根据《圣经》,知识不仅不是,并且也不可能是真理的本源,真理存在于知识终结之处,存在于摆脱知识的自由主宰之处。人们"既已向知识树伸出了手,人们就永远失去了自由。或者换言之,人们还留有自由,但仅仅是选择'善''恶'的自由。"②据此,舍斯托夫断言,我们获得的实证知识愈多,我们离生命的奥秘就愈远;我们思维的机制愈完善,我们就愈难以接近存在的源泉。

第四节　自由:服从与超越

如前所述,哲学家们认为知识能拯救人并给人以自由,先知们却认为知识是堕落的开始,那么,自由到底是什么？ 怎样才能获得真正的自由？ 为此,舍斯托夫让哲学家们与先知们在"自由问题"上进行对质。

---

① 舍斯托夫:《开端与终结》,方珊译,云南人民出版社1998年版,第217页。

② 舍斯托夫:《雅典和耶路撒冷》,徐凤林译,浙江人民出版社2000年版,第107页。

一、"自然"与"心灵"

许多西方思想家都认为"自由是人所固有的东西"，舍斯托夫也不例外。但舍斯托夫谈论的自由主要是指意志自由问题，而不是政治、经济等自由。意志自由问题是西方哲学史和神学史上争论最多的问题之一，即"人的意志自由"或"人的意志不自由"。比较有代表性的争论是：爱拉斯谟坚持"自由意志"，路德认为是受奴役的意志；莱布尼茨确信被捆双手的人仍然是自由的，斯宾诺莎否定人的意志自由。舍斯托夫的立场是支持路德而反对斯宾诺莎。同是强调人的意志不自由，为什么舍斯托夫会有不同的观点呢？　其实，在舍斯托夫看来，斯宾诺莎的自由思想有一个惊人的不一样：在《形而上学的沉思》中，他坚定断言意志是自由的，但在《伦理学》中，他同样坚定地作出了相反的论断。到底斯宾诺莎的真实想法是什么？　在这里很有必要先了解斯宾诺莎哲学的基本思想，否则就不能很好地把握他的自由思想。

斯宾诺莎哲学的基本范畴由"实体"、"属性"和"样式"组成，其中实体是基础和核心。实体是通过自身而得到种种规定，也就是说，实体不依赖于他物而独立存在，也无须借助于他物而得到说明。它是自因的、唯一的、无限的和永恒的，是万物的本质和万物存在的唯一原因。在斯宾诺莎看来，实体、自然和神是同一个东西，只是表达角度不一样。属性是实体固有的本质特性，属性只有广延和思维两个。样式则是由实体通过属性派生出来的。人由心灵和身体组成，而"构成人的心灵的观念的对象只是身体或某种现实存在着的广延的样式，而不是别的"[1]。就这样，斯宾诺莎先将神（上帝）贬为自然，再将心灵降为自然的样式。斯宾诺莎从他的实体学说出发，认为认识不应当从心灵出发，而应当从自然出发，自然是认识的唯一对象，而我们的心灵可以尽量完全地反映自然。但不管怎样，"人的心灵只是部分地或不正确

---

[1]　斯宾诺莎：《伦理学》，贺麟译，商务印书馆 1983 年版，第 55 页。

地认识事物"①,因为能正确获得知识的只能是理性知识和直观知识。在斯宾诺莎看来,"凡是仅仅由自身本性的必然性而存在、其行为仅仅由它自身决定的东西叫做自由(libera)。反之,凡一物的存在及其行为均按一定的方式为他物所决定,便叫做必然(necessaria)或受制(coata)"②。也就是说,自由是对必然的认识。而要认识必然,唯有理性,因为"理性的本性不在于认为事物是偶然的,而在于认为事物是必然的"③。所以,"自由人,亦即纯依理性的指导而生活的人"④。在这里,斯宾诺莎坚持"必然性中的意志自由"、"理性中的意志自由"。从这个角度来说,斯宾诺莎认为意志是自由的。但从另一个角度,即从先于或超越理性、从人的心灵的角度出发,斯宾诺莎则认为意志是不自由的。这是为什么呢?

斯宾诺莎认为,"在心灵中没有绝对的或自由的意志","(因为)心灵是思想的某种一定的样式,所以心灵不能是自己的行为的自由因,换言之,心灵没有绝对能力以志愿这样或志愿那样,但是必定为一个原因所决定以有这个意愿,而这一原因又为另一个原因所决定,而这个原因又同样为别的原因所决定,如此递进,以至无穷"。⑤ 而实体(自然)则不一样,它是自因,所以是绝对自由的。因此,斯宾诺莎断言,假如一个驴子处在同距离的两束青草之间,并假定它除饥渴外别无知觉,则它必会死于饥渴,因为驴子没有自由意志作出抉择,老是作不出决定。

显然,斯宾诺莎的自由观是基于自然主义的宇宙观,认为人是无限自然世界的一部分,人的思想意识是对外部客观世界的反映,人在自然世界中是被决定的,因而人的自由只取决于"对必然性的认识",

---

① 斯宾诺莎:《伦理学》,贺麟译,商务印书馆1983年版,第54~55页。
② 斯宾诺莎:《伦理学》,贺麟译,商务印书馆1983年版,第4页。
③ 斯宾诺莎:《伦理学》,贺麟译,商务印书馆1983年版,第83页。
④ 斯宾诺莎:《伦理学》,贺麟译,商务印书馆1983年版,第222页。
⑤ 斯宾诺莎:《伦理学》,贺麟译,商务印书馆1983年版,第87页。

实际上是从根本上否定了心灵的神性因素。但在舍斯托夫看来,心灵的生命来自超自然的神,而不是斯宾诺莎的自然(神),在人的内心深处有不可消除的自由的愿望,有自由的本性,但人的自由被某人或某物麻痹了,这也正是路德感到十分痛苦的矛盾:"以自由为世上最珍贵之物的人,感到他的自由被剥夺了,而且看不到任何恢复自由的可能性。他所做的一切不仅不使他得解放,而且使他更受奴役。他也在行走,写作,思考,想方设法地自我完善,但他越是努力,越是完善自己,越是深入思考,他就越是相信,自己完全没有能力以自己的力量和按自己的创意改变自己生存条件中的任何东西。最使人软弱和令人麻痹的东西,就是思想,也就是那种通常被人们同自己获得自由的全部希望联系在一起的东西。当人没有进行'思考'的时候,他认为'神使一切都走向一定目的';但当他开始思考的时候,突然相信,这是一种成见和谬误,是由人如此渴求的自由意志所产生的,这个意志也许曾经拥有把我们的愿望变为现实的权力,但现在,这个意志成为软弱无力和孤立无援的,它只能折磨人,使人想起那永远化作虚无的从前。"①

综上所述,斯宾诺莎认为人的意志不自由是因为人没有认识必然性,而路德认为人的意志不自由是因为必然性解除了人的意志,这也就是为什么舍斯托夫赞同路德而反对斯宾诺莎的原因所在。也正如马勒伯朗士所说,"自由是一个奥秘,像一切具有奥秘性质的东西一样,自由包含着内在矛盾,摆脱这一矛盾的任何尝试总是以同样的结果告终:不是摆脱了矛盾,而是摆脱了所提出的问题"②。但现在的新问题是:斯宾诺莎们和路德们所追求的自由的实质是什么?

二、"必然"与"可能"

斯宾诺莎坚定地相信自由是对必然性的认识,人的自由以对必然

---

① 舍斯托夫:《雅典和耶路撒冷》,徐凤林译,浙江人民出版社 2000 年版,第 103 ~ 104 页。

② 舍斯托夫:《雅典和耶路撒冷》,徐凤林译,浙江人民出版社 2000 年版,第 103 页。

性、现实的认知为前提,这正是理性主义哲学自由观的基础,斯多葛派的自由、康德的自由、黑格尔的自由都莫不如此。他们认为,应当而且必须超越人的心灵的可怕任性、超越个人的变化不定的任性范围,进入不变的规律性、必然性的王国,也只有把握了必然性,才可能获得真正的真正。这种必然性也就是合理的必然性,合理的自由和必然性是一回事。因此,斯宾诺莎反复强调,必然性是存在的本质和基础,统治万物的是必然性,"万物除了在已经被产生的状态或秩序中外,不能在其他状态或秩序中被神所产生"①,而"心灵在永恒的形式下所理解的一切事物,它之所以能理解它们,并不是因为它把握了身体的现在的实际存在,而是因为它是在永恒的形式下把握身体的本质"②。在这里,对斯宾诺莎来说,"在永恒的形式下"和"在必然性的形式下"意义是相同的。舍斯托夫认为,我们在思想史上未必能够找到另外一个哲学家,像斯宾诺莎一样如此坚定而充满热情地发展必然性之无限权力的思想。

自由是对必然性的认识,合理的自由和必然性是一回事吗?舍斯托夫的回答是否定的,他说:"实际上(合理的自由和必然性)这根本不是一回事。必然性毕竟是必然性,无论它是合理的还是不合理的。……但既然要合理还要必然,那么这还算什么自己的意志呢?有这样的自己的意志吗?"③因此,舍斯托夫借用克尔凯郭尔的话说,"自由就是可能性"④。可能性是存在主义哲学的一个重要范畴,无论海德格尔,还是萨特,他们都把人的自由、未来、自我设计与可能性联系起来。在克尔凯郭尔看来,"可能性是唯一的救赎"⑤,可能性具有"解

---

① 斯宾诺莎:《伦理学》,贺麟译,商务印书馆1983年版,第32页。
② 斯宾诺莎:《伦理学》,贺麟译,商务印书馆1983年版,第256页。
③ 舍斯托夫:《雅典和耶路撒冷》,徐凤林译,浙江人民出版社2000年版,第282页。
④ 舍斯托夫:《开端与终结》,方珊译,云南人民出版社1998年版,第295页。
⑤ 克尔凯郭尔:《致死的疾病》,张祥龙、王建军译,中国工人出版社1997年版,第38页。

放"的意义,如果没有可能性,人就不可能走向理想的自我。必然性总是拖后腿,与自由背道而驰;而可能性使人前瞻性地生存,使人超脱。克尔凯郭尔主张必然性与可能性的综合,"综合是一种关系,它是一种使自己与自己相关联的关系(尽管它是派生的),这意味着自由"①。

与克尔凯郭尔主张综合的观点相反,舍斯托夫极力反对必然性,主张可能性,认为自由只有在可能性中才能体现,没有可能性一切都是空话。然而,现实中的可能性却被规律性、必然性扼杀了。他说:"生活中呈现给一个人的可能性,比较而言十分有限。人不能见识一切,不能理解一切,不能爬得离地面太高,也不能潜入地心深处。从前总是隐蔽着的,将永远隐蔽——我们无法测知,或许也无法知道,我们身上永远也长不出一对翅膀来。现象的规律性一成不变,它为我们的追求和向往设定了边界,将我们逼进一条狭窄的、日常生活的老生常谈之路,也不让我们在其上纵横驰骋。我们必须小心翼翼地看着脚下,每迈一步都得停一停,因为在生活中只要稍不留意,我们就会遭遇到死亡的威胁。"②面对这种没有可能性的生活,我们应怎么办?舍斯托夫认为,我们只能寻找或设想没有死亡的别样生活。"在那里,对行为所负的责任,即便不是被彻底取消,也不会像我们这里那样,具有致命和偶然的性质;从另一个角度说,在那蒙昧的生活里,'规律性'是没有的,所以,那里有的只是无以数计的可能性。在那里,恐惧感——这是一种使人万分耻辱的感情——消失了。"③

三、"选择的自由"与"原初的自由"

不管是斯宾诺莎说的"必然性",还是克尔凯郭尔所说的"可能性",它们都属于认识论的重要范畴。也就是说,他们的自由思想的分

① 克尔凯郭尔:《致死的疾病》,张祥龙、王建军译,中国工人出版社 1997 年版,第162 页。
② 舍斯托夫:《无根据颂》,张冰译,华夏出版社 1999 年版,第 41~42 页。
③ 舍斯托夫:《无根据颂》,张冰译,华夏出版社 1999 年版,第 42 页。

歧实际上是根源于他们对"知识"的不同态度,他们更注重的是自由与知识的关系。舍斯托夫就说:"意志自由问题与认识问题的联系要更加密切得多。确切地说,一方面是意志自由,另一方面是我们的善恶观念,此二者同我们关于认识的本质的观念如此紧密地结合在一起,乃至如果在它们的相互联系之外解释这些问题,就必然导致片面的或错误的结论。"①所以,更准确地说,他们的自由思想的分歧实际上是根源于他们对"善恶"的不同态度。

在斯宾诺莎看来,自由和善恶密不可分,"假如人们生来就是自由的,只要他们是自由的,则他们将不会形成善与恶的观念"②。善就是指我们确知对我们有用的东西;相反,恶是指我们确知阻碍我们占有任何善的东西。善与恶的知识不是别的,只是我们所意识到的快乐与痛苦的情感。"每一个人必然追求他所认为是善的,避免他所认为是恶的。"③舍斯托夫指责说,斯宾诺莎的神(自然)"不知道任何欲望":快乐与痛苦都与他格格不入,神对人类的爱和心灵对神的爱意义是完全不同的。既已向知识树伸出了手,人们就永远失去了自由。或者换言之,人们还留有自由,但仅仅是选择"善"、"恶"的自由。他是被赋予了选择的可能性的,不是在善恶之间作出选择的可能性,而是在必将有恶和不要有恶之间作出选择的可能性。这样看来,斯宾诺莎称为自由之物的人,其实没有自由,哲学给世界带来的幸福完全存在于和建立在善与恶的划分之上。

因此,舍斯托夫反复强调,斯宾诺莎的自由是"知识中的自由",就是奴隶般地服从理性将给我们指定的东西,也就是选择善恶的自由。他说:"希腊哲学所知晓的自由、中世纪哲学以及后来的近代哲学从希腊人那里所接受的自由,是选择善恶的可能性,——这种自由是堕落

---

① 舍斯托夫:《雅典和耶路撒冷》,徐凤林译,浙江人民出版社2000年版,第102页。
② 斯宾诺莎:《伦理学》,贺麟译,商务印书馆1983年版,第222页。
③ 斯宾诺莎:《伦理学》,贺麟译,商务印书馆1983年版,第185页。

的人的自由,是受罪孽奴役的自由,它把恶释放到世界中,并且没有能力把恶从生命中驱逐出去。因此,人愈是顽固地确信他的得救同'知识'相联系,同区分善恶的本领相联系,罪孽就在他身上扎根得愈牢固。"①其实,人面临的抉择愈是至关重要,他自由行动的可能性就丧失得愈多,"人不能在善与恶之间选择、决定自己形而上学的命运。'时机'使我们临近深渊,在过了多年无忧无虑的生活之后,突然间,像在哈姆雷特那里一样,在我们面前出现了一种森严可怕的、迄今未曾见过的东西,'存在还是不存在',——起初以是一种新的难以猜测的——可能是恩宠的,也可能是敌对的力量,指使并决定着我们的行动"②。舍斯托夫进一步指出,既然要在善恶之间进行选择,这就意味着已经丧失了自由:恶来到了尘世并开始与上帝的至善并驾齐驱。"假如自由是在善与恶之间进行选择的自由,那么,这一自由就应当作为主要是自由存在的创世主本身固有的。因此,完全可以假设,上帝在选择善与恶时,更倾向于选择恶。"③因此,舍斯托夫提出质疑:假如自由就是在善与恶之间作出选择的自由,愿意选择善就选择善,愿意选择恶就选择恶。但是,须知可能有这样的情况(如《圣经》中所说),即世界上曾经完全没有恶。恶是从哪里来的?

舍斯托夫认为,自由人是不可以容许恶进入世界的。"人有也应当有硕大无朋、另一种性质的自由:不在善恶之间进行选择,而是使世界摆脱恶。"④这种自由是人在堕落之前获得的自由,即原初的自由:"亚当在堕落之前是参与神的全能的,只是在堕落之后才陷入知识的权力之下——在那一刻便失去了最珍贵的上帝的恩赐,即自由。因为自由不在于选择善恶的可能性,如我们现在注定认为的那样。自由是

---

① 舍斯托夫:《雅典和耶路撒冷》,徐凤林译,浙江人民出版社 2000 年版,第 248 页。
② 舍斯托夫:《在约伯的天平上》,董友、徐荣庆、刘继岳译,三联书店 1989 年版,第211 页。
③ 舍斯托夫:《开端与终结》,方珊译,云南人民出版社 1998 年版,第 298 页。
④ 舍斯托夫:《开端与终结》,方珊译,云南人民出版社 1998 年版,第 295 页。

不容许恶进入世界的权力和力量。最自由的存在物——神,不在善恶之间进行选择。神所创造的人也不选择,因为无可选择:天堂里没有恶。只是当第一人由于同我们敌对的、我们所不理解的力量的授意而向禁果伸出手的时候,他的灵才变得软弱无力了,他自己也变成了软弱的、虚弱的、受制于异己原罪的存在物,正如我们现在所看到的这样。"①也就是说,人只能在不属他掌管的恶和同样不属他掌管的善之间作出"选择"。那么,如何恢复失去了的自由呢?

四、"唯理性是从"与"神的大锤"

在斯宾诺莎看来,自由是知识中的自由,选择善恶的自由。在《伦理学》中我们看到,斯宾诺莎坚信并用数学的方法来证明:"唯有遵循理性的指导而生活,人们的本性才会必然地永远地相符合","那遵循理性的指导而生活的人必尽可能用仁爱或德量以报答别人对他的怨恨","自我满足可以起于理性,且唯有起于理性的自我满足,才是最高的满足","只要心灵依照理性的指导去理解一物,不论所得的观念,为将来之物,过去之物或现在之物的观念,而心灵的感受都是同等的","自由的人绝少想到死;他的智慧,不是死的默念,而是生的沉思","一个受理性指导的人,遵从公共法令在国家中生活。较之他只服从他自己,在孤独中生活,更为自由"。② 总之,人们只有"唯理性是从",才能获得真正的自由,获得至善。

然而,在斯宾诺莎看到人得救的地方,路德却看到了毁灭。对于唯理性是从的人来说,既然自由已永远丧失,那么剩下的就只有使自己和他人学会把不可避免的东西看作是最好的东西。应当认为自己在法拉里斯的公牛里是幸福的,应当意识到世界是受谁也逃避不了的

---

① 舍斯托夫:《雅典和耶路撒冷》,徐凤林译,浙江人民出版社 2000 年版,第 170 页。

② 斯宾诺莎:《伦理学》,贺麟译,商务印书馆 1983 年版,第 194、206、210、218、222、226 页。

规律统治的。在路德看来,这样的哲学的目的只是颂扬"服从和笃信",为了同理性必然性思想作斗争,"人不能靠自己的力量转向神和不死,因为理性束缚了人的意志,强迫他只能朝必然性所引导的方向走"①。我们只能高举"神的大锤"来打碎如磐石般的理性。路德为什么如此疯狂地攻击理性? 舍斯托夫认为主要有三个原因:首先,路德完全遵从《圣经》,主要是遵从使徒保罗和先知以赛亚;其次,他的信念源泉来自他的内在经验;最后,也是最重要的,他在"意识的直接现实"面前感到极度恐惧。当然,斯宾诺莎也有同样的感受,但他却认为,"既然直接意识告诉我们没有自由,那就是没有自由。……无论恐惧有多大,都不是对真理的反驳,正如快乐和幸福丝毫不证明真理一样。理性依靠只属于它的无限权力,来命令'勿哭,勿笑,勿诅咒'"②。

舍斯托夫质问:为什么不可以用"哭和诅咒"来对抗直接认识现实? 在"经验"中,在"直接认识现实"本身中,并没有这样的禁令,而"经验"也毫不关心使人不哭、不诅咒也不能证明理性对霸权的奢望是正确的。"遵循经验且只遵循经验的人,在他发现某种看不见的力量窃走了他最珍贵的宝物——他的自由的时候,他容许自己哭和诅咒。但唯理性是从的人是严格禁止哭和诅咒的,他应当'只要理解'。换言之,这样的人已经失去了自由的最后残余……失去了自由的理念。"③在"哭和诅咒"中,在存在的恐惧中,我们能锻炼出路德所说的"神的大锤","在'神的大锤'的打击下,被藐视的'哭和诅咒'变成了新的力量,这种力量将把我们从长久的沉睡中唤醒,将给予我们同人心中的傲慢的——即人的'无神无信'和自以为是这一可怕的怪物作斗争的勇气,也许,在这场最后的斗争中,在这场生死存亡的斗争中,人能够最终为自己恢复真正的自由,也就是那为第一人所丧失了的无知的自

---

① 舍斯托夫:《雅典和耶路撒冷》,徐凤林译,浙江人民出版社2000年版,第119页。
② 舍斯托夫:《雅典和耶路撒冷》,徐凤林译,浙江人民出版社2000年版,第115页。
③ 舍斯托夫:《雅典和耶路撒冷》,徐凤林译,浙江人民出版社2000年版,第115页。

由,摆脱了知识的自由"①。

第五节　真理:强迫与受造

　　"真理"从来就是一个神圣的字眼。"为真理而奋斗",不仅在哲学中,而且几乎是人类一切知识领域力图达到的终极目标,关于"真理问题"的争论也从来没有停止过。舍斯托夫在"真理问题"上,再次让哲学家们与先知们进行了对质。

一、"主观"与"客观"

　　什么是真理?真理一词的英文为"truth",译为中文的意思是"真的"或"真实情况"。《辞海》对真理的定义是:"认识主体对客观对象及其规律的正确反映。"目前,马克思主义哲学理论界也普遍在此意义上使用真理一词,如肖前主编的《马克思主义哲学原理》一书中说:"真理这个哲学范畴反映的是主客体之间的一种统一关系,即主体的认识同客体的本质和规律相符合或相接近。"②他们把真理理解为一种与对象相符合或一致的认识,这就是哲学史上通常所说的主观与客观的符合问题。确实,自亚里士多德以来,古典的真理定义就是事物与理智的符合。③ 几千年来,人们不断努力进行追求:托马斯·阿奎那说:"严格讲,真理只在理智之中。……理智中的真理就在于理智和所了解的事物一致。"④笛卡儿认为,真理的标准在于观念自身的"清楚

---

　　① 徐凤林:《舍斯托夫的圣经哲学》,博士论文,北京大学图书馆,023/D2001(22),第55页。

　　② 肖前:《马克思主义哲学原理》下册,中国人民大学出版社1994年版,第643页。

　　③ 参见徐凤林:《舍斯托夫的圣经哲学》,博士论文,北京大学图书馆,023/D2001(22),第45页。

　　④ 北京大学哲学系外国哲学史教研室:《西方哲学原著选读》上卷,商务印书馆1981年版,第275页。

明白"，他说："凡是我们极清楚、极明白地设想到的东西都是真的"①，只有依靠理性演绎得来的知识才是真理。斯宾诺莎说："真观念必定符合它的对象"②，谢林说："一切知识都是以客观的东西与主观的东西符合为其基础。因为我们所知道的，只是真理；而所谓真理，则普遍地被认为是表象与它的对象之间的符合。"③

舍斯托夫认为，无论我们怎样定义真理，我们都永远不能否认笛卡儿的清楚明白。但这种清楚明白，却像"在创世之前，就有人决定永远关闭人通往他最需要和对他最重要之物的道路"④。而斯宾诺莎想使自己的思考具有数学结论的形式，企图由必然性思想产生出固定不变的单一论断，但他"给自己真理穿上的似乎无用的服饰，却为自己效了力"⑤。在舍斯托夫看来，哲学家们的哲学在追求真理，但似乎总想使哲学变成科学，变成像三角形内角之和等于两个直角之和一样的真理。与其说哲学家想拥有真理，不如说是想获得公认，承认真理是统一的，真理是所有人的真理。以笛卡儿、斯宾诺莎、康德直至黑格尔为代表的传统理性思辨哲学，就这样把现实压榨到不带任何感性水分的地步，以求达到所谓的迫人相信的客观真理。在舍斯托夫看来，这种真理已经成了《圣经》中上帝的代用品。

舍斯托夫认为，我们在谈论真理时似乎忘记了另一种东西——神秘。其实，"我们的生活充满了无数的神秘。但无论存在周围的神秘多么难解，最为难解和最令人不安的却在于，神秘是一般存在的，我们

---

① 北京大学哲学系外国哲学史教研室：《十六—十八世纪西欧各国哲学》，商务印书馆1975年版，第167页。
② 北京大学哲学系外国哲学史教研室：《西方哲学原著选读》上卷，商务印书馆1984年版，第416页。
③ 北京大学哲学系外国哲学史教研室：《西方哲学原著选读》下卷，商务印书馆1984年版，第351页。
④ 舍斯托夫：《雅典和耶路撒冷》，徐凤林译，浙江人民出版社2000年版，第2页。
⑤ 舍斯托夫：《在约伯的天平上》，董友、徐荣庆、刘继岳译，三联书店1989年版，第8页。

仿佛彻底和永远断绝了与生命之本原的联系"①。因为"神秘不像真理那样可以被一劳永逸地掌握。神秘到来又离去:当他离去以后,被告知的人(即一劳永逸地掌握了'神秘'的人)就是渺小的世界之子中最渺小的一个"②。因此,"原初的神秘之'雾'并未消散,甚至更浓了。柏拉图未必需要更改他的洞穴比喻的哪怕一字一句。他的苦念,他的不安,他的'预感'即使在我们现在所拥有的知识中,也找不到答案。我们的在'实证'科学之'光'中的世界,对他来说仍然和当初一样,是昏暗可怕的洞穴,而我们仍然是被捆住手脚的囚犯,他必须重新做出超人的努力,就像搏斗一样,才能冲破这样的科学所创造的真理"③。所以,舍斯托夫断言:"我们认为是真理的东西,我们的思维所达到的东西,在某种意义上,不仅不能用我们生来就被投入其中的外部世界来衡量,而且不能用我们自己的内在感受来衡量。"④可以看出,舍斯托夫坚决反对传统理性哲学所强调的客观与主观相符合的真理思想,因为这实际上是强调客观真理的强迫性。他主张,主观性和内在性才是终极真理的源泉。他说:"客观真理尽管在逻辑上可能是有意义的,科学上是可以证实的,但归根到底是不重要的和肤浅的。相反,主观真理或内在真理,尽管它是自相矛盾和逻辑荒谬的,却可以具有高度重要性。虽然主观真理不能为所有人所分享,但其价值仍不可抹杀。"⑤

其实,舍斯托夫这种真理思想与别尔嘉耶夫对真理的态度,在很大程度上是一致的。别尔嘉耶夫认为,真理不是客观的,而是超主体的。真理是存在于自身中,或者在存在的深处,或者在生命中,逻各斯之光的突然爆发。别尔嘉耶夫多次强调,真理不是对世界的反映和符

① 舍斯托夫:《雅典和耶路撒冷》,徐凤林译,浙江人民出版社2000年版,第1页。
② 舍斯托夫:《雅典和耶路撒冷》,徐凤林译,浙江人民出版社2000年版,第300页。
③ 舍斯托夫:《雅典和耶路撒冷》,徐凤林译,浙江人民出版社2000年版,第2页。
④ 舍斯托夫:《雅典和耶路撒冷》,徐凤林译,浙江人民出版社2000年版,第2页。
⑤ 张冰:《白银时代俄国文学思潮与流派》,人民文学出版社2006年版,第57页。

合,他说:"真理,整体性的真理,是上帝,它不是从事认识活动并完善着自己结论的主体与客观现实客观存在的相互关系或同一,而是向处于主体和客体彼岸的神的生活的进入。人们通常把科学认识规定为对这种或那种客体的认识。但是这一定义不能使我们的认识深入下去,它是与我们的被客观化了的世界的各种条件相适应的。"①可以看出,他们所理解的真理不是普遍的、永恒的、外在的、客观的和科学中的,而是内在的、主观的,是个人的体验。正如索洛维约夫所说:"真理既不包含在认识的逻辑形式之中,也不包含在认识的经验内容之中;真理一般不属于独立的或特有的理论知识,这样的知识不是真理性的。"②

在反对真理是对世界的反映和符合后,舍斯托夫认为,应该给真理一个新的定义:"真理就是从历史中经过但历史没发现的东西。"③为什么呢? 因为人们太忙,忙于搞历史,哪里顾得上真理! 人们总是动不动就求助于历史,甚至诉诸历史法庭,因为历史会告诉人们:知识揭示了普遍和必然的真理,这些真理包含了全部存在,人无法逃避这些真理,也没必要逃避。但他们却忘记了还有第二个思维维度,更何况历史法庭是可靠的吗? 是谁决定了真理的命运? 真理权力的源泉在哪?

二、"必然性"与"上帝"

如前所述,一直以来,理性哲学家们在追求主观与客观相符合的真理。在他们看来。真理之所以是真理,就是因为它是客观规律,是不以人们的意志为移动的。然而,在哲学家认为是天经地义的地方,

---

①　别尔嘉耶夫:《精神王国与恺撒王国》,安启念、周靖波译,浙江人民出版社2000年版,第5页。

②　索洛维约夫:《西方哲学的危机》,李树柏译,浙江人民出版社2000年版,第208~209页。

③　舍斯托夫:《雅典和耶路撒冷》,徐凤林译,浙江人民出版社2000年版,第333页。

舍斯托夫却看到了这种理性真理对人性的压制。因为真理意味着自然必然性,而人只不过是现象的无始无终的无限链条上的一个环节,必须服从必然性。人无论伟大与渺小,都有生有死,有出现和消失,而真理却永恒存在。当任何人都还没开始"思考"和"寻求"的时候,真理就存在了。理性真理按其本性来说,只不过是强迫性的真理,它的源泉不是经验或事实,因为经验只能给出经验性的、暂时的真理。正如康德所说的,经验不提供知识,并完全没有告诉我们它为什么必然存在。理性真理有另外的源泉:具有普遍必然性的知识。在《雅典和耶路撒冷》一书中,舍斯托夫专门对形而上学真理的源泉进行了论述。舍斯托夫认为,理性真理之所以令人信服,是因为强制因素起决定的和终极的作用。正如爱比克泰德所说的一样,可以用刮脸、剃耳、割鼻等方式,直到逼你信服,逼你承认如下真理:必然性不可战胜(详见第二章第二节)。这样,"令人信服"其实只是一个伪善的假象,其背后隐藏的是真理的"强制"。

于是,在强迫性的真理下,人们害怕了。"畏惧真理是人最典型的特征。无论这一点初看起来怎样怪诞不经,但是却不容置疑。从人学会思考的时候起,总是疑心重重地对待真理……通常那些口头上热情捍卫真理的人,实际上最畏惧真理。……人认为真理是可怕的……这样一个牢固的信念从古代起就已根深蒂固了。……人们不自愿去寻找真理,只是俯首听命于必然性或者不可抗拒的绝对命令。"①亚里士多德就长期生活在这样的"真理"社会。如前所述(详见第二章第二节),亚里士多德也感到屈从于必然性是痛苦的,但是他深知"必然性不听劝说"。既然必然性不听从劝说又不可战胜,也许就只能服从,无论难受不难受,痛苦不痛苦。就这样,亚里士多德似乎掌握了真理的本质,他自己也仿佛成为真理,把自己存在和全部存在的使命看作是"强迫"和"成为被迫者"。因此,亚里士多德相信:"真理有权奴役人、

---

① 舍斯托夫:《开端与终结》,方珊译,云南人民出版社1998年版,第3页。

强迫人——无论是谁都一样,无论是伟大的巴门尼德还是伟大的亚历山大大帝。"①亚里士多德也相信,"毒死苏格拉底"的真理和"毒死一条狗"的真理同样不容任何人和神的反对。无疑,在康德那里与在亚里士多德那里一样,强制因素仿佛起着决定的和终极的作用:"即便有了一些不信服真理的人,甚至为真理愤怒的人,就像真理使康德愤怒一样——即便有这样的人,这里也没有什么麻烦,反正真理会强迫你服从,从而完全证明自身。强制性难道还不能使人最终信服吗? 换言之,真理之所以是真理,就是因为拥有证据。"②反正,真理实际上不可动摇,也不能容忍看着它的人们动摇。它为动摇的人们准备了刑罚,它威严地要求人们如实地接受它。

　　舍斯托夫对这种强迫性的真理进行了质疑:我们与真理的关系的本质是什么,是真理强迫我们还是真理使我们信仰? 换言之:如果强迫我们的真理不令我们信服,那么它是否将因此而失去自己的真理性? 难道人能够审判真理,决定真理的命运吗? 然而,亚里士多德、康德永远也不会回答他的问题。因为他们始终相信,必然性不听也听不见劝说,而且一旦有"必然性"的干预,人就已经不能够困惑、愤怒、反对和斗争了。强迫性的真理以自己的非受造性和不依赖于任何事物乃至上帝的独立性,骄傲而充满信心地回答任何疑问和批评。可是,强迫性的真理到底能够为我们带来什么? 舍斯托夫认为,这种真理带来的只不过是把人变成了被赋予意识的石头,"是毒死了一个最优秀的人还是一条疯狗——对他来说都是一样的。重要的是发现了直观永恒不变的、不可动摇的真理的能力。精神为真理的永恒性而快乐,却对真理的内容漠不关心"③。这样的"真理"世界我们还能停留吗? 舍斯托夫呼吁:"应当逃离,尽量快速地逃离这个世界,头也不回地逃

---

　　①　舍斯托夫:《雅典和耶路撒冷》,徐凤林译,浙江人民出版社2000年版,第3页。
　　②　舍斯托夫:《雅典和耶路撒冷》,徐凤林译,浙江人民出版社2000年版,前言,第6页。
　　③　舍斯托夫:《雅典和耶路撒冷》,徐凤林译,浙江人民出版社2000年版,前言,第14页。

离,不问向哪逃,不猜测前面将有什么等着你。如果你想从可怕的危险(damnato aeterna,永受惩罚)中得救,你就要烧掉、撕下、根除你身上的一切沉重的、使你石化和屈从的、把你拉向可见世界的东西。"①因为,除了强迫性的真理,我们还有另外一个真理——受造真理,对受造真理来说,那些强迫性的真理,甚至那些寻求自律伦理学的称赞和惧怕它的谴责的真理,都只是一片荒凉。

舍斯托夫认为,与理性真理的源泉不同,受造真理即启示真理的源泉是对上帝的信仰。"《圣经》给人类启示了希腊人所不知的受造真理概念;真理不是必然的,永恒的,而是上帝所造的。上帝不听从冷漠无情的必然真理,受造真理本身就是上帝所造,上帝也可以消灭这些真理,上帝倾听具有自己形象和样式的活人的祈求,不限制人的自由,以自己的全能令人如愿以偿。"②真理和世间万物一样,皆为上帝所造,永远在上帝权柄之下,这正是它相对于希腊人的非受造真理的优越性和伟大价值。《圣经》中的上帝高于真理,也高于善。《圣经》真理丝毫不关心自己的证据效力,在全部《圣经》中都是如此:上帝没有证明自己的正义性,没有引证论据证明自己的真理。也就是说,他完全不是通过形而上学的途径得出自己的真理的。然而,他所宣布的真理在其可靠性上同我们的自然理性所达到的真理没有任何不同。在舍斯托夫看来,启示真理把信仰(即对上帝的信仰)作为自己的源泉,信仰是不可放入理性认识范围的。当来自信仰的真理被我们变成自明真理或被我们当作自明真理来认识的时候,就应当把这看作是我们丧失了信仰真理。

---

① 舍斯托夫:《雅典和耶路撒冷》,徐凤林译,浙江人民出版社2000年版,第27页。
② 徐凤林:《舍斯托夫的圣经哲学》,博士论文,北京大学图书馆,023/D2001(22),第43页。

第五章 悲剧哲学的走向:圣经哲学

在上一章中,舍斯托夫让哲学家们和先知们在存在的深渊中进行了一系列的对质。显然,在舍斯托夫看来,哲学家们无法解决人的现实悲剧问题,唯有用圣经思维来对抗理性哲学思维,并且只有在信仰的领域,人们才能获得失去了的原初自由。换言之,如果悲剧哲学是心灵对现实的反抗,是提出问题,是绝望哲学,那么圣经哲学便是解决问题的唯一方法。

第一节 圣经哲学

舍斯托夫在他的著作中经常提到"悲剧哲学"、"宗教哲学"、"存在哲学"这几个概念,相比较而言,"圣经哲学"是提得比较少的,但这并不等于圣经哲学不重要。实际上,舍斯托夫在其著作中大量使用了"圣经思维"一词,在他看来"圣经思维"与"圣经哲学"是同一个意思,他说:"圣经哲学、圣经思想,或确切地说是圣经思维。"[①]也就是说,他所说的哲学并不是一般意义上的"哲学",而更主要的是一种思维方式,这也是我们准确把握舍斯托夫整个哲学思想的关键所在,否则我们就会把他理解为一个"蒙昧主义者"。舍斯托夫所说的"圣经哲学"并不是对《圣经》文本的诠释,而是通过对《圣经》中的某些思想进行

---

① 舍斯托夫:《雅典和耶路撒冷》,徐凤林译,浙江人民出版社 2000 年版,前言,第 11 页。

自我解读而体现出来的哲学世界观和哲学思维。当然,舍斯托夫的解读带有一种夸张的色彩,在某些方面甚至是错误的。

一、圣经哲学的关系

要理解舍斯托夫的圣经哲学思想,很有必要先理清他的"圣经哲学"与"宗教哲学"和"存在哲学"之间的关系。首先让我们看看舍斯托夫是如何定义宗教哲学的,在代表作《雅典和耶路撒冷》一书中,他说:"宗教哲学不是寻求永恒存在,不是寻求存在的不变结构和秩序,不是反思(Besinnung),也不是认识善恶之别(这种认识向受苦受难的人类许诺虚假骗人的安宁)。宗教哲学是在无比紧张的状态中诞生的,它通过对知识的拒斥,通过信仰,克服了人在无拘无束的造物主意志面前的虚假恐惧(这种恐惧是诱惑者给我们的始祖造成的,并传达到了我们大家)。换言之,宗教哲学是伟大的和最后的斗争,为的是争取原初的自由和包含在这种自由中的神的'至善',这种'至善'在堕落之后化作了我们的软弱的善和毁灭一切的恶。我们的理性以我们的双眼破坏了信仰:它在信仰中'辨认出'人使真理服从于自己愿望的非法奢望,剥夺了我们最宝贵的天赋和我们参与创造性的 fiat(要有)的权利,把我们的思维压缩成为平面的死板的 est(实有)。"①当然,舍斯托夫的宗教哲学也继承了俄罗斯宗教哲学的传统,即不是站在教会立场上论证神的存在和对教义进行理性辩护,而是从宗教的信条和原则出发来阐述自己的主张。可以看出,舍斯托夫对"宗教哲学"的定义本身就是一种圣经思维,因此他说:"'雅典和耶路撒冷','宗教哲学'——这两个术语几乎意义相同。"②

如前所述(详见第四章第一节),舍斯托夫的哲学思想正体现了存

---

① 舍斯托夫:《雅典和耶路撒冷》,徐凤林译,浙江人民出版社 2000 年版,前言,第 22 ~ 23 页。

② 舍斯托夫:《雅典和耶路撒冷》,徐凤林译,浙江人民出版社 2000 年版,前言,第 1 页。

在主义哲学的诉求。也就是说，"舍斯托夫的圣经哲学思维不是一个抽象的认识主体的思辨活动，而正是完整存在的人摆脱外在必然性争取神性自由的一种实践活动"①。舍斯托夫的这种哲学思维可以归属于存在哲学类型，人们也把他的宗教哲学称为宗教存在哲学。但是，舍斯托夫的存在哲学也与其他存在哲学，特别是无神论的存在主义哲学有较大区别，即使与别尔嘉耶夫的存在哲学也有较大分歧。

别尔嘉耶夫认为，舍斯托夫的存在哲学"没有把认识过程客体化，亦即没有使其脱离认识主体，而是把认识过程同人的整个命运联系起来"②。因为"'存在哲学，亦即朝向主体而不是客体的哲学，不可能仅仅是讲述人所体验的不幸。被体验的悲剧可以成为认识的源泉，但其本身还不是哲学。哲学认识是体验悲剧的思想家所完成的理解行为。'……哲学必须是建立在认识基础上的，存在哲学也不例外"③。在这里，别尔嘉耶夫和舍斯托夫的主要分歧在于对认识的态度上，舍斯托夫的哲学是极力反对传统的理性认识思维，而别尔嘉耶夫却把认识作为哲学的基础；别尔嘉耶夫也认为哲学是斗争，但他的斗争基于认识的功能，舍斯托夫的斗争却依靠启示信仰。所以徐凤林认为，"看来别尔嘉耶夫没有真正理解克尔凯郭尔－舍斯托夫式的存在哲学。悲剧体验本身的确不是哲学，但存在哲学不在于人对这种悲剧的认识、理解（因为认识和理解必然要以理性和可能性为前提），而在于为摆脱悲剧所进行的斗争，争取可能性的斗争，他们把思维过程看做斗争过程"④。实际上，舍斯托夫的存在哲学更接近于克尔凯郭尔的存在哲学，他说："（克尔凯郭尔）把自己'圣经'的荒谬同古希腊的理性相对立，把约伯、亚伯拉罕的思维同思辨哲学相对立。这是他'存在'

---

① 徐凤林：《舍斯托夫的圣经哲学》，博士论文，北京大学图书馆，023/D2001（22），第30页。

② 徐凤林：《俄罗斯宗教哲学》，北京大学出版社 2006 年版，第 284 页。

③ 徐凤林：《俄罗斯宗教哲学》，北京大学出版社 2006 年版，第 285 页。

④ 徐凤林：《俄罗斯宗教哲学》，北京大学出版社 2006 年版，第 285 页。

哲学中最难懂的东西,但同时又是最重要、最辉煌的东西。"①

二、圣经哲学的由来

舍斯托夫的哲学创作分为前期的生命哲学、悲剧哲学和后期的宗教存在哲学、圣经哲学两大部分。相应地,舍斯托夫的思想也有一个转折(当然,舍斯托夫的思想在内在主旨上是一致的,即对理性自明的抗争),他说:"康德在他的《实践理性批判》中用了无可比拟的技巧,通过他的著名的假定,企图遮盖他的纯粹理性批判所揭发出的本体论的裂缝。这些裂缝许多世纪以来也真给遮盖过去了。但是康德并没有回答我的一些问题(当存在露出它的可怕的情况时,我们怎么办呢?)。于是,我就转向了另外一个不同的来源——《圣经》。"②换言之,"因为一般哲学、理性主义哲学或思辨哲学不能解决人的存在的根本问题,舍斯托夫才诉诸《圣经》思想。'圣经哲学'概念便由此而来"③。

在前面几章我们已经看到,悲剧哲学揭示了人生存的悲剧现实与人内在自由诉求之间的矛盾,人处于无限的痛苦之中。在悲剧的领域里,理性主义哲学或思辨哲学显然不能解决舍斯托夫在悲剧哲学里所面临的困境,于是他求助于《圣经》。因为《圣经》的真理不强迫人,不求助于拷问和暴力,《圣经》的上帝具有无限可能。"上帝按照自己的模样创造了人,创造之后,又赐福于人。……这是圣经的灵魂……也可以这样说,这是圣经哲学的本质。"④也就是说,圣经哲学是解决悲剧哲学所提问题的唯一选择,圣经哲学是悲剧哲学的路标指向。从舍斯托夫所写的著作中,我们可以看出这种从悲剧哲学到圣经哲学的进

---

① 舍斯托夫:《开端与终结》,方珊译,云南人民出版社1998年版,第178页。
② 舍斯托夫:《开端与终结》,方珊译,云南人民出版社1998年版,第335页。
③ 徐凤林:《舍斯托夫的圣经哲学》,博士论文,北京大学图书馆,023/D2001(22),第10页。
④ 舍斯托夫:《在约伯的天平上》,董友、徐荣庆、刘继岳译,三联书店1989年版,第263页。

路或倾向。如在《托尔斯泰伯爵与弗·尼采学说中的善——哲学与布
道》和《悲剧哲学》等中,舍斯托夫着重对道德形而上学进行了批判,
揭示了人的生存困境。如果说舍斯托夫前期著作的重点在于"以头撞
墙",那么他后期著作的关注点就在于"撞墙"以后该怎么办,特别是
在《旷野呼告》与《雅典和耶路撒冷》这两本书中表现得尤为明显。在
这两本书中,舍斯托夫除了一如既往地对理性哲学的霸权进行猛烈抨
击外,就是大量地引用《圣经》(当然主要是《圣经·旧约》,下节将进
行论述)的话语,更重要的是,他将信仰的话语、信仰的作用说到了
极致。

　　舍斯托夫从悲剧哲学走向圣经哲学与俄罗斯宗教哲学的传统有
着很深的渊源,从陀思妥耶夫斯基那里我们就可以看出。陀思妥耶夫
斯基在服苦役期间带的唯一一本书就是《圣经》,他的某些著作的结尾
就是对《圣经》思想的最好阐释。在《罪与罚》的结尾,陀思妥耶夫斯
基写道:" 他的枕头下面放着'新约'"。在《卡拉马佐夫兄弟》的结尾,
他写道:"按照宗教教义,难道我们死后真的都能复活","我们一定能
复活,彼此重新相见"。[1] 可以看出,俄罗斯宗教哲学家们最后总是要
从《圣经》中寻找解决问题的答案。

三、圣经哲学的体现

　　舍斯托夫的圣经哲学主要通过与理性主义或思辨哲学的对立充
分体现出来,他认为,"圣经哲学、圣经思想,或确切地说是圣经思维,
在根本上不同于以人类历史上几乎所有大哲学家为代表的思辨思
维"[2]。当然,舍斯托夫并没有用专门的章节来系统地阐述这种对立,
而是分散在各种著作中,特别是在对克尔凯郭尔存在哲学的分析中。

---

　　① 陀思妥耶夫斯基:《卡拉马佐夫兄弟》,荣如德译,上海译文出版社 1998 年版,第
931 页。
　　② 舍斯托夫:《雅典和耶路撒冷》,徐凤林译,浙江人民出版社 2000 年版,前言,第
11 页。

舍斯托夫是在晚年经胡塞尔的强烈建议才开始接触克尔凯郭尔的著作的,但一经接触,舍斯托夫就为克尔凯郭尔的思想所吸引。舍斯托夫对克尔凯郭尔评价相当高,他说:"克尔凯郭尔的思想注定要在人类的精神发展里起着极其巨大的作用。确实,这是一种与众不同的作用。他未必会成为哲学的经典作家,而且或许他也不会获得普遍的承认,然而他的思想将潜移默化地渗透于人类灵魂。这样的事已屡见不鲜:旷野呼声绝不只是漂亮的隐喻而已。在精神存在的共同庄园里,旷野呼声同样是必要的,就像传播于人群密集之处、广场、教堂的呼声。或许,在某种意义上还是极其必要的。"①"克尔凯郭尔在著述和日记中所说的一切,证明了他把自己的希望不同由理性发现的可能联系(他鄙夷地称之为或然性),也不与伦理许诺的奖赏联系(他称之为虚伪的安慰)。由此产生了他对理性的仇恨和宣扬荒谬的热情。在世界文库中,很难找到像克尔凯郭尔这样狂热追求信仰的作家。"②舍斯托夫的圣经哲学明显受到克尔凯郭尔的影响,在许多方面甚至完全赞同他的思想。

舍斯托夫认为,克尔凯郭尔所阐述的思辨哲学与存在哲学的对立主要体现在:思辨哲学产生于知识之树,存在哲学产生于生命之树;思辨哲学是苏格拉底和黑格尔的思维,存在哲学是亚伯拉罕、约伯、先知和使徒们的思维;思辨哲学以"惊奇"为基础,存在哲学从"绝望"出发;思辨哲学固守"理性",存在哲学借助"荒谬";思辨哲学寻找"理解",存在哲学寻求自己的具有"讥笑、哭泣、诅咒"的"生活";思辨哲学受罪控制,不能从我们身上赶走虚无,它竭力使我们忘却罪和对人世罪恶生活的恐惧,因而竭力把原罪纳入道德范畴,打发我们去寻找道德;存在哲学承认罪,把罪同一切存在紧紧地捆在一起,把罪看成我们最需要的东西的启示。思辨哲学能解释"恶",但解释之后,恶依然

---

① 舍斯托夫:《开端与终结》,方珊译,云南人民出版社1998年版,第138~139页。
② 舍斯托夫:《开端与终结》,方珊译,云南人民出版社1998年版,第215页。

存在,它不仅仍是恶,而且证明自己是必然的、可以接受的,并变成永恒的基础;存在哲学超越了"解释",把"解释"看成是最凶恶的敌人,恶可以而且应当被驱逐。思辨哲学的强迫真理依赖理性辩护,存在哲学的受造真理依靠信仰;思辨哲学的理性需要论证,存在哲学的信仰在证明的彼岸,在死亡的彼岸;思辨哲学使人的意志服从于知识,麻痹我们的全部反抗力量,它的自由是受奴役的自由,是在善恶之间进行选择的自由。存在哲学是人同"神秘怪物"的伟大的最后斗争,它使人得到原初的"至善"的自由。

可以明显看出,正如我们在第四章中所阐述的,克尔凯郭尔的存在哲学与思辨哲学的对立,正是舍斯托夫圣经哲学与思辨哲学的对立。在舍斯托夫的圣经哲学里,"上帝"和"信仰"是一组核心的范畴(详见本章第二、三节),通过对"上帝"和"信仰"的论述,将有助于我们进一步了解舍斯托夫的圣经哲学思想。

第二节　上　帝

"上帝"是舍斯托夫圣经哲学的核心范畴,如前所述,"上帝按照自己的模样创造了人,创造之后,又赐福于人。……这是圣经的灵魂……也可以这样说,这是圣经哲学的本质"[①]。因此,要把握舍斯托夫的圣经哲学内涵,了解他的"上帝"概念就显得极其重要。

一、上帝的形象

在西方神学史和哲学史上,"上帝"是一个十分重要的概念。从《圣经·旧约》到《圣经·新约》,从古希腊罗马哲学、中世纪经院哲学到近现代哲学,"上帝"概念本身也发生了很大的变化。也就是说,不

[①]　舍斯托夫:《在约伯的天平上》,董友、徐荣庆、刘继岳译,三联书店1989年版,第263页。

同时期的神学家、哲学家都对"上帝"的形象有着自己不同的理解。总体而言,"在西方思想传统中,至少有两个截然不同的上帝形象,一个是圣经中的上帝,一个是形而上学的上帝,即由哲人们根据形而上学原理构造出来的上帝"[①]。

(一)《圣经》中的上帝

别尔嘉耶夫认为,对舍斯托夫来说,上帝永远是《旧约》中的上帝。但舍斯托夫并不这样认为,他说:"新约与旧约之间的对立,从来都是虚构的。"[②]那么,舍斯托夫所理解的上帝形象是什么?

1. 约伯和亚伯拉罕的上帝

舍斯托夫在著作中经常谈到上帝的问题,如前所述,舍斯托夫大段地引用《创世记》中的话来说明上帝最初所造的世界是无恶的"至善"世界,这个上帝就是《旧约》中的上帝。其实,理解舍斯托夫所说的《旧约》中的上帝,有两个人物十分关键,即约伯和亚伯拉罕。在《旧约》中,约伯的经历体现的是无辜受苦的意义。约伯视自己为一个谨守上帝之道的人,却受到了上帝的残酷惩治:财产和女儿被夺去,身上长满毒疮,陷入了无限的痛苦之中。最后约伯与三个代表智慧和善本身的朋友进行争论,而且向上帝提出了抗议,最终上帝归还了他的财产、女儿和健康。可以说,在约伯心中似乎有两个上帝,他所反叛的是那个不辨是非、横加痛苦的假上帝,或厄运,也就是不听劝说的、对一切都无动于衷的必然性;而约伯所虔信和呼求的是那个真正的、公义的上帝。约伯无辜受苦的真正启示在于,对外部命运的服从、虔诚,本质上并不是虔诚,而是渎神,因为服从意味着失去自由,而上帝造人

---

① 刘小枫:《走向十字架上的真》,上海三联书店1995年版,第16页。

② 舍斯托夫:《雅典与耶路撒冷》,张冰译,云南人民出版社1999年版,中译者言,第7页。

是让人得自由。自由是上帝的最大恩典,放弃自由服从必然性就是渎神。[1] 克尔凯郭尔也表达了同样的意思,他说:"我的朋友不去求助于举世闻名的哲学家或者'Professor Pablicus Ordinarius'[官学正教授](也就是黑格尔)……却反而到特殊思想家那里去寻求避难所,因为,这个思想家知晓尘世间存在最美好的一切。然而后来,他也不得不逃避生活:这个特殊思想家就是约伯。他坐在灰烬上,用瓦片刮身体上的痂,并发表仓猝的意见和暗示。在此,真理的表达比古希腊的《会饮篇》更令人信服。"[2] 舍斯托夫对此大加赞赏并呼吁:"离开黑格尔走向约伯吧!……走向约伯去追求真理,就意味着要怀疑哲学思维的根据和原则。"[3] 在他看来,约伯的上帝显然比黑格尔或柏拉图的更令人信服。

　　舍斯托夫认为,克尔凯郭尔并不满足于约伯,他还力求深入时代,走向亚伯拉罕。在《旧约》中,亚伯拉罕遵从上帝的指示义无反顾地把自己的儿子以撒献为燔祭,后来上帝让亚伯拉罕用公羊替代自己的儿子作为燔祭并赐福于他。亚伯拉罕的行动体现了他对上帝的忠诚,他用放弃"有限"获得了"无限"。舍斯托夫认为,亚伯拉罕承受了比约伯更大的苦难,"约伯所遭受的厄难是由外部旁力施予的,而亚伯拉罕则自己举刀对向他世上最亲爱的人。不仅人们,而且'伦理'都回避约伯,感到自己完全软弱无能,不知不觉地脱离了他。但人们不应回避亚伯拉罕,而应起来反对他,伦理不仅脱离了他,而且诅咒着他。在伦理的法庭上,亚伯拉罕是众皆唾弃的首恶:杀子犯。伦理不会帮助人,但我们知道,它有足够的手段折磨它所厌恶的人。亚伯拉罕同时又是最不幸的、罪孽最重的人:他失去了儿子、希望和晚年的依托,而且,像

---

① 参见徐凤林:《舍斯托夫的圣经哲学》,博士论文,北京大学图书馆,023/D2001(22),第56页。

② 舍斯托夫:《开端与终结》,方珊译,云南人民出版社1998年版,第140页。

③ 舍斯托夫:《开端与终结》,方珊译,云南人民出版社1998年版,第141页。

克尔凯郭尔一样,失去了荣誉和自豪"①。因此,克尔凯郭尔认为,亚伯拉罕的行为已逾越了伦理的界限,他的目的比伦理更高。为追求此目标,他"摆脱了伦理",他有"信仰"。"甚至当匕首在他手中闪着寒光的那一瞬间,他都相信上帝不需要他的以撒……上帝会给他另一个以撒。上帝会让他的儿子死而复生。"②也就是说,亚伯拉罕的上帝是万能的,他不会责备亚伯拉罕"杀子",他需要的是人们对他的忠诚。

2.《福音书》中的上帝

舍斯托夫在谈到《新约》中的上帝时,更多的是论及几个《福音书》中的上帝。在舍斯托夫看来,真正的《福音书》不是经科学和托尔斯泰修改过的《福音书》,而是陀思妥耶夫斯基的小说主人公索丽娅读过的那本《福音书》,即写着拉撒路复活的传说和其他教诲的那本《福音书》。在这本《福音书》中,拉撒路的复活本身就表明创造奇迹的巨大力量,它阐明了对贫乏的、欧几里得的人类智慧非常费解的其他话。也只有《福音书》才能写出诸如"忍耐最终获得解脱","乞丐在精神上是幸福的"这样的话,因为"不仅仅是当代的,而是任何时代的任何一种存在的科学理解这句话都是很有条件的,或者,如果直率地说,根本就不能理解它"③。舍斯托夫在给大司祭谢尔盖的回信中也写道:"当有人问及耶稣(《马可福音》第十二章第二十九节),诫命中哪是第一要紧的时,耶稣答道:'以色列呵,你在听',等等;而在《启示录》(第二章第七节)中:'得胜的,我必将神乐园中生命树的果子赐给他吃'。'知识'被克服,而启示真理——'耶和华,主呵,你们唯一的神'——新旧约中都公布这一福音,而只有这一福音才能给人以直观生命中之

---

① 舍斯托夫:《开端与终结》,方珊译,云南人民出版社1998年版,第170页。
② 舍斯托夫:《开端与终结》,方珊译,云南人民出版社1998年版,第173页。
③ 舍斯托夫:《思辨与启示》,方珊、张百春、张杰等译,上海人民出版社2005年版,第299页。

恐惧的力量。"①在谈到尼采的公式"在善和恶的彼岸"时，舍斯托夫认为，"在善和恶的彼岸"已经与《福音书》中"太阳平等地照顾着罪人和义人"的思想相近，"在善和恶的彼岸"恰是《福音书》中隐藏着的思想，《福音书》以独特的方式阐明这一点，只是从来没有思想者敢于把它引进哲学的世界观中去。

当然，舍斯托夫并不是对每部《福音书》中的思想都赞同，他特别反对第四福音书即《约翰福音》。因为《约翰福音》抛开历史记叙与常识观念，对耶稣与上帝的关系进行理论阐释，这就是著名的"道成肉身"的学说。"'太初有道，道与神同在，道就是神。……''道成了肉身，住在我们中间，充充满满的有恩典有真理。……恩典和真理都由耶稣基督来的。从来没有人看见神，只有在父怀里的独生子将他表明出来。'"②《约翰福音》里的"道"既是上帝的精神力量，又是神圣的精神实体。它把圣父和圣子合为一体，上帝以基督的肉身显示自己。"道成肉身"的教义肯定了人可以通过理性认识上帝，首先是通过耶稣基督去认识上帝。这样"道成肉身"的神秘性就孕育着理性的内涵。在舍斯托夫看来，《约翰福音》中的上帝接受了理性的改造，"第四福音书中的耶稣不是神，不是来到人间和支配世界的神子，而是人，是和他所来到其间的人们一样的软弱无力的人，只不过他明白自己的软弱无力，明白自己不可能改变或征服非他所造的'本体论范畴'，因此他作出了这样一个重大而可怕的决定：永远离弃这个不服从他的世界，回到他自己所造的和服从他的世界。这就是第四福音书中的'福音'，这就是'以心灵和真理去朝拜'（《约翰福音》4：24）的含义"③。因此，舍斯托夫断言，《圣经》不等于第四福音书，基督教的基督不是软弱无力的神。

① 舍斯托夫：《雅典与耶路撒冷》，张冰译，云南人民出版社1999年版，中译者言，第7页。
② 赵敦华：《基督教哲学1500年》，人民出版社1994年版，第60页。
③ 舍斯托夫：《雅典和耶路撒冷》，徐凤林译，浙江人民出版社2000年版，第327页。

通过上述表述可以看出,舍斯托夫的上帝并不是别尔嘉耶夫所说的"你的上帝永远是《旧约》中的上帝"。舍斯托夫的上帝是拒绝了理性化的上帝,正如舍斯托夫在著作中反复强调的,他信仰的上帝并不是哲学家的上帝,而是帕斯卡所说的约伯、亚伯拉罕和雅各的上帝。

(二)形而上学的上帝

除了《圣经》中的上帝外,在西方思想史上还有另外一个上帝,也就是由哲学家们根据形而上学原理推理、构造出来的上帝。在舍斯托夫看来,这样的上帝只是哲学家的上帝、形而上学的上帝,并不是真正的上帝。

1.古希腊哲学的上帝

苏格拉底也谈及了上帝,他说:"神是有这样的权力,有这样的本性,能一下看见一切,听到一切,无处不在,并且同时照顾到一切事物。"[①]在这里,苏格拉底肯定了上帝的存在和上帝的力量。但另一方面,苏格拉底又认为,整个世界都归结于一种善的目的。在舍斯托夫看来,苏格拉底虽然认为善的目的是由上帝决定的,但他实际上是把上帝贬为善,善超越了上帝。"苏格拉底想学习上帝,甚至超过上帝。上帝创造了宇宙,苏格拉底创造了善。而善比整个世界、整个宇宙都贵重。"[②]

柏拉图在苏格拉底学说的基础上建立了一个理念的世界,万物都是"分有"相应的理念而产生,而"分有"过程的原动力就来自上帝,上帝创造世界的过程就是理念规范物质和物质模仿理念的过程。在舍斯托夫看来,柏拉图开始似乎是想把上帝和苏格拉底协调起来,他只是"半信半疑地承认上帝"[③],但后来他还是完全倾向了苏格拉底,因

---

① 冒从虎、王勤田、张庆荣:《欧洲哲学通史》上卷,南开大学出版社 1985 年版,第97 页。

② 《舍斯托夫集》,方珊编选,上海远东出版社 2004 年版,第 247 页。

③ 《舍斯托夫集》,方珊编选,上海远东出版社 2004 年版,第 239 页。

为"柏拉图后来把善实在化了，把善视为至高的理念，这种理念完全独立存在，不依任何他物而转移，是给人以真正生命的精神食粮和唯一的营养物"①。

亚里士多德在批判地继承柏拉图理念论的基础上，提出了"形式和质料"的学说。他认为，质料总是追求形式，事物总是由潜能的存在向现实的存在转化。在这个过程中，上帝是第一推动者，是最高的、最后的形式，是万物所追求的最高本体和目的，上帝就是实体。他说："我们说神是一个至善而永生的实体，所以生命与无尽延续以至永恒的时空全属神：这就是神。"②在舍斯托夫看来，亚里士多德称为上帝的第一推动者根本不配称作上帝，确切地说，其与上帝是直接对立的，"因为如果这是第一本原，那就应该直率地说没有上帝。因为人无论陷入多深的深渊，无论他处于多么恐惧和绝望的境地，他都不会求助于无人推动的动力——尽管他清楚这一动力过去、现在和将来都有"③。

2. 近代哲学的上帝

"近代哲学之父"笛卡儿从普遍怀疑出发，提出了著名的哲学命题："我思故我在。"换言之，"我"是一切知识的出发点，而不是上帝。在他看来，自我的存在性不仅不取决于任何原因的连续，而且清楚自明。自我、物质和上帝是三大实体，上帝是精神实体，是位于自我和物质两个相对实体之上的绝对实体，是自我实体和物质实体的创造者，是人类一切知识的创造者。舍斯托夫认为，按照笛卡儿的意见，"怀疑一切"这个论点已经不是前提，而是结论。"这是任何人、任何地方、任

---

① 《舍斯托夫集》，方珊编选，上海远东出版社 2004 年版，第 244 页。
② 冒从虎、王勤田、张庆荣：《欧洲哲学通史》上卷，南开大学出版社 1985 年版，第 144 页。
③ 《舍斯托夫集》，方珊编选，上海远东出版社 2004 年版，第 242 页。

何时候都不怀疑也不能怀疑的:不论是人,还是天使,甚至上帝自己。"①笛卡儿竭力追求的一点就是使世界、生命、人们摆脱那控制一切的秘密和神秘的力量,他实际上是在上帝之上和人之上放置了一个永恒"法则",只要能明晰清楚地看出这个法则,那么一切神秘的东西也都明晰了,秘密也就从世界上消失了。这样,笛卡儿需要上帝做的只是,上帝别妨碍他进行科学研究。也就是说,上帝别干涉人类的事情。"上帝号召人去生活,即去思维。上帝正是这样被迫向人承认,他即人存在着,这是第一条真理。"②在舍斯托夫看来,这个时候,人也将成为上帝,因为按自己模样创造了人的上帝是"模糊的",而笛卡儿的真实概念是明晰清楚的概念。

斯宾诺莎继承了笛卡儿的"明晰清楚",如前所述(详见第四章第四节),在斯宾诺莎看来,实体、自然和神是同一个东西,只是表达角度不一样。在《伦理学》一书中,斯宾诺莎写道:"神(Deus),我理解为绝对无限的存在,亦即具有无限'多'属性的实体,其中每一属性各表示永恒无限的本质。"③神只是按照它的本性的法则而行动,不受任何东西的强迫。也就是说,神依据它的本性的必然性而存在,是自由因。神的理智必然与人的理智不同,他说:"构成神的本质的理智与意志与我们的理智和意志实有天壤之别,最多只是名词相同。就好象天上的星座'犬座'与地上能吠的动物'犬'一样。"④舍斯托夫认为,笛卡儿讲"明晰清楚",斯宾诺莎则每一步都谈到数学。然而,"由数学养成明晰清楚判断习惯的理性看到,人不过是自然界的无数环节中的一个环节,同其他环节没有任何区别,整体,即整个自然界或上帝或实体,是

---

① 舍斯托夫:《在约伯的天平上》,董友、徐荣庆、刘继岳译,三联书店 1989 年版,第 258 页。
② 舍斯托夫:《在约伯的天平上》,董友、徐荣庆、刘继岳译,三联书店 1989 年版,第 261 页。
③ 斯宾诺莎:《伦理学》,贺麟译,商务印书馆 1983 年版,第 3 页。
④ 斯宾诺莎:《伦理学》,贺麟译,商务印书馆 1983 年版,第 21 页。

在人之上为自身而存在的东西……这个整体就是上帝,上帝的理性和意志与人的理性和意志具有的共同之处,就好像犬座与能吠的动物犬具有的共同之处是一样的,也就是说,上帝不可能有任何理性和任何意志"①。舍斯托夫强调,虽然斯宾诺莎确称上帝是自由因,因为上帝按照他的本性法则而行动。但是他却忘了,万物都是按照自然规律来活动的。也就是说,斯宾诺莎的上帝是自然,而并不是真正的上帝,真正的上帝创造了自然。斯宾诺莎的上帝-自然界-实体,仅仅意味着上帝不存在。

二、上帝的特质

在舍斯托夫看来,真正的上帝具有无与伦比的特质,他的权威是毋庸置疑的,上帝能使不可能变成可能,他的存在也无须证明。

(一)上帝无所不能

自文艺复兴以来,随着上帝观念的不断变化,上帝的权威越来越受到人们的质疑,其中"上帝死了"和"上帝不是万能的"观点,无疑是对上帝权威的最沉重的打击。上帝的权威真的沦丧了吗?

1. 上帝死了

"上帝死了"是尼采著作中的一句非常重要的话。他第一次明确说出"上帝死了"这句话,是在《快乐的知识》一书中,他写道:"上帝死了。依照人的本性,人们也会构筑许多洞穴来展示上帝的阴影,说不定要绵延数千年呢。"②"上帝哪儿去了? 让我告诉你们吧! 是我们把他杀了! 是你们和我杀的! 咱们大伙儿全是凶手! ……上帝死了! 永远死了! 是咱们把他杀死的!"③在《查拉斯图拉如是说》一书中,尼

---

① 舍斯托夫:《在约伯的天平上》,董友、徐荣庆、刘继岳译,三联书店1989年版,第280页。
② 尼采:《快乐的知识》,黄明嘉译,中央编译出版社2001年版,第111页。
③ 尼采:《快乐的知识》,黄明嘉译,中央编译出版社2001年版,第126~127页。

采又写道:"这难道可能吗? 这老圣哲在他的森林里,还不曾听说上帝已经死了!""从前侮辱上帝是最大的亵渎;现在上帝死了,因之上帝之亵渎者也死了。"①尼采明确指出上帝只是一个假象,是人自己创造出来的。因此,"所谓'上帝死了'实际上指的是以上帝或绝对理性概念为基础的基督教和理性派传统哲学的终结"②。在此我们不再深究尼采所说的"上帝死了"的深层意蕴,姑且认为,尼采说的"上帝死了"是真的,那么,上帝是如何被杀死的?

舍斯托夫认为,是笛卡儿、斯宾诺莎等杀死了上帝。笛卡儿不断教导人们,上帝不能也不想欺骗人们。在舍斯托夫看来,"上帝不能够欺骗人们,——难道这不就是文艺复兴时代大量阴谋家中的一个人——也可以说一个不由自主的梦游者——带给上帝的第一个致命打击吗?"③笛卡儿没有想到,当他说上帝不欺骗人们时,实际上就是说上帝还有很多不能,在上帝之上不能有整个系列、整个体系,人们为了对自己隐瞒这些东西的意义,便给其起了个光荣的名字:永恒真理。几百年、几千年来,人们都在追求这个迫人相信的永恒真理,至于上帝,早已被笛卡儿的追随者们抛到了九霄云外,或者干脆认为:上帝被杀死了。可以预见,"笛卡尔在杀死上帝时曾想,他只不过是在为科学服务"④。于是,人们欢天喜地,整个文艺复兴时代都是高兴的,科学终于代替了上帝,上帝早已死了。

舍斯托夫认为,斯宾诺莎杀死上帝并不比笛卡儿差,甚至更猛些。"他,一个衷心热爱自己的天主上帝的人,——他在自己的早期著作中,在伦理学中几次而且多么有力地谈到这一点,——上帝本人指定

① 尼采:《查拉斯图拉如是说》,尹溟译,文化艺术出版社 1987 年版,第 6、7 页。
② 刘放桐等:《现代西方哲学》修订本上册,人民出版社 1990 年版,第 106 页。
③ 舍斯托夫:《在约伯的天平上》,董友、徐荣庆、刘继岳译,三联书店 1989 年版,第 272～273 页。
④ 舍斯托夫:《在约伯的天平上》,董友、徐荣庆、刘继岳译,三联书店 1989 年版,第 273 页。

他去杀死上帝。期限到了，人应当杀死上帝，但是谁能够像世上最热爱上帝的人那样去杀死上帝呢?"①舍斯托夫看到，斯宾诺莎勇敢地回应了这个呼声。斯宾诺莎杀死了上帝。也就是说，没有上帝，只有实体，数学方法是唯一真正的探索方法，《圣经》、先知和信徒并没有揭示真理，它们给人们带来的只是道德上的训诫，道德上的训诫和规则完全可以代替上帝。他说："如果你们想找到真理，那你们就得忘掉一切，首先忘掉《圣经》中的神启，只记住数学。美、丑、善、恶、好的、坏的、高兴与痛苦、恐惧与希望、有秩序与无秩序，——这一切都是'人类的'，这一切都是暂时的，与真理没有任何关系。……哪里有目的，哪里有关心，哪里有高兴和痛苦，——那里就没有神。为了理解神，必须尽力摆脱关心、高兴、担心、希望及一切大小目的。神的真正名字叫做必然性。"②就这样，像笛卡儿用永恒真理和科学一样，斯宾诺莎用必然性为历史杀死了上帝。

上帝真的被杀死了吗? 舍斯托夫的回答显然是否定的，因为他心中的上帝并没有死，死的只是形而上学的上帝，是假的上帝死了。当笛卡儿用永恒真理和科学、斯宾诺莎用必然性来代替上帝时，他们杀死的上帝只是他们用形而上学原理构建的上帝，在杀死上帝的同时他们屈服于科学和必然性，成了被缚的笛卡儿和斯宾诺莎。其实，舍斯托夫的观点与保罗·利科和卡尔·巴特的观点颇为相似。保罗·利科就断言："'形而上学的上帝死了，还有神学的上帝也死了，只要神学以第一因、必然存在、第一推动的形而上学为基础，并把这些东西视为价值之本源和绝对的善。……我们不妨说，自康德以来的本体神学的上帝死了。'神学家卡尔·巴特也曾申言：'所有形而上学都死了。也

---

① 舍斯托夫：《在约伯的天平上》，董友、徐荣庆、刘继岳译，三联书店 1989 年版，第273 页。

② 舍斯托夫：《在约伯的天平上》，董友、徐荣庆、刘继岳译，三联书店 1989 年版，第278 页。

许上帝本身也死了。'"①舍斯托夫认为形而上学的上帝被哲学家自己杀死了,约伯、亚伯拉罕和雅各的上帝并没有死,因为上帝是万能的。

2.上帝是万能的

在《圣经》中,上帝的万能似乎是无须置疑的,但在哲学家特别是无神论者看来,上帝的万能是自相矛盾的。如果上帝是万能的,那么就会与下面的命题相矛盾:上帝能创造一块连自己都举不动的石头吗? 上帝能使 $2 + 2 = 6$ 吗? 上帝能使他死了又活过来吗? 上帝能创造一个方的圆吗? 如果上帝是万能的,那么他就应该能做到这些事情,但他能做到这些事情却又否定了他的万能。换言之,如果上帝能创造一块连自己都举不动的石头,那么他能举起来吗? 这是一个两难的困境,因此上帝显然不是万能的。

但舍斯托夫并不这么认为,在他看来,人们的这些质疑是有一个前提的,也就是矛盾律是不可推翻的,正如亚里士多德所说的,肯定和否定不可能同时都为真。当提到"方的圆"时,人们认为这是荒谬的,因为这样的概念组合违背了矛盾律。舍斯托夫反问:方的圆、$2 + 2 = 6$ 是荒谬,但为什么 $2 + 2 = 4$? 是谁给了理性和矛盾律这样的权力? 为什么 $2 + 2$ 不等于 5? 这样不也很好吗? 舍斯托夫在多个场合不断质问,矛盾律能否被推翻。然而,在经过理性与上帝的激烈较量之后,在理性取得对上帝的几次决定性胜利之后,现在,恐怕只有拿出最大的勇气才敢谈论真正的上帝,万能的上帝。就连基督教哲学家们也不能幸免,我们看到,中世纪哲学家邓斯·司各脱认为,在上帝之上有某种束缚上帝的东西,对上帝来说也有不可能的事情:"上帝无论用绝对权力还是有限权力都不能给石头赐福",而雅典悲剧诗人阿迦同也认为,"上帝唯有一事不能:让曾发生的事情不发生"。② 也就是说,上帝不是万能的。

---

① 刘小枫:《走向十字架上的真》,上海三联书店 1995 年版,第16 页。

② 舍斯托夫:《雅典和耶路撒冷》,徐凤林译,浙江人民出版社 2000 年版,第48 页。

　　然而,在最不可能的地方,舍斯托夫却看到了无限的可能。按别尔嘉耶夫的说法,舍斯托夫关于上帝的问题主要就是"关于上帝的无限可能性"的问题。在这里必须清楚一点,舍斯托夫所说的"上帝的无限可能"中的上帝并不是哲学家的上帝,因为哲学家的上帝遵守矛盾律,受矛盾律束缚。而《圣经》中的上帝不服从矛盾律,也没有矛盾律。舍斯托夫认为,上帝不服从任何一种恶,任何一种理性,不服从任何一种必然性。上帝总是向我们要求不可能的东西,这是上帝与众人的主要区别。只有当人看不到任何可能性时,人们才去信奉。舍斯托夫赞同克尔凯郭尔的观点:"对于上帝,一切都是可能的。……上帝就意味着一切都是可能的,而一切都是可能的也就意味着上帝。只有身心受过震颤,变成精神的人,才能理解一切都是可能的,也只有这样的人,才能接近上帝。"①舍斯托夫甚至断言,人类历史上的全部可怕之事,用至高者(上帝)的话来说,都可以不再存在,变成幻景:亚当不曾偷食禁果,苏格拉底不曾被毒死。曾经有过的东西成为不曾有的,人复归于无罪状态,复归于神圣的自由,即向善的自由。他引用《福音书》里的话说:"我告诉你们:上帝能从这些石头中给亚伯拉罕生出孙子来。"换言之,上帝是无所不能的。

(二)上帝无须证明

　　"上帝"是基督教的核心概念,对于最初的犹太－基督教徒来说,上帝的存在只需要去信仰,而无须去理解,或者说上帝的存在根本不用怀疑。但随着"上帝"受到的质疑越来越多(如前所述,无神论者就通过否定上帝的万能来否定上帝的存在),人们就越觉得有必要对上帝的存在进行理解,最后发展到对上帝的存在进行证明,以维护上帝的权威。但在舍斯托夫看来,这种证明不但不能维护、增强上帝的权威,反而是上帝权威丧失的标志。

---

① 舍斯托夫:《开端与终结》,方珊译,云南人民出版社1998年版,第374页。

1. 哲学家的论证

第一个明确提出并系统论述上帝的存在需要理解的是奥古斯丁，他认为通过敞开人们的心扉，就可以接受上帝之光的照耀而直接见证上帝，从而显明上帝存在的自明性。也就是说，为了理解上帝存在，并不需要特意地去（逻辑）证明，而只需去实践——反求诸己而去爱"他者"。但这不意味着盲目信从。"信仰了才能理解"的真正意思是说，唯有爱上帝才能使（让）上帝进入我心灵而使我心明眼亮，从而见证上帝的神圣。① 把理解上帝的存在完全变成证明上帝的存在，则始于安瑟伦的上帝存在的"本体论证明"。他断言，人心中先天便有一个上帝的观念，即"无与伦比的伟大的东西"的观念。既然人心中已经确认没有一个东西比上帝更伟大、更完善，那么，它就不仅仅存在于人心中，还存在于现实中，否则人心就能设想在人心之外还存在着比上帝更伟大、更完善的东西，而这是绝对不可能的。换言之，上帝的观念本身就包含了上帝的存在，因此，上帝是存在的。② 安瑟伦关于上帝存在的"本体论证明"遭到了法国僧侣高尼罗的批驳，高尼罗说，存在于心中的东西未必存在于现实中。

经院哲学的集大成者托马斯·阿奎那摈弃安瑟伦的本体论证明，利用亚里士多德、奥古斯丁和阿拉伯哲学的许多论证，提出了上帝存在的五大证明。他认为，可以从事物的运动、原因与结果的关系、可能性与必然性的关系、事物中发现的等级、事物的目的性等五个方面来证明上帝的存在。也就是说，只能从上帝的创造物中来推断上帝的存在。笛卡儿不赞同从存在物中推断上帝的存在；相反，他认为可以从"我思"中推断出上帝的存在。他说，当"我"在怀疑时，"我"发现不仅"我"是存在的，而且还发现"我"是不完满的，因为怀疑就是表示知识

---

① 参见黄裕生：《如何理解上帝：从证明到相遇？》，载《浙江学刊》1999 年第 6 期，第 17 ~ 24 页。

② 参见冒从虎、王勤田、张庆荣：《欧洲哲学通史》上卷，南开大学出版社 1985 年版，第 227 页。

的不足,而这正是"我"的不完满的表现。不仅如此,当"我"发现自己不完满的时候,还清楚明白地发现"我"心中有一个无限完满的观念——上帝。既然上帝观念是无限完满的,其就必然包含存在性,因此上帝是存在的。① 斯宾诺莎继承了笛卡儿的理性传统,在《伦理学》一书中,他用几何学的方法来证明上帝的存在。他说,存在属于实体的本性,这是自因。因此,上帝存在的原因如果不在上帝的本性内,就在上帝的本性外,即在其他实体内。如果上帝存在的原因在上帝的本性内,这无异于承认上帝存在;如果上帝存在的原因在其他实体内,这是不可能的,因为每一个实体都在自身内并通过自身而被认识,即一个实体的概念不包含另一个实体的概念。所以无论在上帝的本性之内,还是在上帝的本性之外,都不能有任何原因可以否定上帝的存在。因此,上帝是存在的。②

2. 舍斯托夫的反驳

与哲学家们竭力证明上帝的存在相反,舍斯托夫极力反对任何证明上帝存在的企图。在他看来,上帝存在的本体论证明只不过是把上帝送到雅典的法庭去受审。那通常被叫作"证明"的东西,在一定界限之外便失去了强迫和征服的能力。它可以"证明"三角形的三个内角之和等于两个直角之和,但怎样向人"证明",如果天朝他塌陷下来,他就会安静地躺在碎片之下被砸得半死呢? 这样的证明是不可能的。③上帝的存在也一样,是不能用理性的方法、原则去证明或推理出来的。"人信赖上帝,不是证明上帝。上帝根本无须人的证明。"④斯宾诺莎在《伦理学》中像讲三角形一样准确地解释上帝、智慧和人的感情,把上帝、自然界、实体等量齐观,实际上就意味着无须在哲学中再给上帝

① 参见冒从虎、王勤田、张庆荣:《欧洲哲学通史》上卷,南开大学出版社 1985 年版,第 401～402 页。
② 参见斯宾诺莎:《伦理学》,贺麟译,商务印书馆 1983 年版,第 1～12 页。
③ 参见舍斯托夫:《雅典和耶路撒冷》,徐凤林译,浙江人民出版社 2000 年版,第 67 页。
④ 刘小枫:《走向十字架上的真》,上海三联书店 1995 年版,第 37 页。

以地位,仅仅意味着上帝不存在,实体杀死了上帝。舍斯托夫认为,被证明的上帝是哲学家的上帝,哲学家的上帝(无论它是物质本原,还是观念本原)只能带来强制和粗暴力量的胜利。舍斯托夫甚至断言,第四福音书中耶稣的神性也是被"证明"的,是用证明真理的方法证明的。"当第四福音书中进行这样的证明的时候,可以感觉到,作者被事实和与事实相关的明白性所迫,怀疑神的全能,竭力回避现实,逃避世界,只要他生活在此世界,他就必须听命和服从,而不是吩咐和命令。……第四福音书中的耶稣不是神……是和他所来到其间的人们一样的软弱无力的人。"①舍斯托夫一再强调,上帝是非理性的,它关注人类灵魂的深处、生命与自然。上帝具有神秘的、绝不为人所知的因素,它能先验地揭示自身。这种上帝并不意味着哲学的终结,而是意味着其能够给人的存在赋予内容和意义。

第三节 信 仰

"信仰"是舍斯托夫圣经哲学的另一个核心范畴,在舍斯托夫宗教哲学中具有核心地位。舍斯托夫所理解的信仰是一种极端的信仰,它完全拒绝理性,也正是通过批判理性、拒绝理性,使他的信仰具有拯救的作用。

一、极端的信仰

如何定义信仰? 换言之,我们的语言能否对信仰进行描述? 美国哲学家威廉·巴雷特就认为"信仰就是信仰,它至关重要富有生命力,但又不可言传"②。尽管如此,多个世纪以来,神学家、思想家和哲学

---

① 舍斯托夫:《雅典和耶路撒冷》,徐凤林译,浙江人民出版社 2000 年版,第 326 ~ 327 页。

② 威廉·巴雷特:《非理性的人》,段德智译,上海译文出版社 1995 年版,第 92 页。

家们一直在试图对"信仰"进行描述和定义。在《辞海》中，信仰的中文意思是信心瞻仰，它表现为"对某种宗教或主义极度信服和尊重，并以之为行动的准则"。人们也根据信仰的不同特征将信仰分为科学信仰、宗教信仰、政治信仰；积极信仰、消极信仰；外在信仰、内在信仰等。在西方哲学史和神学史上，可以根据信仰与理性的关系，将信仰分为温和的信仰与极端的信仰。所谓"温和的信仰"是指这种信仰承认理性在信仰中发挥相应的作用，有些甚至用理性来限制信仰的作用，绝大部分思想家的信仰都属于这一种类型；而所谓"极端的信仰"或者说信仰主义，就是要求必须无条件地接受信仰和启示，不能用理性的考虑权衡它的后果，或用论辩对它的合理性提出质疑，德尔图良、路德、克尔凯郭尔、陀思妥耶夫斯基和舍斯托夫就是这种类型的代表。

（一）舍斯托夫之前的极端信仰

德尔图良是极端信仰的杰出代表，可以说，人们认识德尔图良往往是因为他的名言"因其荒谬而可信"，而不是他本人。他的这句话的原文是，"上帝之子被钉在十字架上，我不感到羞耻，因为人必须为之感到羞耻。上帝之子死了，这是完全可信的，因为这是荒谬的。他被埋葬又复活了，这是完全可信的，因为它是不可能的"①。与绝大多数哲学家注重德尔图良话语中的荒谬性相异，舍斯托夫却对德尔图良关于雅典与耶路撒冷对立的观点大加赞赏。他认为，"为了真正的信仰，首先应当永远抛弃希腊思维的基本范畴，从我们自身中根除我们的'自然认识'和'自然道德'的一切前提"②。德尔图良的名言的真正含义是：对雅典是愚拙的东西，对耶路撒冷则是智慧；对耶路撒冷是真理，对雅典则是谬误。

---

① 赵敦华：《基督教哲学1500年》，人民出版社1994年版，第107页。
② 转引自徐凤林：《舍斯托夫的圣经哲学》，博士论文，北京大学图书馆，023/D2001（22），第17页。

路德的信仰思想主要是"因信得救"。他强烈反对理性神学,断言理性同信仰是敌对的。"理性可以帮助人们的日常生活,而领会上帝的旨意决不能依靠理性,因为上帝的旨意是超越理性的,只能信仰,而无法加以理解。"①舍斯托夫十分赞同路德的信仰思想,认为他带着那种只有人在为自己最后的和最宝贵的财产而斗争时才具有的力量与激情,不是在说,而是在大喊:真理的源泉不是理性带给人知识,而是信仰,唯有信仰。舍斯托夫认为,路德之所以如此疯狂地攻击理性,是因为他完全遵从《圣经》,主要是遵从使徒保罗和先知以赛亚,每当路德不得不说出最勇敢的侮辱理性的话的时候,他都相信人是不自由的,并对这种不自由感到极度恐惧。

与德尔图良相信荒谬一样,克尔凯郭尔认为信仰与荒谬也是不可分离的,因为信仰本身充满矛盾,理性不能解释这些矛盾,所以荒谬感始终伴随着信仰。"'当信仰者具有信仰时,荒谬就不荒谬了——信仰转换了它。'这意味着,在信仰者眼里,一切都是可能的。"②舍斯托夫认为,克尔凯郭尔实际上是以荒谬作为衡量信仰的尺度,由此,他不去寻求理性与其普遍而必然的判断的庇护,而是置身于荒谬,也就是在信仰的庇护之下。这种见解是对人类自然思维暗示给我们的一切的挑战。舍斯托夫对信仰的定义,在很大程度上受克尔凯郭尔的启发。

绝大部分俄罗斯宗教哲学家都相信,上帝就是信仰,而且首先是信仰。布尔加科夫就认为:"信仰是无须证据的认识之路,它居于逻辑探求之外,居于因果规律及其说服力之外。"③当然,陀思妥耶夫斯基也不例外。陀思妥耶夫斯基的信仰首先源于他对理性权威的质疑,他的大部分著作都有这方面的体现,如《双重人格:地下室手记》、《少

---

① 冒从虎、王勤田、张庆荣:《欧洲哲学通史》上卷,南开大学出版社 1985 年版,第287 页。
② 杨大春:《沉沦与拯救》,人民出版社 1995 年版,第 245 页。
③ 布尔加科夫:《亘古不灭之光》,王志耕、李春青译,云南人民出版社 1999 年版,第23 页。

年》、《卡拉马佐夫兄弟》等,可以说:"上帝折磨着陀思妥耶夫斯基的全部人物……陀思妥耶夫斯基笔下的精神的生命,对上帝的肯定和否定,才是人类一切激情与痛苦的永远沸腾的源泉。"①陀思妥耶夫斯基坚信,要想获得信仰,不能通过理性,只能通过积极的爱。当然,陀思妥耶夫斯基的爱并不是托尔斯泰的爱(至善),而是"通过切实的爱的经验。您要设法脚踏实地、坚持不懈地去爱世人,随着您在爱世人的实践中不断取得成功,您也就会逐步相信忘我的境界,那时您必将坚信不移,任何疑惑哪怕想窥探您的心灵都不可能。这是经过了验证的,确实如此"②。

(二)舍斯托夫的信仰的含义

舍斯托夫继承了德尔图良、路德、克尔凯郭尔和陀思妥耶夫斯基的信仰传统。当然,按别尔嘉耶夫的说法,舍斯托夫追求信仰,却不表明自己的信仰。确实,像克尔凯郭尔避免对存在哲学进行定义一样,在著作中舍斯托夫也没有对信仰进行明确的定义。但纵观他的著作,我以为,以下的这段话可以看作是他对信仰作出的界定。他说:"信仰是一种不可认识的创造力,是一种伟大的、最伟大的、无可比拟的天赋。"③对舍斯托夫的这种信仰,我们可以从以下三个方面进行理解:
1. 信仰是毫无根据的信仰。信仰这种创造力是不可认识的,也就是用理性知识所不能认识的,它是毫无根据的。洛斯基就认为,"在《无根据颂》一书中,舍斯托夫批驳了互相矛盾的科学理论和哲学理论,把读者留在无知之境"④。在舍斯托夫看来,信仰从来没有任何根据,它自

---

① 梅列日科夫斯基:《托尔斯泰与陀斯妥耶夫斯基》,杨德友译,辽宁教育出版社2000年版,第263页。
② 陀思妥耶夫斯基:《卡拉马佐夫兄弟》,荣如德译,上海译文出版社1998年版,第64页。
③ 舍斯托夫:《雅典和耶路撒冷》,徐凤林译,浙江人民出版社2000年版,第231页。
④ 洛斯基:《俄国哲学史》,贾泽林等译,浙江人民出版社1999年版,第415页。

已即是根据。信仰的本质和信仰的最大最神奇的特权,就是它不需要证明,它生活在证明的"彼岸"。2. 信仰在根本上拒绝理性和知识。理性总在强迫人们服从,信仰这种创造力就意味着要冲破理性的束缚,就意味着要与理性进行殊死的斗争。信仰这种创造力拒绝任何知识,包括经验知识和理性知识。中世纪哲学家如托马斯·阿奎那等,还寻求理性来证明信仰的合法性,力求在知识中寻找信仰。舍斯托夫却发现,面对自明、理性和科学,天平另一端的人的自由、信仰是一种"没有重量的东西"。因此,舍斯托夫坚信,信仰与理性、知识的共生必然导致信仰的灭亡。他说信仰"这种天赋不属于希腊人所说的'归我们管辖之物的领域',而是属于我们管辖之外的领域……这种信仰宣告了关于'可能之物'和'不可能之物'的知识的终结"①。3. 信仰无所不能。舍斯托夫认为,信仰就不是对我们所见、所闻、所学的东西的信仰。信仰是思辨哲学无从知晓,也无法具有的思维之新的一维,它敞开了通向拥有尘世间存在一切的创世主的道路,敞开了通向一切可能性之本原的道路,敞开了通向那个对他来说,在可能与不可能之间不存在界限之外的道路。也就是说,信仰是自由之路,借助信仰人们可以达到理性、科学知识所无法达到的自由。

二、信仰与理性的不可调和

信仰与理性的关系问题是西方哲学和神学的古老而常新的问题,当然,也是俄罗斯宗教哲学的核心问题。按赵敦华先生在《西方哲学通史》中的说法,人们对信仰与理性的关系问题有三种不同的立场,即"因理解而信仰"、"极端的信仰主义"、"理性与信仰相调和"。② 哲学家们大部分主张理性与信仰相调和,如笛卡儿、斯宾诺莎、康德、黑格尔以及现代的海德格尔、雅斯贝尔斯等。也就是说,他们都没有否认

---

① 舍斯托夫:《雅典和耶路撒冷》,徐凤林译,浙江人民出版社 2000 年版,第 231 页。
② 赵敦华:《西方哲学通史》第一卷,北京大学出版社 1996 年版,第 371 页。

理性在信仰中应有的作用。部分俄罗斯宗教哲学家如索洛维约夫等，也试图用理性来证明信仰，但舍斯托夫却坚决反对这种做法，他的导师是德尔图良，而不是黑格尔，他需要的只是信仰，而不是理性，甚至是猛烈批判理性。在他心目中，"雅典与耶路撒冷"的共同之处，就如斯宾诺莎所说的"犬座与能吠的动物"具有的共同之处一样。因此，舍斯托夫对哲学家们试图调和信仰与理性的关系的批判，可以帮助我们进一步把握他的信仰概念。

（一）对斐洛调和信仰与理性的批判

舍斯托夫认为，早在《圣经》传入欧洲各国之前，斐洛就企图对信仰与理性进行调和。其实，最先表现出犹太和希腊思想相结合的是逍遥派犹太人阿里斯托布鲁斯。他写了一本摩西五书的注释，试图表明《旧约》的说教和希腊哲学家论点的一致性，断言希腊人曾经从犹太经典中吸取知识。斐洛则把这种思想发挥到了极致，"为了解说他（上帝）对世界的作用，斐洛利用犹太的天使和魔鬼的观念，以及希腊的世界灵魂和理念的概念……时而根据希腊哲学来思考，时而又着眼于犹太宗教来思考"①。作为犹太神学家，斐洛用希腊哲学阐释犹太神学有其历史原因：斐洛生活在亚历山大征服近东以后，因希腊文化的影响，征服地各民族迅速"希腊化"。为对付这种趋势，"最佳的途径便是采取折中主义的做法，将希腊思想引入到对《圣经》的阐释中"②。斐洛认为，这将有助于让希腊人了解自己的本民族宗教。为此，斐洛引入"逻各斯"概念，把希腊传统中的逻各斯精神注入希伯来神学的上帝信仰，用柏拉图的《蒂迈欧篇》阐释《创世记》。在斐洛看来，被《创世记》理解为上帝的话语，被柏拉图称之为相的东西，乃是同一个东

---

① 梯利：《西方哲学史》增补修订版，葛力译，商务印书馆1995年版，第133页。
② 文心：《斐洛的上帝观述评》，载《杭州大学学报》（哲学社会科学版）1996年第3期，第30页。

西,即逻各斯。只不过他们用了不同的表达方式,"在希腊人使用哲学语言的时候,希伯来人使用隐喻的语言。如果一个人用希腊的方式去思考,神圣逻各斯就被理解为上帝的思想;如果一个人用希伯来的方式去思考,神圣逻各斯就被理解为上帝的话语。希伯来神学以隐喻的语言表达的真理,在相当程度上,都可以转述为希腊式的哲学语言"①。这样,斐洛通过用希腊式的哲学语言阐释希伯来神学的隐喻的真理,"达到了调和希腊哲学与希伯来神学的顶峰,即达到了调和希腊理性和希伯来信仰的顶峰"②。

舍斯托夫认为,斐洛对信仰与理性的调和可以归结为以下两点:一是古希腊哲学和《圣经》没有矛盾。《旧约》谈及上帝智慧之处,如"耶和华以智慧立地","逻各斯,你所造的何其多,都是你用智慧所造的"等,都是对古希腊哲学"逻各斯"的歌颂。二是古希腊哲学源自《圣经》。也就是古希腊哲人所教的一切都取自《圣经》,因此柏拉图和亚里士多德只是亚伯拉罕、约伯、圣诗歌者和先知的学生而已。然而,舍斯托夫断言:斐洛并没有调和信仰与理性的矛盾。首先,斐洛承继的是古希腊哲学,在他接受了希腊化文化之后,只能按照希腊人教给他区分真理与谬误的标准来检验《圣经》,否则就不能接受《圣经》。他认为《圣经》中的上帝位居真理之下,人只有彻底地忘我和深入本质,才能发现真理。斐洛的历史使命只是向我们证明,《圣经》同我们的自然思维毫不矛盾,也不能矛盾。其次,斐洛用古希腊哲学来证明《圣经》。因此,他只不过是先把《圣经》吹得天花乱坠,随后又贬之于古希腊哲学(即自然思维和智慧)之下。当然,舍斯托夫也看到了斐洛的调和作用,但他认为这种作用只不过使人们忘记《圣经》,而推崇古希腊哲学。他说:"斐洛关于《圣经》和古希腊智慧关系的思想注定要

---

① 车桂:《斐洛的逻各斯学说及其神学意义》,载《世界宗教研究》1998 年第 3 期,第 121 页。

② 车桂:《斐洛的逻各斯学说及其神学意义》,载《世界宗教研究》1998 年第 3 期,第 118 ~ 119 页。

起巨大的历史作用。在斐洛之后，没人敢正视《圣经》，人人都竭力把它看成古希腊智慧的独特反映。"①"菲洛在其调和圣经与希腊智慧的努力中，充分削弱了'神说……'的意义和作用。"②

(二)对中世纪哲学调和信仰与理性的批判

中世纪哲学，按文德尔班的说法，主要是指从奥古斯丁到库萨的尼古拉(从 5 世纪到 15 世纪)这一时期的哲学。在理性与信仰的关系问题上，中世纪哲学家虽然有不同的表述，但他们基本上都坚持信仰的统治地位。人们对中世纪哲学家的批判，也主要是针对他们的信仰主义。文艺复兴即是针对中世纪信仰主义所带来的蒙昧主义进行的批判。舍斯托夫也对中世纪哲学进行了批判，他认为，中世纪哲学的信仰并不是真正的信仰，而是哲学家的信仰，是通过用理性来证明其合法性的信仰。舍斯托夫的批判与文艺复兴时期的批判的差异在于：文艺复兴时期的批判认为，中世纪哲学的信仰因忽视理性而导致信仰成为权威并束缚人的自由；舍斯托夫认为，中世纪哲学的信仰因不能拒绝理性而使理性变成强迫性并束缚人的自由。因此，舍斯托夫认为，中世纪哲学根本不能调和信仰与理性之间的矛盾。

舍斯托夫所说的中世纪哲学家对信仰与理性矛盾的调和，主要是指奥古斯丁、安瑟伦和托马斯·阿奎那对信仰与理性矛盾的调和。因为像一些中世纪哲学家如邓斯·司各脱和威廉·奥康等，就不对信仰与理性的矛盾进行调和，奥康等就曾说过："信仰原则不是证明原则或推理原则，也不是或然性的论断，这些论断对于所有人，对于大多数人，或对于理性的人来说，是虚假的，对这些论断不应当主要依据自然理性的理由来接受。"③

①　舍斯托夫：《旷野呼告》，方珊、李勤译，华夏出版社 1999 年版，第 32 页。
②　舍斯托夫：《雅典和耶路撒冷》，徐凤林译，浙江人民出版社 2000 年版，第 47 页。
③　舍斯托夫：《雅典和耶路撒冷》，徐凤林译，浙江人民出版社 2000 年版，第 203 页。

那么,中世纪哲学家奥古斯丁、安瑟伦和托马斯·阿奎那是怎样调和信仰与理性的矛盾的?

奥古斯丁系统地阐述了理性与信仰、哲学与宗教的关系,他认为哲学是从人的理智出发,充其量只能获得一些自然的知识,而不能获得真正的智慧和最高真理,宗教信仰才是真正的智慧。他竭力用哲学、理性来证明信仰的合理性,而当信仰和理性发生矛盾时,他宁肯抬高信仰而贬低理性。在他看来,要认识首先就必须信仰,不信仰就不能理解,信仰高于理性,理性只在于加强信仰。在哲学上,安瑟伦继承了奥古斯丁的学说,"寻求知识的信仰"是他全部哲学思考的基础。他认为,上帝是把理性交给信仰使唤的,人们不能先去求理解,然后再信仰,而是先信仰,然后再去求理解。理性就是想方设法为信仰服务。据此,安瑟伦写道:"我想,我们借助于理性来实现此世生活中的认知,理性是信仰和直观之间的中介。"①如前所述(详见第五章第二节),安瑟伦哲学的基本核心就是上帝存在的"本体论证明"。他认为信仰给予我们一种真理,一种上帝的定义:上帝是"无与伦比的伟大的存在者",在上帝之上不能设想任何更伟大的东西。也就是说,安瑟伦通过上帝存在的证明来为信仰的合理性提供佐证。托马斯·阿奎那的上帝存在的五大证明(详见第五章第二节)似乎与安瑟伦的上帝存在的"本体论证明"有相同之处,虽然在论证方法上有所区别,但他们的目标指向基本上是一致的,即企图调和信仰与理性的矛盾。托马斯·阿奎那坚信理性和信仰可以并存,并且信仰高于理性。他认为理性可以认识感性世界的事物,但一些超感性世界的真理,则是理性所不能把握的,而只能通过神的启示和信仰才能获得。

舍斯托夫强调,中世纪哲学不能真正调和信仰与理性或《圣经》与希腊哲学的矛盾,原因有二:一是《圣经》与希腊哲学本身就存在根本对立;二是中世纪哲学完全站在希腊哲学这边。

---

① 舍斯托夫:《雅典和耶路撒冷》,徐凤林译,浙江人民出版社2000年版,第207页。

《圣经》与希腊哲学存在根本对立。首先在知识问题上，《圣经》与希腊哲学的冲突所在是：知识使人堕落还是使人得救？《圣经》认为知识使人堕落，而希腊哲学认为知识使人得救。柏拉图就曾说过："不进行哲学思考的人，不（通过哲学）净化自身的人，不爱知识的人，就不能与神类结合。""如果不爱知识和寻求知识——他们就永远不能获得拯救。"①换言之，希腊人期待着从建立在知识基础上的智慧中得到拯救。舍斯托夫认为，在《圣经》大声反对知识树的同时，希腊哲学则把知识看作是最高的精神食粮，把善于区分善恶看作是人的最高品质。对于希腊人来说，知识树之果乃是一切未来时代哲学的源泉，同时也是一种解放的力量；而对于《圣经》来说，它是奴役的开端，标志着人的堕落。据此，舍斯托夫断言，要么是《圣经》，要么是希腊的"知识"以及靠此知识来维系的智慧，二者的对立是显而易见的。其次在真理问题上，希腊哲学的真理是永恒真理、理性真理或可证明的真理，《圣经》的真理是启示真理或受造真理。舍斯托夫说："使徒'满足于'信仰，哲学家则需要的更多——他不能满足于'布道'所带给他的东西（如保罗自己所说的'布道的愚拙'），哲学家要寻找'证据'，他事先就确信，被证明的真理远比未被证明的真理更有价值，只有被证明的真理才有价值。"②吉尔松就认为，理性真理的实质在于它要对自己的全部原理进行论证和证明。然而，《出埃及记》却告诉我们，真理和世间万物一样，皆为上帝所造，永远在上帝权柄之下，这正是其相对于希腊人的非受造真理的优越性和伟大价值。再次，在舍斯托夫看来，《圣经》的信仰和希腊人对信仰的理解毫无共同之处。信仰在先知和使徒那里是生命的源泉，而在希腊人那里则是理解事物的知识的源泉。

中世纪哲学完全站在希腊哲学这边。舍斯托夫认为，中世纪哲学不愿意脱离希腊哲学传统，答案只有一个：希腊哲学原则和希腊思维

---

① 舍斯托夫：《雅典和耶路撒冷》，徐凤林译，浙江人民出版社 2000 年版，第 228 页。
② 舍斯托夫：《雅典和耶路撒冷》，徐凤林译，浙江人民出版社 2000 年版，第 208 页。

技术牢牢地控制了中世纪哲学家,迷惑了他们的全部念头。因此,中世纪哲学家照搬了希腊哲学思维的基本原则,被迫在基本的哲学问题上忽视了《圣经》。即使在读《圣经》时,他们也是按照从希腊哲学那里接受的基本原则和思维技术来解释与理解《圣经》。他们认为,凡是不与希腊思想和睦相处的东西,凡是经受不住希腊思想所制定的标准检验的东西,都应当作为错误的东西加以拒绝和否弃。舍斯托夫断言,希腊哲学和启示真理共生会导致这样的结果:希腊思维的基本原则和技术恰似一根巨大的藤,缠绕在犹太教－基督教"启示"的周围,把这种启示杀死在其强有力的怀抱中。事实上,如果《圣经》中的上帝创造和消除一切,包括永恒真理,那么他与希腊智慧的理性原则和道德原则还有什么共同之处? 还可能有希腊哲学同犹太教－基督教哲学的进一步共生吗? 舍斯托夫认为这必然会导致二者的完全分裂。他说,中世纪哲学不能在自身中找到力量和勇气,以使自己不受命于古人。同样,它也没有独辟蹊径,因为无论如何它都要保持自己同"人类思想的故乡"希腊的联系。

基于以上原因,舍斯托夫认为中世纪哲学对信仰与理性矛盾的调和是徒劳的。

三、信仰因何得救[①]

舍斯托夫从康德转向《圣经》,转向对《圣经》上帝的信仰。在他看来,对《圣经》上帝的信仰能使人得到真正的拯救,获得真正的自由,它解决了康德的理性所不能解决的存在的困惑,使人走出苦难和悲剧的深渊。那么,舍斯托夫所说的信仰是因何而得救? 或者说,信仰的意义何在?

---

① 参见雷永生:《东西文化碰撞中的人　东正教与俄罗斯人道主义》,华夏出版社2007年版,第359~362页。

(一)信仰摆脱理性的束缚,是思想解放的号角

舍斯托夫认为,真正的信仰无异于"旷野呼告",它吹响了人们思想解放的号角,它拉开了人们摆脱理性必然性束缚斗争的序幕。确实,自文艺复兴时代以来,信仰似乎从"天堂"落到了"地狱"。当然,在舍斯托夫心中,中世纪的信仰也不处于天堂位置;相反,这种"天堂"与"地狱"并没有区别,因为中世纪的信仰接受了强迫的理性。在真正的信仰面前,理性总是披着两件迷人的外衣,迷惑着善良的人们,那就是理性的"上帝"和"信仰"。如前所述(详见本章第二节),理性化了的上帝并不是真正的上帝,他只是软弱无能的人。"苏格拉底的上帝像苏格拉底本人一样,在永恒面前软弱无能。他只能支配善行和智慧,像善良的动物一样,他愿同凡人分享这一切。但世界及万物不属他支配和统治,因而他'妥协'了,并教导人妥协,竭力转移人们对奇迹的注意,因为谁也不能创造奇迹。"①我们的理性在上帝之上发现了不取决于上帝的原理,它们也不由上帝创造;相反,却限定了上帝的意志。在这些原理面前,上帝同凡人一样无能,他只有爱和慈善。在舍斯托夫看来,信仰无须经过理性同意就带来了某些东西,信仰取缔了理性。人得到信仰,不是为了维护理性对宇宙的统治,而是为了使人自己成为上帝创造的世界的主人。人的使命不是为了去接受和实施理性真理,而是为了用信仰的力量去消除这些真理,换言之,"弃绝知识之树而回归生命之树"②。

更令舍斯托夫气愤的是,理性哲学家也在讲"信仰",但剥开外衣,舍斯托夫看到的是知识。黑格尔写道:"知识也就是信仰,因为信仰只不过是知识的特殊形式。"③黑格尔确信,信仰就是知识,他用个人对

① 舍斯托夫:《开端与终结》,方珊译,云南人民出版社1998年版,第230~231页。
② 舍斯托夫:《开端与终结》,方珊译,云南人民出版社1998年版,第316~317页。
③ 舍斯托夫:《雅典和耶路撒冷》,徐凤林译,浙江人民出版社2000年版,第51页。

基督教的友好,精心地掩盖了自己对《圣经》的敌视。他反对除科学所提出的走向真理之路以外,还可能有加入真理的其他方式。对他来说,只有一个真理源泉,也就是知识,而不是信仰。对精神哲学来说,信仰只是不完善的知识,是信贷中的知识,只有当它得到理性的承认后,它才能是真实的。任何人也无权与理性和理性真理进行争辩。因此,理性哲学家总是教导人们,灾难等待的不是仇视理性的人,而是爱理性的人。人只要服从理性,企求产生自理性的美德。舍斯托夫反驳说,如果信仰也是知识,那么变水为酒和复活拉撒路岂不是无意义的。他断言,当黑格尔把《圣经》的真理、启示的真理变成形而上学的真理,当他把信仰变成知识,他也就扼杀了信仰。要知道,"他知道的愈多,受到的局限也就愈大。知识的实质在于局限性:这就是圣经故事的意义之所在。……需要用另一种方式'自救',靠信仰——如使徒保罗所说,只有靠信仰,这是一种特殊类型的灵魂努力,我们的语言把它叫做'敢想敢为'。只有忘掉把我们牢牢束缚在有限存在之上的'规律',我们才能上升到人的真理和人类善的高度。为了上升,就要丢掉脚下的基础。'辩证法'在这里无所作为,渴求'永恒性'也无济于事……我们的最危险敌人是'自明的真理'"①。

舍斯托夫不断强调,上帝就意味着,没有理性渴求的知识,也没有令人神往并引起人们迷恋的知识。上帝就意味着,也没有恶,只有原初的"命令"和天堂的"至善"。在它们面前,我们所有的建立在矛盾"法则"、充足理由"法则"及其他"法则"之上的真理,都会消解而变为幽灵。"上帝是万能的,无所不能的。这就是理性为什么不能赢得爱戴,却反而遭到刻骨仇恨的原因。"②启示之所以是启示,是因为它与一切自明性背道而驰。它启示我们,对于上帝来说,一切都是可能的,

---

① 舍斯托夫:《在约伯的天平上》,董友、徐荣庆、刘继岳译,三联书店 1989 年版,第 249 页。

② 舍斯托夫:《开端与终结》,方珊译,云南人民出版社 1998 年版,第 185 页。

上帝除了万能,别无其他权力。

　　舍斯托夫坚信,信仰不是对理性揭示的看不见的真理的"信仰",也不是对导师和圣书宣扬的生活规则的信任。信仰应是克尔凯郭尔所说的信仰。克尔凯郭尔之所以走向约伯,走向亚伯拉罕,召唤荒谬并渴求信仰,是因为这样一来,他才能期望炸毁思辨哲学借以隐藏毁灭一切的、虚无的、不可接近的堡垒。舍斯托夫十分赞同克尔凯郭尔所说的"信仰对立于理性——信仰在死亡的彼岸"。但什么是《圣经》所说的信仰? 克尔凯郭尔说:"信仰就是为了有上帝而丧失理智。"[1]也就是说,那种不寻求也不可能得到理性证明的信仰,才是《圣经》的信仰。只有它,才能单独地赋予人以希望来战胜借助理性步入世界,并开始统治世界的必然性。其实,早在《哲学的崩溃》中,克尔凯郭尔就写道:"违背理性去信仰是痛苦的。但思辨家不受此痛苦之扰。"[2]为什么呢? 舍斯托夫断言,"渴求普遍和必然的真理的理性引向死亡,而生命之路要通过信仰"[3]。只有《圣经》才指出,依靠理性和它所说的真理的一切并非顺利。要知道一切"奇迹"的源泉——就是信仰,而且是敢于不求理性证明,也不求任何证明的信仰,它把尘世的一切都传到自己的法庭上。信仰超乎知识之上,它在知识的彼岸。只有信仰,才为人开辟通向生命之树的道路,但要有信仰,需丧失理性。只有这时,或在悖论的照耀下,或在其阴面才能发生"重复"的奇迹:幻影将变成活的生物,人将从知识称为"不可能"或"必然"的无能状态中痊愈。

(二)信仰注重心灵的秩序,是思维的新维度

　　如前所述(详见第四章第一节),在人的认识上,存在着两种思维,

---

① 舍斯托夫:《开端与终结》,方珊译,云南人民出版社1998年版,第181页。
② 舍斯托夫:《开端与终结》,方珊译,云南人民出版社1998年版,第182页。
③ 舍斯托夫:《开端与终结》,方珊译,云南人民出版社1998年版,第281页。

即理性思维或自然思维与圣经信仰思维。理性思维的代表是苏格拉底、康德和黑格尔，一直以来，人们对理性思维总是奉若神明。舍斯托夫看到，就连愚蒙的木匠和渔夫也对苏格拉底死心塌地，虽然他们向往奇迹，也向往上帝（当然，他们对上帝的了解是十分粗糙、幼稚、原始的）。但可怕的是，在他们接受真理之前，人们总是引导他们重走苏格拉底的严格思维之路。舍斯托夫心有不甘地反问："如果思维，即苏格拉底的思维，二维思维取胜的话，如果理性及其'不可能'，道德及其'应该'是永恒的并取胜的话，产生于'lugere et edtestari'（悲哀与诅咒）的信仰和对有限的无限追求，就将成为不理智的、多余而可笑的。《圣经》本身也不得不经常修改或重新解释，以免陷入可笑的、不理智的窘境。"①舍斯托夫看到，康德也经常教导说，我们的思维——这个存在迷宫的唯一杰出的领路人——最终将把我们带到这样的领域，在这里，思维本身已无能为力和毫无用处，在这里，起主导作用的已不是矛盾律（它从来不骗人，并且总是保证只有单一含义的回答），而是二律背反（它排除任何回答的可能性）。对康德的教导，舍斯托夫当然不服，他说："如果人感到，这样的回答虽然从前曾使他得到安慰和愉快，但实际上却是对人的生存的诅咒，是这样一种'虚空'，受造物不自愿地服从于它，而且全部受造物都由于它而呻吟和受苦，直到如今——如果是这样，又该怎么办呢？康德在思考形而上学与科学的关系时忘记了《圣经》。真遗憾！假如他记起《圣经》，那么他想必就会对自己所提出的问题作出另外的回答。也许，他就不会认为，形而上学既然不能得出普遍的和必须遵守的判断，它就失去了自己存在的理由。也许，他会达到这样的认识：形而上学的存在理由恰恰在于，它能把他的原初自由归还给他，永远砸碎强迫性的桎梏。"②如果说康德忘记了《圣经》，黑格尔则似乎没有忘记。他说："基督教信仰的内容应当用

① 舍斯托夫：《开端与终结》，方珊译，云南人民出版社1998年版，第225页。
② 舍斯托夫：《雅典和耶路撒冷》，徐凤林译，浙江人民出版社2000年版，第296页。

哲学来证明,而不应当用历史来证明。"①在舍斯托夫看来,黑格尔这句话其实就是说:全部存在都毫无遗留地属于理性思维范围,对任何存在,只要它稍稍暗示了另一种思维维度的可能性,就应当将其作为幻想和非存在而加以拒斥。所以,无论黑格尔怎样狡辩,他还是又回到了旧的、公认的和大家都理解的(也就是理性的)手段——回到了强迫。

如前所述(详见第四章第一节),舍斯托夫对苏格拉底们的理性主义哲学思维进行了猛烈批评。在他看来,人毕竟不是"物",不是理性的动物,自然思维或理性思维并不能包括人的生命的全部内容。人还有另一种思维,它追求的是"心灵的秩序"。因为"'自然'思维满足于亚里士多德的简单化的'解释',但同这种自然思维一道,在人的心灵中还曾经存在并将永远存在着一种躁动不安,它寻求并找到了自己的真理"②。这种思维就是信仰的思维,它在根本上不同于以人类历史上几乎所有大哲学家为代表的思辨思维。"笑、哭和诅咒"就是这样一种思维维度,它在"唯理性是从"的人身上已荡然无存了,或确切地说,已完全枯萎了。虽然"在'理性的界限'之内可以创造出科学,高尚的道德,甚至宗教,但为了拥有上帝,就必须摆脱理性之魔法及其肉体的和道德的强制力量,走向另一个源泉。这个源泉在圣经中叫做'信仰',就是一种思维维度,在这一维度下,真理快乐地、毫无痛苦地服从于造物主的自由支配:愿你的意志降临。也就是造物主的意志,他能够威严无畏地使信徒重新获得丧失了的力量"③。显然,不是康德,也不是黑格尔,亚伯拉罕才是"信仰之父"。因为"在亚伯拉罕那里,他的信仰是一种新的、迄今不为世界所知的思维维度,它不能放入通常意识之中,它破坏了我们的'经验'和'理解'所告诉我们的全部'强迫

① 舍斯托夫:《雅典和耶路撒冷》,徐凤林译,浙江人民出版社 2000 年版,第 54 页。
② 舍斯托夫:《雅典和耶路撒冷》,徐凤林译,浙江人民出版社 2000 年版,第 304 页。
③ 舍斯托夫:《雅典和耶路撒冷》,徐凤林译,浙江人民出版社 2000 年版,前言,第 20 页。

真理'。但只有这样的哲学才堪称犹太教－基督教哲学:这种哲学给自己提出的任务不是接受自明性,而是战胜自明性,它向我们的思维加入了新的维度——信仰"①。在舍斯托夫看来,信仰具有唯一的、无比的价值。"因为信仰就是战胜自明性,也只有信仰,才能推倒我们身上漫无节制的原罪重负,让我们能重新挺身直腰'站起来'。这样一来,信仰就不是对我们所闻、所见、所学的东西的信赖。信仰是思辨哲学无从知晓,也无法具有的思维之新的一维,它敞开了通向拥有尘世间存在一切的创世主的道路,敞开了通向一切可能性之本原的道路,敞开了通向那个对他来说,在可能不可能之间不存在界限之人的道路。"②

(三)信仰认可泪水的至上,是绝望中的希望

几千年来,人类的苦难、泪水汇流成河,但是我们的理性却赞颂着"成功的辉煌"。为了理性法则的统治,为了那"必然性不听劝说",人们只能无助地深陷绝望的深渊,人类的泪水也只能成为理性成功路上的垫脚石,是一副"僵死"的工具而已。"一个人只有跟着大家走,并赞同人所共遵的判断,只有服从理性,得到严格不变和秩序的支持才能够活着。要是他擅作主张,敢作敢为,摆脱'全体',用自己的眼睛去看世界,不是人云亦云,而是说自己的真话,表达自己的怀疑、痛苦和绝望,就会引起人们的愤怒;就会被人永远逐出正常人所组成的共同世界而终生孤寂,陷于绝望的深渊。"③换言之,理性不能帮助你,它只不过是告诉你,这是必然的,要正确"理解"和忍受。正如斯宾诺莎所说的,"勿哭、勿笑、勿诅咒,只要理解"。为了"理解"就要拒绝一切同我们的喜与悲、希望与绝望等相关的东西。在理性的天平上,一端放着沉甸甸的不动的"二二得四"及传统"自明"的全部构成物,另一端

---

① 舍斯托夫:《雅典和耶路撒冷》,徐凤林译,浙江人民出版社 2000 年版,第 277 页。

② 舍斯托夫:《开端与终结》,方珊译,云南人民出版社 1998 年版,第 136 页。

③ 舍斯托夫:《开端与终结》,方珊译,云南人民出版社 1998 年版,第 369 页。

放上"没有重量的东西"，即凌辱、恐惧、喜悦、绝望和眼泪等。然而，人类的苦难在约伯的天平上却是另一种情况，"惟愿我的烦恼称一称，我的一切灾害放在天平里，现今都比海沙更重"①。舍斯托夫一再强调，人类的苦难、泪水比恒河里的沙还要重。在理性拒绝泪水时，或者说在理性让人们安于苦难时，信仰却承认人类的苦难和认可泪水的至上意义。舍斯托夫不止一次地引用陀思妥耶夫斯基的话说："人有时喜爱苦难而胜过喜爱幸福，混乱和破坏有时比秩序和创造更可贵。"②就连不学无术的德米特里·卡拉马佐夫也会对他的兄弟说："我的朋友，深深的屈辱，现在也还在屈辱之中。今天世界上受苦的人太多了，所遭的灾难太多了……"③然而，要知道，深重的苦难会使人完全失去希望，失去意志，处于孤立无援的、绝望的境地。

舍斯托夫坚信，信仰并且只有信仰，才能给苦难中的人以希望和勇气。他借用克尔凯郭尔的话来说："假如我弃绝一切……这还不是信仰，这只是俯首听命……但是我有信仰，我什么也不会弃绝。相反，借助信仰我获得了一切：如果谁有即便是芥粒大小的信仰，那么他就能移山倒海。……不过要有反常和谦恭的勇敢精神，才能因为荒谬而控制一切有限。这就是信仰的勇敢精神。"④在对苦难和泪水的意义的肯定中，我们摆脱了理性事实的噩梦，有一丝光在我们心中闪现，这就是希望，是绝望中的希望。"在绝望的深渊中又逢重生：这就是神秘圣诗歌者所说的（当你涌现时，主呵，我大声呼喊）的意义之所在。"⑤信仰并且只有信仰，才能摆脱人的罪孽。信仰并且只有信仰，才能使

---

① 舍斯托夫：《在约伯的天平上》，董友、徐荣庆、刘继岳译，三联书店 1989 年版，第 1 页。

② 舍斯托夫：《在约伯的天平上》，董友、徐荣庆、刘继岳译，三联书店 1989 年版，第 61 页。

③ 舍斯托夫：《在约伯的天平上》，董友、徐荣庆、刘继岳译，三联书店 1989 年版，第 89 页。

④ 舍斯托夫：《开端与终结》，方珊译，云南人民出版社 1998 年版，第 130 页。

⑤ 舍斯托夫：《开端与终结》，方珊译，云南人民出版社 1998 年版，第 180 页。

人从必然性真理的支配之中解脱出来。只有信仰,才能赋予人无畏的勇气和力量,去正视死亡和疯狂,而不是优柔寡断地向它们顶礼膜拜。因为信仰不是知识的代名词,信仰不是康德"理性限度内"的信仰,而是德尔图良所说的信仰,是荒谬的信仰。"信仰,多么难以置信的荒谬! 荒谬能使杀人成为神圣的、有利于上帝的事业。荒谬把以撒还给亚伯拉罕,荒谬是理性不能控制的,因为信仰正是从思维结束时开始的。"①也就是说,在理性认为是绝望的时候,信仰却认为是希望的开始。那么,信仰是如何在绝望中给人希望的呢? 舍斯托夫再次借用克尔凯郭尔的话说:"设想一下,一个人非常痛苦地想象某个史无前例的骇闻,不可忍受的骇闻。突然间这可怕的尤物拦住了去路。按照人的理性,他必死无疑。但他孤注一掷地挣扎,恳求绝望允许他(如果可以这样表达的话)寻找绝望中的平静。这样,如人们常说,生还对于他是不可能的。但对于上帝是一切皆为可能的。因为,只有可能打开了生还之路。如果人昏厥过去,人们会替他取水、配药。但当人陷入绝望,我们则要吼叫:可能,可能,只有可能会拯救他。可能来了,绝望的人复苏了,开始了呼吸。没有可能,就像没有空气一样,人会窒息而死。有时,创造性的幻想似乎会产生可能。但最终只剩一个:上帝是万能的。这时,只为信仰开辟了道路。"②

(四)信仰提供真正的自由,是人类灵魂的净化

舍斯托夫从康德走向对《圣经》上帝的信仰,难道这种信仰能给人带来真正的自由吗? 舍斯托夫的回答异常坚决,并没有克尔凯郭尔半分的犹豫,因为"在克尔凯郭尔的灵魂深处存在着不可改变的信仰:世界上存在着某些'不可能',无论上帝或人都不能克服之"③。他一直

① 舍斯托夫:《开端与终结》,方珊译,云南人民出版社1998年版,第182页。
② 舍斯托夫:《开端与终结》,方珊译,云南人民出版社1998年版,第182页。
③ 舍斯托夫:《开端与终结》,方珊译,云南人民出版社1998年版,第223页。

坚信，按照上帝的意志，人被引诱并失去了自由；也是按照他的意志，像所有法则一样，残忍的至死不渝毁灭了，而自由又回来了，回到人的身边，这就是《圣经》启示的内容。因为"对于舍斯托夫来说，上帝是人的信仰对象，但这并非只是一个人格神，并非只是人的救世主，它还是人的真正的家园。（之）所以这样说，是因为上帝本是人和世界的创造者；他钟爱自己的造物，即使它们犯了罪，他仍一如既往地爱护他们，只不过他要让他们在痛苦中体验这种爱；他对人的拯救是根本性的，是对人的灵魂的拯救；人类只有真正地信仰上帝，净化自己的灵魂，才能回到上帝的家园，从而达到'至善'"①。那么，要净化灵魂就必须抛弃使我们灵魂污染了的东西，也就是知识，即蛇诱惑人偷吃的禁果。

因此，舍斯托夫反复强调，要使失去的自由又回到我们身边，只有在知识失去支配人的权力之时，自由才能失而复得。他不厌其烦地说："既然我们不知，也就意味着我们无拘无束。甚至不排除这样的可能性：在某时某地我们将完全摆脱知识，也就是说，那时，不是像现在这样，我们必须适应于'现成的'现实，而是现实开始适应于我们。那时，'事物与理智的符合'将失去自己的强制因素，而代之以人的自由决定。"②人应有足够的勇气，锻炼出路德所说的"神的大锤"（详见第四章第四节），打碎那牢不可破的"二二得四"的石墙。《圣经》启示告诉我们，"当摩西直接面对上帝时，一切真理、一切法律都消失不见，无踪无影，就像它们压根儿就从未存在过一样。摩西无力自卫，只是因此他才成了预言家——接受了上帝的力量。一切恐惧、一切忧虑都逼迫人去寻求支撑、保护、支援，但恐惧和忧虑好像突然一眨眼间就会烟消云散。理性之光也黯然失色，法律的镣铐被砸开了。人在这一原初

---

① 雷永生：《东西文化碰撞中的人——东正教与俄罗斯人道主义》，华夏出版社2007年版，第361页。

② 舍斯托夫：《雅典和耶路撒冷》，徐凤林译，浙江人民出版社2000年版，第312～313页。

的'黑暗'中,在这一无限的自由里,重新接触到了我们始祖致命的堕落之前充满尘世亘古长存的'至善'。只有在这'信仰的黑暗'中,人才重新得到真正的自由"①。就这样,"曾经有过的东西成为不曾有的,人复归于无罪状态,复归于神性的自由,这是向善的自由,在它面前,我们选择善恶的自由暗淡和消失了,或者确切地说,在它面前,我们的自由显得是可怜的和可耻的奴役。原罪,也就是关于存在者必然存在的知识,被根除了。只面向造物主的和由造物主所启示的信仰,从自身中放射出了关于存在者和非存在者的终极真理"②。就这样,有了信仰,约伯有过的一切又回归于他,亚伯拉罕又重新得到了儿子以撒。借助信仰,人不仅不会弃绝什么,失去什么,相反倒可以获得人应该得到和可能得到的一切。

① 舍斯托夫:《开端与终结》,方珊译,云南人民出版社1998年版,第294~295页。
② 舍斯托夫:《雅典和耶路撒冷》,徐凤林译,浙江人民出版社2000年版,前言,第21页。

结语:旷野呼告

通过对舍斯托夫悲剧哲学的渊源、基点、领域、主题和走向的分析后,我们可以明显地感受到他那反抗理性、诉诸信仰的独特思想,感受到俄罗斯知识分子追问人生真谛的不懈努力。然而,舍斯托夫这种"以头撞墙"的努力是否正如他所言是一种旷野呼告?换言之,我们应该如何评价舍斯托夫的悲剧哲学,这种悲剧哲学有何启迪意义?

一、悲剧哲学的评价

其实,要评价舍斯托夫的悲剧哲学是一件既容易又困难的事情。说容易是因为,舍斯托夫的哲学思想太过极端,这种极端性主要体现在以下两个方面:

其一是反理性的彻底性和信仰的极端性。在《雅典和耶路撒冷》一书中,舍斯托夫把不曾有人彻底表达过的批判理性和诉诸信仰的话"说到了底"。可以说,凡是敢于批判理性必然性的作家、哲学家,舍斯托夫大都对他们进行分析、评价并吸收他们的反理性思想。这些作家、思想家和文学家有:海涅、契诃夫、莎士比亚、果戈理、陀思妥耶夫斯基、托尔斯泰、易卜生等;哲学家则有:彼得·达米安、邓斯·司各脱、奥康、德尔图良、路德、帕斯卡、尼采、克尔凯郭尔、胡塞尔等。同样的,凡是赞同理性或批判理性不彻底的文学家、哲学家,大都受到舍斯托夫的批评。舍斯托夫在著作中对苏格拉底、亚里士多德、笛卡儿、斯宾诺莎、康德和黑格尔的批判随处可见。舍斯托夫对陀思妥耶夫斯基、克尔凯郭尔的反理性十分赞赏,但他仍然认为,"在最后一刻,克尔凯郭尔又回到了'伦理的东西';他只希望在此为自己找到保护"①。而陀思妥耶夫斯基晚年开始害怕斗争,在信仰开始要求斗争的地方结束了信仰,并转向了理性,从而求助于斯拉夫主义及其宗教国家学说。换言之,他们对理性的批判还不够彻底,他们的信仰思想仍然不能避免受理性思维的影响。舍斯托夫就连《约翰福音》也进行批评,他断言,《福音书》中耶稣的神性是用理性的方法来证明的,这导致上帝变得像人一样软弱无力。因为舍斯托夫信仰的是《旧约》中的上帝,是亚伯拉罕、以撒、雅各的上帝。这种信仰,在舍斯托夫看来是毫无根据的信仰,因为信仰从来没有任何根据,它自己即是根据。信仰的本质和信仰的最大最神奇的特权,就是它不需要证明,它生活在证明的"彼岸"。

其二是写作主题的单一性。舍斯托夫的哲学创作虽然分为前后两个时期,但前后时期并没有明显的差别,而是始终贯串一个主题:对人的存在的关注。别尔嘉耶夫就认为,舍斯托夫是一个单一思想者,一个主题完全支配了他,而他也将这一主题贯注于自己的全部著述之中。他脱离了俄罗斯思想的基本轨道而站在一旁。布尔加科夫也认为:"舍斯托夫的许多著作涉及许多论题,但在这五花八门的论题中不难找到一定的统一性,甚至是千篇一律。舍斯托夫属于那类思想专一的人,他没有思想的演进。他的思想宗旨在早期作品中就已确定。"②为什么舍斯托夫总在反复呼唤一个主题呢? 他认为,我们总是如此相信我们的思维,相信我们的思维就是唯一可能的思维,乃至我们对待还知道第二维度的古人的哲学,几乎就像对待迷信一样。我们总是希望形而上学思维成为科学的思维而拒绝思维的第二维度。舍斯托夫抱怨人们采用双重标准,几千年来大家总在反复地说,矛盾律是最不

---

① 舍斯托夫:《雅典和耶路撒冷》,徐凤林译,浙江人民出版社2000年版,第156~157页。

② 徐凤林:《舍斯托夫的圣经哲学》,博士论文,北京大学图书馆,023/D2001(22),第6页。

可动摇的原则,科学是自由研究。可当你说二二得五,他们就会向你
嚷嚷:"你就老老实实地接受这一事实吧,没有办法,因为二二得四是
数学。是驳不倒的。"①所以这就要求进行斗争的人必须作出极大的
努力,才能猛然醒悟过来。只有反复呼喊,才能把人们从思辨理性统
治下唤醒。

总的来看,舍斯托夫的哲学极力地反对必然性、传统道德、体系和
科学,极端地诋毁理性真理。客观地说,舍斯托夫的这种批判有许多
不合理之处,正如徐凤林指出的:"他对理性的批判主要适合于古典理
性主义,没有注意到现代新型的理性主义哲学对古典理性主义的超
越。"②胡塞尔也一针见血地指出,"你错了,你把我变成一尊石像,把
我高高放在一个座台上,然后用锤子一锤一锤地把石像打得粉碎。但
是难道我就真的像石头作成的那样吗?"③因此,舍斯托夫的极端思想
并不容易为人们所广泛理解和接受,也招致了多方的批评。人们也根
据他的极端理想而认为他属于信仰主义、反理性主义、蒙昧主义,缺乏
理论建树,甚至有人认为他"违反'健全理智',是思维不发达,粗陋、
落后"④。洛斯基就认为,舍斯托夫的思想特点是极端怀疑主义,他把
读者留在了无知之境。洛斯基似乎对舍斯托夫的思想有点不屑,在
《俄国哲学史》中,他对舍斯托夫的介绍只是寥寥几句。科萨克在介绍
存在主义的大师们时直言:"列夫·舍斯托夫作为有神论存在主义极
端反动一翼的代表,最先强调信教的魔力。"⑤就连与舍斯托夫关系密
切的别尔嘉耶夫也认为,他是怀疑主义者和悲观主义者。舍斯托夫对
人们的批评其实早有准备,他就常常自嘲说自己的哲学只是一种"旷

---

① 陀思妥耶夫斯基:《双重人格·地下室手记》,臧仲伦译,译林出版社 2004 年版,第
186 页。

② 徐凤林:《俄罗斯宗教哲学》,北京大学出版社 2006 年版,第 306 页。

③ 舍斯托夫:《开端与终结》,方珊译,云南人民出版社 1998 年版,第 332 页。

④ 徐凤林:《俄罗斯宗教哲学》,北京大学出版社 2006 年版,第 307 页。

⑤ 科萨克:《存在主义的大师们》,王念宁译,中央编译出版社 2003 年版,第 62 页。

野呼告"。

当然,人们的批评并不能否定舍斯托夫哲学思想的影响,特别是对存在主义哲学的影响,巴雷特在《非理性的人》一书中分析存在主义的渊源时认为,索洛维约夫、别尔嘉耶夫和舍斯托夫是三位对存在主义的产生具有重大影响的俄国哲学家。有人甚至认为舍斯托夫是存在主义哲学的先驱,"罗扎诺夫、别尔嘉耶夫和舍斯托夫预见了欧洲思想的根本变化:在存在主义在西方哲学中成为一种主要运动之前的二三十年,他们就已表达了存在主义的观点"①。别尔嘉耶夫也认为,舍斯托夫是独特的存在主义哲学的代表,"他的哲学属于存在哲学类型,这种哲学类型把认识过程同人的整个命运联系起来,认为存在的奥秘只有在人的生存中才能认识"②。可以说,舍斯托夫作为独特的哲学家还是得到了人们的尊重和肯定,在他去世后,宗教哲学学院就举行了隆重的纪念舍斯托夫大会。

说评价舍斯托夫的悲剧哲学比较困难主要是因为,舍斯托夫的写作风格多样而灵活:有时类似尼采的笔法,采用格言警句、随笔断想式的文体;有时类似克尔凯郭尔,运用间接表达、反讽的方法。舍斯托夫的语言往往句子很长,句中又套有解释的句子。舍斯托夫坦言,不愿做体系化的奴隶,因为他认为形式上的连贯性往往会扼杀自由思想。书为了要保持统一性和完整性,就不得不阉割思想,使内容服从形式,而不是形式服从内容。舍斯托夫的哲学创作是从文学批评开始的,他善于以哲学家的敏锐和灵感,在对古今大哲学家、思想家和作家的评论中表达自己的哲学思想。但由于舍斯托夫的一生都在破坏哲学和文学批评的传统习惯,所以他对其他哲学家的批判和评述就往往不是客观、全面和周密的,而是带有许多自己个人的理解,甚至贬低或夸

---

① 马寅卯:《白银时代俄罗斯宗教哲学的思想路向和主要贡献》,载《浙江学刊》1999年第6期,第29页。
② 舍斯托夫:《雅典和耶路撒冷》,徐凤林译,浙江人民出版社2000年版,中译本前言,第8页。

张。正如一位评论家所说:"古典哲学在舍斯托夫笔下更像是漫画,而不是可靠的肖像画。"[①]因此,要真实地把握舍斯托夫的思想并不容易。

事实上,舍斯托夫对理性必然性、传统道德、体系和科学等的批判,并不是一般人所理解的批判。舍斯托夫反对理性,甚至拒绝理性,但他所反对和拒绝的理性不是平静祥和的日常生活中的理性,而是让理性和信仰、哲学家、先知和使徒在个人生存的深渊里对质。在这个痛苦、悲剧、厄运的深渊里来考验理性和信仰哪个更有效(详见第四章)。舍斯托夫反对科学,但他并不反对科学本身,而是反对科学把它的研究方法推广到解决人的精神生活问题。[②] 也就是说,舍斯托夫所反对的不是一般意义上的理性、科学和知识,而是这些思维原则与技术对世界之恶的辩护和对个人自由的扼杀。也正因为如此,舍斯托夫和批评者所争论的常常不在同一个层面上,如前所述,舍斯托夫与胡塞尔争论哲学是什么的问题,但他们所说的其实是两种不同的思维。同样,对于人的考察,舍斯托夫主张把人放在理性之外,而理性哲学家主张把人放在理性之中,这其实是一个价值选择的问题,不能用正确与否进行评判。徐凤林在《俄罗斯宗教哲学》中对于这点进行了详细的阐述:"人是否能够完全按照理性生活? 理性是否能够解决人生的全部问题? 这实际上包含三个问题:一是应当不应当,二是能不能做到,三是人的理性生活是自愿的还是被迫的。对于这些问题,理性主义哲学家的回答是:第一,人应当遵从理性,因为只有理性能够给人带来真正满足(这是他们的信念甚至是信仰);第二,人能够做到,做到的人才值得称赞,做不到就应当受到谴责;第三,理性生活应当成为人的愿望,人不应感到强迫。而舍斯托夫的回答是:第一,人就其本性而言不一定非按理性生活不可,人有权按自己的愿望生活,即便是非理性

---

① 舍斯托夫:《雅典和耶路撒冷》,徐凤林译,浙江人民出版社 2000 年版,中译本前言,第 8 页。

② 参见徐凤林:《俄罗斯宗教哲学》,北京大学出版社 2006 年版,第 306 页。

的、愚蠢的愿望;第二,人也许在外部律法、伦理层面上能做到服从理性,但内心里不是总能做到,而且越是面对重大问题时越是做不到,理性会最终被推翻;第三,理性真理不总是'令人信服',而是经常强迫人。"①由此可见,舍斯托夫对问题的看法与人们习惯的看法往往是截然相反的,他看重的并不是问题本身,而是人们对问题思考的方式。因此,我们可以套用别尔嘉耶夫的话说,舍斯托夫脱离了理性的基本轨道,这是我们理解舍斯托夫悲剧哲学的关键所在。

二、悲剧哲学的启示

舍斯托夫逝世至今已经很多年了,在今天看来,他的宗教哲学、悲剧哲学听起来仍然十分刺耳。他的极端反理性似乎赶不上时代的主旋律,与现代的科学技术相违背;他的极端信仰主义也似乎是一种迷信,是在宣读《圣经》。"但是要知道,人类不总是喜欢迷信胜于喜欢其它吗?宗教、神、命运、理性甚至天才、学说以至科学,人类不都信仰过吗?现在不仍然在迷信吗?或许,对于迷信只有用信仰来打破。用一种信仰去取代另一种迷信固然终非上策,但人类目前还不足以破除迷信,也不足以用自己的力量去战胜迷信,那就别无选择。"②也就是说,当用理性解决不了人的全部问题的时候,非理性的、信仰的道路对于困境中的人们来说,也不啻是一种启迪。

(一)对人性的解读

"人的问题"是俄罗斯宗教哲学的核心问题,对人性问题进行分析是俄罗斯宗教哲学的传统,如果戈理的《死魂灵》、陀思妥耶夫斯基的《双重人格:地下室手记》和《宗教大法官》、托尔斯泰的《托尔斯泰论生命》、索洛维约夫的《神人类讲座》、弗兰克的《生命的意义》、别尔嘉

---

① 徐凤林:《俄罗斯宗教哲学》,北京大学出版社 2006 年版,第 305~306 页。
② 舍斯托夫:《开端与终结》,方珊译,云南人民出版社 1998 年版,第 381 页。

耶夫的《论人的使命》和《论人的奴役与自由》等,都对人性问题进行
了探讨。在分析人性问题时,俄罗斯宗教哲学家的着重点是"人的自
由"问题。别尔嘉耶夫就认为,"应该对小自由和大自由加以区分。小
自由是在善恶中加以选择的自由,大自由则是在善中的自由。大自由
是真正的自由,终极的自由,在上帝中的自由。人要走向真正的善,必
须首先从各种低级的本能、情欲的支配下解放出来,不再做自己本身
以及周围世界的奴隶"①。舍斯托夫并不赞成别尔嘉耶夫的这种观
点,因为大小自由都是建立在用理性来证明的基础上,他指出,别尔嘉
耶夫的自由观有两重性:一方面在高唱愚蠢颂,另一方面又向健全的
理性表示驯服。舍斯托夫更推崇陀思妥耶夫斯基的人性观,可以说,
陀思妥耶夫斯基的人性观是舍斯托夫人性观的重要源泉。

对人性的思考是陀思妥耶夫斯基全部创作的基础。在他看来,自
由是人的本质,人之所以为人,只在于他是自由的。虽然人们普遍认
为,人在自然规律面前是不自由的,二二得四这样的规律不能反对。
但陀思妥耶夫斯基借用《双重人格:地下室手记》中主人公的口说:
"主啊上帝,要是我由于某种原因根本就不喜欢这些自然规律和二二
得四,这些自然规律和算术跟我又有什么关系呢? 自然,我用脑门是
撞不穿这样的墙的,即使我当真无力撞穿它,但是我也绝不与它善罢
甘休,其原因无非是因为我碰上了一堵石墙,而我又势单力薄,无能为
力。"②陀思妥耶夫斯基强调,人的自由有两重性,即人既可以自由地
行善,也可以为所欲为地作恶。在《卡拉马佐夫兄弟》中,陀思妥耶夫
斯基通过宗教大法官之口,将这种矛盾生动地呈现在人们面前。当耶
稣出现时,人们向他诉说生活的不自由并希望他能解救他们,但大法
官却将耶稣抓了起来。大法官通过当年魔鬼用来试探基督的三个问

① 安启念:《陀思妥耶夫斯基的人性理论及其对工业文明的批判》,载《社会科学辑
刊》2006年第3期,第6页。
② 陀思妥耶夫斯基:《双重人格:地下室手记》,臧仲伦译,译林出版社2004年版,第
186页。

题来向基督证明,人们需要的不是基督,而是大法官。人们需要的是面包而不是自由,面包就是幸福。因为自由就是要自我选择,而人们根本不能理解自由,自由相反成了负担。

舍斯托夫继承了陀思妥耶夫斯基的这种观点,他也认为,自由是人的本质。在上帝创造人之初,人是自由的。在原初的世界里没有善恶之分,恶是后来才有的,也就是始祖偷吃禁果之后。舍斯托夫在这里强调的自由实际上是人的先天自由,它是在人没受到后天客观环境影响下的自由。但人总是社会的人,他不可能不受周围各种因素的影响。舍斯托夫也看到了这一点,但他强调,人正是因为受外在因素的影响,人的自由才越发显得珍贵。在他看来,无论外在环境如何变化,但有一点是不变的,那就是人的自由意志。正如他在多个场合反复强调的:"在人的心灵深处有一种无法消除的需要和永恒的梦想——按照自己的意志生活。但既然要合理还要必然,那么这还算什么自己的意志呢?有这样的自己的意志吗?人在世间最需要的是按照自己的意志生活,哪怕是愚蠢的意志,只要是自己的意志。最雄辩的、最令人信服的证据也仍然是徒劳的。"①也就是说,即使是愚蠢的意志,但它毕竟是人的意志,是人的自由。在舍斯托夫看来,这种愚蠢的意志总比受"必然性所迫"的聪明的意志强得多。因此,舍斯托夫直言他更喜欢愚蠢而不是大智,因为愚蠢的意志不必顾虑理性必然性,顾虑理性必然性的意志只不过是"石头的意志",拥有"石头的意志"的人的自由并不是真正的自由。

舍斯托夫也强调,人的自由有两重性。一方面人固有渴望"按自己的意志生活",有选择按愚蠢的意志生活的自由;但另一方面人又渴望"唯理性是从",正如斯宾诺莎所说:"自我满足可以起于理性,且唯有起于理性的自我满足,才是最高的满足。"②也就是说,人们渴望在

---

① 舍斯托夫:《雅典和耶路撒冷》,徐凤林译,浙江人民出版社 2000 年版,第 282 页。
② 斯宾诺莎:《伦理学》,贺麟译,商务印书馆 1983 年版,第 210 页。

理性的支配下能够达到"最高的幸福"。毕竟,理论是一回事,生活又是一回事。舍斯托夫看到,在现实中,人们更多的是选择"按理性的意志生活",而不是"按愚蠢的意志生活",虽然人有这种愿望。正如宗教大法官所揭示的,人们需要面包甚过自由。也就是说,人们追求物质满足胜过精神完善。虽然"基督曾经指出'人不能单靠面包活着'。多数民众并不否定这一点,但是他们首先看重的是面包。……伴有痛苦的自由还是没有自由的幸福,大多数人选择了后者"①。舍斯托夫看到,自由和面包似乎不能二者兼得,"按愚蠢的意志生活"和"按理性的意志生活"也不能共存。对此,舍斯托夫感到了深深的悲哀和无奈,也常常自叹自己的思想只是一种旷野呼告。

(二)对心灵的剖析

俄罗斯并不是一个长于思辨的民族,他们注重的是人的内在心灵体验,主张从"内"向"外"进行哲学思考。陀思妥耶夫斯基的小说就以心理分析见长,把人的隐秘的内心世界、人性的美好与丑恶赤裸裸地暴露出来。舍斯托夫继承了这种传统,他的哲学著作特别是前期的悲剧哲学、生命哲学著作,主要以文学批评和文学评论的形式出现,从文学家、哲学家的内在心灵深处进行剖析。纵观舍斯托夫的悲剧哲学,也正如他自己所言,是"在灵魂中的漫游"。与理性哲学从理性的人出发,注重概念的逻辑推演不同;舍斯托夫从神性的人、具体的人出发,关注到人的感性生命状态,人的本能、欲望、情感以及人性中的丑恶的、有缺陷的一面。舍斯托夫是以活生生的人去对应人的理念,以神性的人、完整的人对应理性的人。对伟大如陀思妥耶夫斯基、托尔斯泰、尼采等思想家,舍斯托夫以其对哲学的独特理解,将他们在面对人的存在困境时内心深处的灵魂挣扎淋漓尽致地表现出来。如前所

---

① 安启念:《陀思妥耶夫斯基的人性理论及其对工业文明的批判》,载《社会科学辑刊》2006年第3期,第8页。

述(详见第三章第一节),舍斯托夫认为,陀思妥耶夫斯基、托尔斯泰和尼采都经历了信念的蜕化。陀思妥耶夫斯基从"希望的哲学"转到"绝望的哲学",托尔斯泰从"共同世界"转到"个人世界",尼采从"可怜的仆人"转到"生活的辩护人"。但是舍斯托夫并不是从理念、理性的角度来进行剖析(如李泽厚就从理性的角度对康德的批判哲学进行批判,并冠之以"批判哲学的批判"),而是注重他们心灵体验的变化,注重主体的自主性。

在阐述陀思妥耶夫斯基的思想变化时,舍斯托夫认为,《死屋手记》时期的陀思妥耶夫斯基虽然描绘了令人胆战心惊的苦役惨相,但他在内心里却是异常平静,似乎是无忧无虑,因为他关注的是自己的道德和良心而不是最底层的人。在《双重人格:地下室手记》时期,陀思妥耶夫斯基犹如一个疯人以头撞墙,经受着痛苦的折磨并最终喊出"世界完蛋吧,而我要永远有茶喝"的宣言。晚年的陀思妥耶夫斯基在心理上却迷恋和满足于富裕的物质生活,思想上害怕了斗争并为执政者呐喊。对于托尔斯泰,舍斯托夫认为,活在"共同世界"里的托尔斯泰,在思想上一方面陶醉于"美和崇高",另一方面却又害怕疯狂。但"个人世界"时期的托尔斯泰却以死的疯狂来与"共同世界"进行决裂。舍斯托夫用了大量的笔墨来描述托尔斯泰在"阿尔扎马斯之夜"所遭受的"无缘无由的红的、白的、方的恐怖"。舍斯托夫认为,早期的尼采恰像一个幼小的婴儿,轻信而又安详,被浪漫主义完全控制了心灵。只有当他达到极点的痛苦,才能成为最后一位精神解放者。舍斯托夫甚至说尼采"除了现在讨厌的肉体的痛苦,除了对过去的可耻的被侮辱的回忆和对未来的疯狂的恐惧,没有任何东西"[①]。只有这时,尼采才踏进悲剧的领域。可以看出,注重心灵体验的剖析、注重人的自主性,是舍斯托夫阐述其悲剧哲学的重要手段,这对于习惯了理性

---

① 舍斯托夫:《思辨与启示》,方珊、张百春、张杰等译,上海人民出版社 2005 年版,第290 页。

思辨的人们来说,恐怕不是毫无益处的。

(三)对工业文明的批判

如前所述,舍斯托夫反对理性、科学和知识,但他所反对的不是一般意义上的理性、科学和知识,而是这些思维原则与技术对世界之恶的辩护和对个人自由的扼杀。舍斯托夫的批判实际上是对现代工业文明的批判。确实,自从马克斯·韦伯提出价值理性与工具理性的关系以来,批判工具理性对人的支配几乎成了20世纪西方哲学的主题,如马尔库塞、哈贝马斯等,都对人为了得到物质财富而安于充当机器的附庸进行了揭露和批判。陀思妥耶夫斯基在《作家日记》里就对人们为得到面包而抛弃自由的后果进行了预测:"当然,一开始的时候人们都会兴奋不已,人们全都在感动中相互拥抱……他们全都会突然感到……自己被幸福充满了,全都被物质幸福埋没了;他们也许在空中行走和飞翔,飞跃巨大空间的速度比现在坐火车要快十倍;从土地上获得令人难以置信的大丰收,也许,用化学创造机体,牛肉每人每天摊得上三磅……一句话:吃啊,喝啊,享受啊。……但是这些兴奋狂喜恐怕持续不了一代人!人们会突然看到他们已经没有生活了,没有精神自由了,没有意志和个性了……于是人类开始腐烂了……寂寞和无聊会降临,因为一切都被做完了,再也没有什么好做的了,一切都是已知的了,再也没有什么好了解的了。自杀者会成群结队地出现,而不像现在只出现在角落里……"①

在21世纪的今天,陀思妥耶夫斯基的许多预言已经变为现实。在科技日趋高度发展的现代社会中,科学和技术拥有无所不能的强大威力。一方面,现代科学技术的确在相当大的程度上为人提供了令人满意的结果。电视机、洗衣机、电脑等极大地改善了人们的生活条件;网络和大众传媒等的发展改善了人们的精神和文化生活;核武器、航

① 赵桂莲:《漂泊的灵魂》,北京大学出版社2002年版,第418~419页。

天飞机等的发展更是向世界展示了科技的巨大力量。所有这些都使人们感受到了理性的力量和自由实现的可能性。但另一方面,科学技术这把双刃剑的副作用却越来越突出,人类不但无法控制技术,技术本身反而成为控制人的恶魔。原子弹的爆炸使人们认识到现代技术的恐怖,成千上万的人则在连绵不断的战争、此起彼伏的恐怖袭击中丧生。疯狂的经济竞争导致社会贫富悬殊的激化,疯狂的拜金主义导致人类人格精神的分裂。于是,人类变得从未有过的软弱无力、孤苦无助,面临前所未有的空虚感,陷入了痛苦的深渊。

舍斯托夫指出,人类陷入这种痛苦的深渊的根源在于,人们把理性认定的一切奉为真理,凡为理性所证明的、为理性所解释的一切都视为理所当然。然而,"一旦一个人由于命运的安排在现实面前碰得头破血流,在恐怖中他就会突然发现,所有美好的先验判断统统是假的……人便面临自己最可怖的敌人,在其一生中第一次体会到令人胆寒的孤独"①。也就是说,当人们发现由理性所建构的一切都是假的时,就会感到前所未有的孤独和恐惧。这时,理性已经证明只是空中楼阁,人应该怎么办呢? 舍斯托夫指出:"通向生活的原则、源泉和根本的途径是通过人们向创世主呼吁时的眼泪,而不是通过那讯问'现实'事物的理性。"②换言之,要解决现代工业文明所造成的困境,只能求助于对上帝的信仰,因为上帝不强迫人,他无所不能。

当然,对于舍斯托夫的这些观点我们不能完全苟同,毕竟舍斯托夫的思想太过极端,有着严重的缺陷。但是,他对悲剧哲学的揭示、对人的生存的思考,特别是对现代工业文明所造成的困境的批判,对于当代的人们来说,还是有所帮助的。

---

① 刘小枫:《走向十字架上的真》,上海三联书店1995年版,第21页。
② 舍斯托夫:《开端与终结》,方珊译,云南人民出版社1998年版,第358页。

参考文献

一、中文译著

[1] 舍斯托夫. 雅典和耶路撒冷[M]. 徐凤林, 译. 杭州: 浙江人民出版社, 2000.

[2] 舍斯托夫. 雅典与耶路撒冷[M]. 张冰, 译. 昆明: 云南人民出版社, 1999.

[3] 舍斯托夫. 开端与终结[M]. 方珊, 译. 昆明: 云南人民出版社, 1998.

[4] 舍斯托夫. 思辨与启示[M]. 方珊, 张百春, 张杰, 等译. 上海: 上海人民出版社, 2005.

[5] 舍斯托夫. 无根据颂[M]. 张冰, 译. 北京: 华夏出版社, 1999.

[6] 舍斯托夫. 在约伯的天平上[M]. 董友, 徐荣庆, 刘继岳, 译. 北京: 三联书店, 1989.

[7] 舍斯托夫. 旷野呼告[M]. 方珊, 李勤, 译. 北京: 华夏出版社, 1999.

[8] 舍斯托夫集[M]. 方珊, 编选. 上海: 上海远东出版社, 2004.

[9] 别尔嘉耶夫. 精神王国与恺撒王国[M]. 安启念, 周靖波, 译. 杭州: 浙江人民出版社, 2000.

[10] 别尔嘉耶夫. 精神与实在[M]. 张百春, 译. 北京: 中国城市出版社, 2002.

[11] 别尔嘉耶夫. 论人的使命[M]. 张百春, 译. 上海: 学林出版

社,2000.

[12]别尔嘉耶夫.自由的哲学[M].董友,译.上海:学林出版社,1999.

[13]别尔嘉耶夫.论人的奴役与自由[M].张百春,译.北京:中国城市
出版社,2002.

[14]别尔嘉耶夫.自我认识[M].雷永生,译.上海:上海三联书
店,1997.

[15]别尔嘉耶夫.俄罗斯思想[M].雷永生,邱守娟,译.北京:三联书
店,1995.

[16]赫克.俄国革命前后的宗教[M].高骅,杨缤,译.上海:学林出版
社,1999.

[17]索洛维约夫.神权政治的历史和未来[M].钱一鹏,高薇,尹永波,
译.北京:华夏出版社,2001.

[18]索洛维约夫.神人类讲座[M].张百春,译.北京:华夏出版
社,2000.

[19]索洛维约夫.西方哲学的危机[M].李树柏,译.杭州:浙江人民出
版社,2000.

[20]索洛维约夫,等.俄罗斯思想[M].贾泽林,李树柏,译.杭州:浙江
人民出版社,2000.

[21]梅列日科夫斯基.托尔斯泰与陀斯妥耶夫斯基[M].杨德友,译.
沈阳:辽宁教育出版社,2000.

[22]陀思妥耶夫斯基.白痴[M].荣如德,译.上海:上海译文出版
社,1991.

[23]陀思妥耶夫斯基.卡拉马佐夫兄弟[M].荣如德,译.上海:上海译
文出版社,1998.

[24]陀思妥耶夫斯基.双重人格:地下室手记[M].臧仲伦,译.南京:
译林出版社,2004.

[25]陀思妥耶夫斯基.罪与罚[M].朱海观,王汶,译.北京:人民文学
出版社,1991.

[26]陀思妥耶夫斯基.死屋手记[M].曾宪溥,王健夫,译.北京:人民文学出版社,1997.

[27]格罗斯曼.陀思妥耶夫斯基传[M].王健夫,译.北京:外国文学出版社,1987.

[28]赖因哈德·劳特.陀思妥耶夫斯基哲学[M].沈真,李真,李树柏,等译.北京:东方出版社,1996.

[29]赫尔曼·海塞,等.陀思妥耶夫斯基的上帝[M].斯人,等译.北京:社会科学文献出版社,1999.

[30]罗赞诺夫.论宗教大法官的传说[M].张百春,译.北京:华夏出版社,2007.

[31]洛斯基.俄国哲学史[M].贾泽林,等译.杭州:浙江人民出版社,1999.

[32]安德烈耶夫.安德烈耶夫中短篇小说集[M].靳戈,译.南京:译林出版社,2000.

[33]布尔加科夫.亘古不灭之光[M].王志耕,李春青,译.昆明:云南人民出版社,1999.

[34]弗兰克.俄国知识人与精神偶像[M].徐凤林,译.上海:学林出版社,1999.

[35]弗兰克.社会的精神基础[M].王永,译.北京:三联书店,2003.

[36]阿赫曼诺夫.亚里士多德逻辑学说[M].马兵,译.上海:上海译文出版社,1980.

[37]亚理斯多德,贺拉斯.诗学·诗艺[M].罗念生,杨周翰,译.北京:人民文学出版社,1962.

[38]亚里士多德.形而上学[M].吴寿彭,译.北京:商务印书馆,1995.

[39]斯宾诺莎.伦理学[M].贺麟,译.北京:商务印书馆,1983.

[40]康德.纯粹理性批判[M].蓝公武,译.北京:商务印书馆,1960.

[41]黑格尔.美学(第三卷下册)[M].朱光潜,译.北京:商务印书馆,1981.

[42]黑格尔. 小逻辑[M]. 贺麟,译. 北京:商务印书馆,1980.

[43]叔本华. 作为意志和表象的世界[M]. 石冲白,译. 北京:商务印书馆,1982.

[44]尼采. 查拉斯图拉如是说[M]. 尹溟,译. 北京:文化艺术出版社,1987.

[45]尼采. 快乐的知识[M]. 黄明嘉,译. 北京:中央编译出版社,2001.

[46]尼采. 尼采生存哲学[M]. 杨恒达,等译. 北京:九州出版社,2003.

[47]克尔凯郭尔. 致死的疾病[M]. 张祥龙,王建军,译. 北京:中国工人出版社,1997.

[48]海德格尔. 存在与时间[M]. 陈嘉映,王庆节,译. 北京:三联书店,1999.

[49]马丁·海德格. 谢林论人类自由的本质[M]. 薛华,译. 沈阳:辽宁教育出版社,1999.

[50]胡塞尔. 纯粹现象学通论[M]. 李幼蒸,译. 北京:商务印书馆,1995.

[51]加缪. 西西弗的神话[M]. 杜小真,译. 北京:西苑出版社,2003.

[52]罗素. 西方哲学史(上卷)[M]. 何兆武,李约瑟,译. 北京:商务印书馆,1963.

[53]梯利. 西方哲学史(增补修订版)[M]. 葛力,译. 北京:商务印书馆,1995.

[54]威廉·巴雷特. 非理性的人[M]. 杨照明,艾平,译. 北京:商务印书馆,1995.

[55]约翰·科廷汉. 理性主义者[M]. 江怡,译. 沈阳:辽宁教育出版社,牛津大学出版社,1998.

[56]雷蒙·威廉斯. 现代悲剧[M]. 丁尔苏,译. 南京:译林出版社,2007.

[57]科萨克. 存在主义的大师们[M]. 王念宁,译. 北京:中央编译出版社,2003.

[58] 倪蕊琴. 列夫·托尔斯泰文集 (第 15 卷) [M]. 冯增义, 宋大图, 等译. 北京: 人民文学出版社, 2000.

[59] 北京大学哲学系外国哲学史教研室. 十六—十八世纪西欧各国哲学 [M]. 北京: 商务印书馆, 1975.

[60] 北京大学哲学系外国哲学史教研室. 西方哲学原著选读 (上卷) [M]. 北京: 商务印书馆, 1981.

[61] 熊伟. 存在主义哲学资料选辑 [M]. 北京: 商务印书馆, 1997.

[62] 马克思恩格斯选集 (第四卷) [M]. 北京: 人民出版社, 1972.

[63] 马克斯·韦伯. 新教伦理与资本主义精神 [M]. 于晓, 陈维纲, 等译. 北京: 三联书店, 1987.

[64] 麦格拉思. 基督教概论 [M]. 马树林, 孙毅, 译. 北京: 北京大学出版社, 2003.

[65] 利文斯顿. 现代基督教思想 [M]. 何光沪, 译. 成都: 四川人民出版社, 1999.

二、中文著作

[1] 徐凤林. 俄罗斯宗教哲学 [M]. 北京: 北京大学出版社, 2006.

[2] 雷永生. 东西文化碰撞中的人 东正教与俄罗斯人道主义 [M]. 北京: 华夏出版社, 2007.

[3] 张百春. 当代东正教神学思想 [M]. 上海: 上海三联书店, 2000.

[4] 安启念. 苏联哲学 70 年 [M]. 重庆: 重庆出版社, 1990.

[5] 刘小枫. 走向十字架上的真 [M]. 上海: 上海三联书店, 1995.

[6] 赵桂莲. 漂泊的灵魂 [M]. 北京: 北京大学出版社, 2002.

[7] 赵敦华. 基督教哲学 1500 年 [M]. 北京: 人民出版社, 1994.

[8] 赵敦华. 西方哲学通史 (第一卷) [M]. 北京: 北京大学出版社, 1996.

[9] 冒从虎, 王勤田, 张庆荣. 欧洲哲学通史 [M]. 天津: 南开大学出版社, 1985.

［10］刘放桐，等.现代西方哲学（修订本）［M］.北京：人民出版
　　　社，1990.

［11］凌继尧，徐恒醇.西方美学史（第一卷）［M］.北京：中国社会科学
　　　出版社，2005.

［12］张志伟，欧阳谦.西方哲学智慧［M］.北京：中国人民大学出版
　　　社，2000.

［13］肖前.马克思主义哲学原理（下册）［M］.北京：中国人民大学出
　　　版社，1994.

［14］邓晓芒.思辨的张力［M］.长沙：湖南教育出版社，1998.

［15］朱光潜.悲剧心理学［M］.合肥：安徽教育出版社，2006.

［16］郭玉生.悲剧美学［M］.北京：社会科学文献出版社，2006.

［17］陆扬.死亡美学［M］.北京：北京大学出版社，2006.

［18］周春生.悲剧精神与欧洲思想文化史论［M］.上海：上海人民出版
　　　社，1999.

［19］王平.生的抉择［M］.北京：商务印书馆，2000.

［20］王齐.走向绝望的深渊［M］.北京：中国社会科学出版社，2000.

［21］杨大春.沉沦与拯救［M］.北京：人民出版社，1995.

［22］胡敏中.理性的彼岸［M］.北京：北京师范大学出版社，1994.

［23］杨寿堪.冲突与选择［M］.北京：北京师范大学出版社，1996.

［24］童一秋.列夫·托尔斯泰［M］.长春：吉林文史出版社，2006.

［25］罗念生全集（第八卷）［M］.上海：上海人民出版社，2004.

［26］何云波.陀思妥耶夫斯基与俄罗斯文化精神［M］.长沙：湖南教育
　　　出版社，1997.

［27］白晓红.俄国斯拉夫主义［M］.北京：商务印书馆，2006.

［28］朱达秋，周力.俄罗斯文化论［M］.重庆：重庆出版社，2004.

［29］姚海.俄罗斯文化之路［M］.杭州：浙江人民出版社，1996.

［30］陈鼓应.悲剧哲学家尼采［M］.上海：上海人民出版社，2006.

［31］张冰.白银时代俄国文学思潮与流派［M］.北京：人民文学出版

社,2006.

[32]冯玉珍.理性的悲哀与欢乐[M].北京:人民出版社,1993.

[33]徐崇温.存在主义哲学[M].北京:中国社会科学出版社,1986.

[34]杨成寅.美学范畴概论[M].杭州:浙江美术学院出版社,1991.

[35]徐凤林.费奥多洛夫[M].台北:东大图书公司,1998.

[36]安启念.俄罗斯向何处去[M].北京:中国人民大学出版社,2003.

三、中文论文

[1]徐凤林.舍斯托夫的圣经哲学[D].北京大学图书馆,023/D2001
    (22).

[2]徐凤林.俄罗斯哲学的"精神世界"[J].社会科学辑刊,2006(4).

[3]徐凤林.俄罗斯哲学的本体主义特点[J].哲学动态,2006(9).

[4]徐凤林.基督教哲学的两条路线[J].浙江学刊,2001(6).

[5]徐凤林.理性自由与神性自由[J].浙江学刊,2004(2).

[6]徐凤林.俄罗斯哲学研究的两个维度[J].浙江学刊,2007(5).

[7]马寅卯.白银时代俄罗斯宗教哲学的思想路向和主要贡献[J].浙
    江学刊,1999(6).

[8]杨玉昌.生命意志的演变与形而上学的命运[J].中共浙江省委党
    校学报,2006(3).

[9]车桂.斐洛的逻各斯学说及其神学意义[J].世界宗教研究,1998
    (3).

[10]王吉梅,阎黎.立足现实 反思人性[J].学术交流,1995(2).

[11]王战牛.哲学体系信念的确立及其崩溃[J].渭南师范学院学报,
    2005(1).

[12]文心.斐洛的上帝观述评[J].杭州大学学报:哲学社会科学版,
    1996(3).

[13]张冰.旷野的呼告[J].读书,1994(7).

[14]朱达秋.俄罗斯思想的现代意义[J].四川外语学院学报,2006

（2）.

［15］朱志荣.论悲剧性［J］.烟台师范学院学报:哲学社会科学版,1994
（3）.

［16］安启念.俄罗斯宗教哲学述介［J］.哲学动态,1995(12).

［17］安启念.陀思妥耶夫斯基的人性理论及其对工业文明的批判［J］.
社会科学辑刊,2006(3).

［18］甘远璠.舍斯托夫信仰思想浅论［D］.中山大学,2001.

［19］陈萍.舍斯托夫的哲学和美学思想［D］.山东大学,2006.

［20］郝相钦.撞击石墙［J］.社会科学论坛:学术研究卷,2008(3).

［21］冷满冰.死的启示［J］.西南民族大学学报:人文社科版,2007
（7）.

［22］魏韶华.旷野的呼告［J］.东方论坛,1995(3).

［23］方珊.绝望的歌唱家［J］.俄罗斯文艺,2001(1).

［24］曾思艺.俄罗斯式的终极关怀［J］.邵阳学院学报:社会科学版,
2002(1).

［25］雷永生.评舍斯托夫对"必然性"的挑战［J］.博览群书,2001
（10）.

［26］黄裕生.如何理解上帝:从证明到相遇?［J］.浙江学刊,1999
（6）.

［27］张百春.论俄国宗教哲学传统［J］.社会科学辑刊,2006(4).

［28］陈杨.试论俄罗斯哲学的若干特点［J］.西伯利亚研究,2008(1).

［29］孙正聿.反思:哲学的思维方式［J］.社会科学战线,2001(1).

［30］钱宏鸣.黑格尔"反思"思想述评［J］.青海师范大学学报:哲学社
会科学版,1987(1).

［31］郑明珍.黑格尔"反思"范畴及其对辩证法的贡献［J］.安徽大学
学报:哲学社会科学版,2005(5).

［32］王淑凤.19世纪俄罗斯文学与宗教［J］.中国民航学院学报,1997
（5）.

［33］尚党卫.传统形而上学及其理论与实践的双重困境［J］.江苏大学
学报:社会科学版,2004(6).

［34］张世远.传统形而上学的危机及其当代走向［J］.甘肃理论学刊,
2007(1).

［35］王晓升.形而上学命题的困境和马克思在形而上学领域中的革命
［J］.哲学研究,2007(11).

四、英文资料

［1］Shestov:Athens and Jerusalem. http://shestov. by. ru/library. html.

［2］Shestov:In Job's Balances. http://shestov. by. ru/library. html.

［3］Shestov:Potestas Clavium. http://shestov. by. ru/library. html.

［4］Shestov:Speculation and Revelation. http://shestov. by. ru/library. html.

［5］Shestov:The Good in the Teaching of Tolstoy and Nictzsche.
http://shestov. by. ru/library. html.

［6］Shestov:Dostoevsky and Nietzsche:Philosophy of Tragedy.
http://shestov. by. ru/library. html.

［7］Shestov:All Things are Possible. http://shestov. by. ru/library. html.

［8］Shestov:Beginnings and Endings. http://shestov. by. ru/library. html.

［9］Hestov:Kiexkegaard and the Existential Philosophy.
http://shestov. by. ru/library. html.

［10］Benjamin Fondane : Converstions with Lev Shestov.
http://shestov. by. ru/fon/fondane_1. html.

［11］Maxim Gorky : Reminiscences of Leo Tolstoy. http://shestov. by.
ru/fon/gorky. html.

［12］Czeslaw Milosz:Shestov, or the Purity of Despair. http://shestov.
by. ru/milosz. html.

[13] Berdyaev: The fundamental idea of the philosophy of Lev Shestov.
  http://www. berdyaev. com/berdiaev/berd_lib/1938_439. html.

[14] Nikolai: Berdyaev Lev Shestov and Kierkegaard.
  http://www. berdyaev. com/berdiaev/berd_lib/1936_419. html.

[15] Berdyaev: Lev Shestov: On Occasion of his 70th Year.
  http://www. berdyaev. com/berdiaev/berd_lib/1936_410. html.

后　记

本书是在我博士论文的基础上修改而成的。我对哲学产生兴趣是源于对舍斯托夫思想的研读，它使我发现哲学并不像我想象的那样枯燥乏味，哲学还有另一个新的视角、新的维度。哲学关注人的心灵现实，这也正是为终日忙碌的现代人所逐渐遗忘了的东西。姑且不论舍斯托夫思想的极端性和片面性，他"以头撞墙"的勇气，在绝望中的抗争，在绝望中寻求希望的精神，也是现代人十分需要的。

本书能够顺利出版，首先要感谢我尊敬的导师李尚德教授。正是在李尚德先生的悉心指引下，我才从舍斯托夫那独特的思想中领略到了俄罗斯文化和俄罗斯宗教哲学的博大精深与无穷魅力。多年来，李尚德先生在我身上倾注了无数的心血，他的宽容和豁达常常使我感动。李尚德先生20年来的谆谆教诲，使我受益终身，这份感激我将永远铭刻于心。

在本书的写作过程中，我有幸得到了多位良师的帮助：梁庆寅教授、黎红雷教授、徐俊忠教授、冯平教授、刘森林教授、旷三平教授、徐长福教授、王晓升教授、贾泽林教授、安启念教授、徐凤林教授、车玉玲教授等等。正是有了他们的关心和帮助，才使我的写作能够顺利完成，在此谨致谢忱。

此外，我还要特别感谢黑龙江大学的陈树林教授，中山大学学生处的漆小萍处长和环境学院的吴群河副教授，正是他们的鼓励和支持，才使我下定决心把博士论文修订成书。

另外，在本书写作期间，我的妻子和家人给予了我众多理解和支

绝望与抗争

持,这份感激之情是我无法用语言表达的。

本书在写作、修改和出版过程中,还得到了同学和朋友的关心与帮助,在此表示诚挚的谢意。

甘远璠

2012 年 8 月于中山大学康乐园